# 乾隆出巡記

趙雲田◎著

# 目錄

# 序言

王行文

愛新覺羅・弘曆是淸朝入關後的第四代皇帝，年號乾隆，人們一般稱他爲乾隆帝。乾隆帝在位六十年，又當太上皇四年，是淸朝統治最長的皇帝。他生於一七一一年，一七三六年即皇帝位，一七九九年去世，幾乎佔據了整個十八世紀。難怪有人說，中國的十八世紀是乾隆時代。

乾隆皇帝統治時期，是淸朝國力由盛轉衰的時期。一方面，國家進入全盛時期。經濟上農業發展，手工業繁興，生產了大批糧食，人口增長到三億多，國庫儲備多達七八千萬兩白銀。軍事上武功極盛，揚威邊陲，旣有反對外敵的入侵，又有對農民起義的鎭壓。多民族統一國家得到了空前的鞏固和發展。文化上學術和文學藝術色彩紛呈，一片繁榮。另一方面，統治階級的生活更加奢靡，吏治敗壞日甚一日，民衆反抗的烽火此起彼伏。往日一度强盛的清王朝，已經隱入暮色蒼茫的黃昏之中。表現爲對知識分子鎮壓的文字獄時時發生。在對外關係中，繼續實行閉關鎖國政策，夜郎自大，不認識世界發展的潮流，從而拉大了中國和西方國家的發展距離。

偉大和渺小，光明和黑暗，强盛和衰微，先進和落後，就是這樣鮮明地體現在乾隆帝及其所處的時代中。

那一時代的具體社會情況怎樣？它給予今天的我們以甚麼樣的啓發？展現在讀者面前的這本書，從人們很少研究的乾隆帝出巡這一問題入手，力圖從一個側面描繪乾隆帝及其時代，對今天的人們認識過去和開拓未來，也許會有所補益。

我和趙雲田先生相識多年。他是著名清史專家戴逸和馬汝珩教授八十年代初期的研究生，出版過多種清史專著。本書清樣出來後，他請我作序。我相信這本書會給廣大讀者帶來教益，也期盼著趙雲田教授寫出更多更好的著作。

# 前言

清代乾隆皇帝出巡在民間有著廣泛影響，至今仍有種種傳說。然而，歷史的眞實情況到底怎樣，卻很少有人去揭示。本書通過豐富的材料，以流暢的語言，透過歷史的迷霧，再現了乾隆皇帝頻繁的外出巡幸活動。閱讀本書，人們可以沿著乾隆皇帝當年走過的道路，觀賞祖國的名勝古蹟、山水園林、行宮別墅，也可以了解那一時代的民族習俗、社會風貌、禮儀制度。此外，人們還可以通過本書撩起的歷史帷幕的一角，認識十八世紀的中國社會，爲即將進入下一個世紀吸取歷史經驗教訓。

赵云田

# 一、匆匆京畿行

臨近京城的地區稱京畿。乾隆皇帝一生中，在京畿地區往來匆匆。他曾四十四次拜謁東西陵，十七次到南苑行圍，十三次登上盤山，六次出巡天津。

## ㈠拜謁東、西陵

東陵，位於河北省遵化縣城西北馬蘭峪附近昌瑞山下。這裡有昭西陵、孝陵、孝東陵、景陵。昭西陵是乾隆皇帝的曾祖順治皇帝母親孝莊文皇后的陵墓。孝莊文皇后去世晚於順治皇帝，她死前留有遺命，以在瀋陽的皇太極昭陵奉安年久，未便合葬，建造兆域，必近孝陵。於是，在康熙二十七年（一六八八年），在孝陵南面建暫安奉殿，雍正二年（一七二四年），雍正皇帝恪遵文皇后慈旨，仰體康熙皇帝孝思，在暫安奉殿建爲昭西陵。順治皇帝的孝陵，在遵化縣西七十里昌瑞山麓，孝康章皇后、端敬皇后合葬。昌瑞山原名鳳臺山，這裡峯巒層秀，頂如華蓋，羣岫環拱，規模宏整。孝惠章皇后的孝東陵，在孝陵東邊。康熙皇帝的景陵，在昌瑞山東面，孝誠仁皇后、孝昭仁皇后、孝懿仁皇后、孝恭仁皇后合葬，敬敏皇貴妃附葬。在景陵東邊，有景陵妃園寢，埋葬著康熙皇帝的二十二位嬪妃。西陵，位於河北省易縣城西永寧山太平峪，這裡有乾隆皇帝父親雍正皇帝的泰陵，孝敬憲皇后合葬，敦肅皇貴妃附葬。永寧山是太行山的支脈，巍峨聳拔，靈岩翠岫，前有白澗河旋繞，後有巨馬河縈流。孝聖憲皇后的泰東陵，在泰陵東邊。孝聖憲皇后即乾隆皇帝生母。乾隆元年（一七三六年），乾隆皇帝奉孝聖憲皇后懿旨，以雍正皇帝梓宮奉安之後，宜永遠肅靜，不必預留分位，於是，便仿照昭西陵、孝東陵之例，修建了泰東陵。在泰東陵的東南，是泰陵妃園寢，埋葬著雍正皇帝的四位嬪妃。

清朝皇帝標榜以孝治天下，不忘祖宗恩德，規定有四時致祭陵寢的制度，即每年以清明、中元（七月十五日）、冬至和歲暮爲大祭日，這在康熙皇帝即位初年已成定制。乾隆皇帝即位後，遵從定制，逢大祭日，常常是親往謁陵。謁東陵時，中途要在煙郊、邦均、淋河住宿。謁西陵時，中途則停宿在黃新莊、半壁店、五里河等地。乾隆皇帝拜謁東、西陵時，隨從的有文武百官。經過地方的文武官員要在道右百步以外的地方跪迎。到達陵區時，除值班的守陵官員外，其他官員也要在道右跪迎。謁陵的那天，乾隆皇帝及隨從的王公百官都要著素服。隨從王等均於下馬牌下馬，貝勒以下、大臣侍衞三品官以上，在未至下馬牌下馬。謁泰陵時，隨從王等在東山角下馬，其他人員在未至山角處下馬。在謁陵時，乾隆皇帝未至陵內碑亭，即降輿痛哭，步入隆恩門，到寶城前三奠酒，行禮。王以下文武大臣官員也都跟隨行禮，禮畢即退。

在清明節拜謁東、西陵的時候，乾隆皇帝要行敷土禮。屆時，他更換素服，由幫扶擡土大臣隨同進至寶城前。陵寢內務府官員進獻護履，乾隆皇帝接受後穿上。這時，陵寢內務府官員挑著土筐，到明樓東階前進土，奉獻給乾隆皇帝。乾隆皇帝前後各有一位大臣幫扶，由寶城東蹬道上到寶城上石柵欄東，幫扶大臣接過土筐，將兩筐土合爲一筐，擡到寶頂正中敷土處，跪進給已在寶頂正中跪著的乾隆皇帝。乾隆皇帝跪接後，拱舉敷土。敷土完畢，乾隆皇帝將筐授給幫扶大臣，並脫履。接著，行大饗禮，禮畢，更換青長袍褂，再到明樓前行禮、奠酒、舉哀。按明朝制度，敷土要用十三擔，即二十六筐。乾隆皇帝的祖父康熙皇帝、父親雍正皇帝時，沿用了明朝制度，敷土十三擔。乾隆皇帝即位後，感到這需要往返多次，過於繁瑣，所以從乾隆二年（一七三七年）起，便把敷土改爲一擔了。

在拜謁東陵的時候，乾隆皇帝鑾輦所經過的地方，沿途駐蹕四座行宮。一是燕郊（煙郊）行宮，屬三河縣，建於康熙年間，乾隆二十年（一七五五年）在舊址以南重建。二是白澗行宮，屬薊州（今天津市薊縣），乾隆十八年（一七五三年）建。三是桃花寺行宮，屬薊州。原來，薊州南有桃花山，山頂有泉，流繞山麓，進入泃河，泉上有桃花寺。乾隆九年（一七四四年），該寺奉敕重修，並在寺旁恭建行宮。四是隆福寺行宮，屬薊州。隆福寺創於唐初，乾隆九年奉敕重修，並在寺西建行宮，乾隆皇帝拜謁東陵，在此駐蹕。此外，還要提及的是，乾隆皇帝拜謁東陵，沿途經過六個州縣，即大興、宛平、通州、三河、薊州、遵化州（今河北省遵化縣）。

乾隆皇帝拜謁西陵，鑾輦要經過六個州縣，即大興、宛平、良鄉、房山、淶水、易州（今河北省易縣）。沿途所設行宮四座。一是黃新莊行宮，屬良鄉縣，建於乾隆十三年（一七四八年）。二是半壁店行宮，屬房山縣，乾隆十三年建。三是秋瀾行宮，屬淶水縣，建築年代不詳。四是良各莊行宮，屬易州，乾隆十三年建。

乾隆皇帝在拜謁東、西陵過程中，發布過許多上諭，人們從中可以了解到他的所思所想。乾隆二十八年（一七六三年）二月，他諭示軍機大臣等：

> 朕祗謁東陵，所過京東地方，見去年被水之區情形，實多竭蹶。悉心爲之擘畫，已明降諭旨，將成災極次貧民，及五分災極次貧戶，三月之後，再行加賑一月。其無力不能乘時播種者，並令地方官迅速查明，分別借給籽種。並將勘不成災於例不應征

之處，一體加恩停緩。又恐一切需用不敷，並撥戶部庫銀八十萬兩以資應用。該督奉到此旨，當速飭各屬，實力奉行，務令澤必下究，副朕軫念至意。所過廣平、大名等處，該督自己督率籌辦，如其中尚有應行酌量加恩之處，並著即速奏明辦理，可一並傳諭知之。

他還諭示軍機大臣等：

此次恭謁東陵，道經通潞，見途次車運糧食，頗爲拮据，詢知即係前次奏明採運塔子溝等處米食一項。今據觀音保（直隸總督）奏稱，此次米食原辦十二萬餘石，而此赴通者，才及四萬餘石。是雖設法催趲，終屬力勤費大，恐於貧民不能速濟。現已明降諭旨，令於本年山東、河南新漕內，再行截留十五萬石，分給附近此次被災州縣，俾得銀米兼賑，尤爲有濟實用。所有口外運米，自可停其趲運，以免周章。可傳諭該督等，現在尚未起運之米，固可存留別用，即經起運，亦可酌量於近口之密雲、懷來、遵、薊等州、縣，乘別留貯，以爲賑濟平糶之需。方觀承等其即飭屬妥協遵辦，副朕加惠黎元至意。

這兩道上諭，講得都是賑濟災民的問題，考慮的不謂不周細。古語說民爲國本，在乾隆皇帝的上諭中確實得到了體現。

然而，此後一個月，乾隆皇帝又發布了一道上諭，是針對鬧事百姓講的。他說：

觀音保奏，遵化州刁民因借倉糧，率衆哄堂，現在分頭查拿，俟訊明爲首主使及黨惡各犯，另行通詳律擬一折。上年因直屬窪地曾被水潦，降旨加恩撫恤，前後截漕七十萬，發帑一百六十萬，展賑直至今年四月，而借給籽種，緩征錢糧，且破例遍逮五分災及不成災之地。籌畫不遺餘力，猶恐有奉行不能盡善，屢諭該督等實力董率察勘，俾災民不致失所。凡屬編氓，苟有人心，自當循理安分，順受恩施。即因災重事繁，州縣官經理偶有未協，亦當赴該管上司聲明飭辦，豈有藉借糧之名，糾衆哄堂，推案擠柵，肆行無忌！且折內所稱蜜戶莊頭家人，皆內府所轄，如此不法橫行，憲典安在？爲大吏者，遇此等抗官重案，一獲要犯，訊明情由，即當一面通諭衆人，以歲事不齊，乃閭閻氣數偶絀，國家如此沛澤頻仍，至再至三，若等即有委曲，何難據情控籲；至一經哄堂鬧署，即屬不逞之尤，渠魁法在必行，脅從並不滋蔓，使小民無不洞悉；一面從權請出王命，將爲首數犯立行正法。既可示懲一儆百之義，且凶徒不致稍稽顯戮，庶爲允協。著傳諭觀音保，星速遵諭妥辦。其應治罪者，不得因循延案，應貸者亦不得輾轉株連，總在法信知懲，毋庸通詳具題，轉致有乖事體，亦不必俟方觀承審鞫定擬。將此並諭該督知之。

看了這道上諭，使人感到殺氣騰騰。無論如何，不准百姓造反，這就是乾隆皇帝的邏輯。恩威並用，寬猛相濟。

在拜謁東、西陵的旅途中，乾隆皇帝還寫了大量詩文，表達他的思想和願望。有些詩，詠嘆了民間的疾苦，反映了乾隆皇帝的不安心情。乾隆七年（一七四二年），乾隆皇帝拜謁西陵，途經易州，看見一位從山東逃荒來的老人，孤獨一身，沒有家室，佣工度日，貧病交迫。乾隆皇帝了解到他的悲慘遭遇後，揮筆寫道：

我聞淒然悲，所悲非野父。
曾記周詩云，君子民父母。
教養違其方，黎民失怙恃。
命醫施針砭，或可離痛楚。
白金稠其窘，屋居免露處。
固知煦嫗仁，所愧澤未溥。

同一年，在拜謁東陵，行進在遵化路上，乾隆皇帝又看見一位貧窮老農，在交了租賦之後，已一無所有，無法維持生活，於是，提筆寫了這樣一首詩：

路旁一農父，倚杖愁默默。
租吏下鄉來，款接完賦額。
吏去業主來，逋欠坐求責。
吾農三時勞，曾無一日適。
我聞凄然悲，執政無良劃。
罔民焉可爲，恆產究安則。
翁其善保軀，展轉增嘆息。

也有一些詩，寄托了乾隆皇帝對康熙皇帝和雍正皇帝的深切懷念，表達了他要繼承祖、父的未竟之業的心情。在一首《恭謁景陵感成長句》的詩中，乾隆皇帝寫道：

瞬息光陰逝水翻，種松龍老鬱陵園。
謳歌四海猶思祖，繩繼千秋已逮孫。

不覺驚心膽隧象，幾番翹首望欞門。
宵衣益勉乾乾志，恐負當年覆載恩。

乾隆皇帝還寫了一首《恭謁泰陵感成長句》的詩：

歲月真驚鼓與春，攀髯已絕嘆無從。
久睽詩禮庭前訓，頻有音容夢裡逢。
松鬱新陰籠隧象，山蟠佳氣護靈龍。
九年治未臻康理，景仰安能繼聖蹤。

乾隆皇帝在拜謁東、西陵過程中，還寫了一些風景詩，描繪了沿途的柳色春光，讀後使人倍感清新。在一首《薊州道中作》的詩中，乾隆皇帝寫道：

薊州南郭經行處，每有新詩賦物華。
十里綠蔭籠客路，一灣流水護農家。

十里綠蔭，一灣流水，農戶人家，這宛如一幅色彩絢麗的田園畫，而乾隆皇帝正是行進在這如詩如畫的土地上，既表示對其先輩的敬意，也昭示後人要進行效法。

## ㈡南苑行圍

南苑，也稱南海子，在永定門外二十里。元朝時，這裡是飛放泊。因爲元朝有個制度，每當冬春之交，皇帝要親自到近郊，放飛鷹隼搏擊長空，以盡臨幸之樂，名爲飛放。當時的土地只占四十頃。明朝時，對這裡的周垣橋道多次修葺，永樂皇帝在位時又擴大了面積，周圍達一百二十里。清朝建立後，沿襲了明朝制度，設海戶一千六百，每人給土地二十四畝。每年春、冬，皇帝要到這裡打獵，練習武功，鍛鍊軍隊。如果遇到軍事，在出征前，部隊要到這裡集中，供皇帝檢閱。

南苑作爲皇帝的御園，狩獵和閱軍的場所，條件非常好。這裡有水泉七十多處，樹木茂盛，水草豐美。天鵝、鵁鶄在空中飛翔，獐鹿雉兔在地上奔跑。不僅如此，南苑還有整齊的建築物，完備的管理機構，既供皇帝使用，又可防止一般百姓私自闖入。

南苑舊有四門，清朝建立後，順治皇帝在位時增置九門。正南是南紅門，東南是回城門，西南是黃村門，正北是大紅門，稍東是小紅門，正東是東紅門，東北是雙橋門，正西是西紅門，西北是鎮國寺門。設總尉一人，正四品，防御八人，正五品，駐守在大紅門內的官署房。

進入大紅門，是更衣殿，南向，門三層，大殿三間。更衣殿建於乾隆三年（一七三八年），殿額「郊原在望」四字是乾隆皇帝御筆，殿聯「舊題在壁幾行綠，曉日橫窗一抹殷」也是乾隆皇帝所題。更衣殿南邊是地藏庵，東邊是小龍王廟。

元靈宮在小紅門內西邊，順治十四年（一六五八年）建，乾隆二十八年（一七六三年）重修。山門三楹，南向，門額爲「宅眞寶境」四字。山門內是朝元門，中構元極殿十二楹，圓殿重簷，有二十四門，供奉的是玉皇上帝。殿額「帝載元功」四字是乾隆皇帝御筆。殿後是元祐門，門內是凝始殿，供奉三清四皇像。東面是翊眞殿，供奉九天眞女梓潼像。西面是祗元殿，供奉三官像。殿前有穹碑二塊。

舊衙門行宮，宮門三楹，前殿五楹，二層、三層殿宇各五楹。該行宮在小紅門西南，建自明朝，清朝順治十五年（一六五九年）重修。前殿殿額是「閱武時臨」四字。後殿是蔭楡書屋。西爲西書房，南爲書室。

永慕寺在舊衙門西邊，大殿五間，東西配殿各三間，後邊是經庫。永慕寺建於康熙三十年（一六九一年），乾隆二十九年（一七六四年）重修，原是太皇太后祝釐之所，殿內供奉釋迦佛像。

德壽寺在舊衙門東邊，山門三間，大殿五間，東西配殿各三間。該寺建於順治十五年，後毀於火，乾隆二十年（一七五五年）重修。大殿供奉釋迦佛及阿藍迦舍佛。

關帝廟在德壽寺西南一里處，建於明朝，清朝乾隆三年（一七三八年）重修。該廟有山門一楹，前殿、二層殿、後殿各三楹。前殿供奉關帝，二層殿供奉眞武，後殿供奉三世佛。

永佑廟在德壽寺東南二里處，山門三楹，大殿三楹，後宇九楹。該廟建於康熙十七年（一六七八年），大殿內供奉天仙碧霞元君。

晾鷹臺在南苑大興縣界內，原是元朝的仁虞院，即鷹場，明朝時也稱按鷹臺。臺高六丈，直徑十九丈，周徑一百二十七丈。這裡是舉行閱兵式的地方。

寧佑廟在晾鷹臺北六里許，有山門三楹，大殿三楹，後殿五楹，東西御書房各三楹。該廟建於雍正八年（一七三〇年），大殿內供奉南苑安禧司土神像。

南宮行宮在南紅門內里許，宮門二重，前後殿各五楹，建於康熙五十二年（一七一三年）。

新衙門行宮在鎮國寺門內約五里處，宮門三楹，左右垂花門內對面房十間，前殿三楹，後殿五楹。宮門前有一對鐵獅子，是元朝時製作的。該行宮爲明朝所建。行宮後殿東邊，是裕性軒，軒西是澹思書屋，軒後是陶春室，軒旁爲古秀亭。

團河行宮在黃村門內六里處，有宮門三間，前後殿各五間。團河源南北寬六十餘丈，東西五十餘丈，舊稱團泊。乾隆四十二年（一七七七年）重加疏濬，拓開數十丈。團泊流出南苑牆即爲團河。團河後來流入鳳河，再流入永定河，匯入大清河後入海。

南苑內除以上所述行宮和寺廟外，還有一處景點名雙柳樹。雙柳樹在南苑正中的地方，舊有古柳二株，先後凋枯，後經補植，長成鬱鬱葱葱。雙柳樹旁有水一道，名爲飲鹿池，池西立崑崙石，石四面刻有乾隆皇帝寫的《雙柳樹賦》等詩。崑崙石東邊地勢較高的地方有一石幢。

乾隆皇帝一生中多次到南苑行圍打獵，檢閱出征的軍隊。每次行圍時，統圍大臣督率八旗統領等，各率所屬官兵先到圍場布列。鑲黃、正白、鑲白、正藍四旗，按次序列於左邊。正黃、正紅、鑲紅、鑲藍四旗，按次序列於右邊。兩翼各建旗纛以爲標誌，兩哨前隊用兩白，兩協用黃，中軍用鑲黃。合圍以後，乾隆皇帝親御弓矢，來到合圍處所。各種野獸這時已經匯攏。乾隆皇帝親射後，令御前大臣侍衞隨射。如果有野獸逃出圍外，乾隆皇帝就命令隨圍官兵追射，射中的記下姓名，以備獎賞。行圍結束後，乾隆皇帝回到行宮，對有關人員給以不同的賞賚。

在南苑檢閱軍隊和行圍打獵則有所不同。檢閱日期要由有關王大臣奏請，交與欽天監擇定。檢閱的前二日，各旗要往南苑設立連營。演兵王大臣等會同領隊大臣，率官兵前往住宿。武備院要在南苑晾鷹臺設御營帳殿，帳殿後設圓幄，恭候乾隆皇帝到來。鑾儀衞在帳殿前左右設三旗蒙古畫角。侍衛班領設親軍海螺。兵部設八旗傳令海螺。在臺下乘馬，以次排到鹿角前。八旗在本旗汎地各建號纛。八旗漢軍鹿角列陣前，次列漢軍炮車，左右列滿洲炮車。鳥槍護軍馬甲依次排列。八旗前鋒在火器營兵之後首隊之前排列。其次護軍馬甲，各按本翼本旗排列成陣。次隊護軍馬甲在首隊兵後按翼按旗排列。在首隊兩旁又設兩翼援兵，各張旗幟。

軍隊列陣排好以後，兵部堂官奏請乾隆皇帝閱操。乾隆皇帝來到晾鷹臺圓幄，身披甲冑。扈從內大臣侍衛親軍等也都身披鎧甲。兵部堂官奏請乾隆皇帝檢閱隊伍。內大臣兵部堂官在前面引導，後扈大臣及總理演兵王大臣隨從，乾清門侍衛、滿洲大學士等也都隨行。在後面隨行的，還有豹尾班侍衛，黃龍大纛，上三旗侍衛。從火器營兵開始，從左到右，閱隊一周，然後乾隆皇帝返回晾鷹臺帳殿。部院堂官全部穿蟒袍補服，在黃幄前兩旁排列。豹尾班、三旗侍衛量地按翼排列。豹尾班旁樹立黃龍大纛。三旗侍衛按隊環衛。八旗傳宣官在臺下兩旁乘馬排列。侍衛每翼六人，乘馬在傳宣官前面，近臺排列。新滿洲、索倫、蒙古侍衛內馬上嫻習的人，共三十名控馬在傳宣侍衛後面，按翼排列。這時，兵部尚書來到乾隆皇帝面前跪奏請鳴角。隨後，帳殿前蒙古畫角先鳴，親軍海螺、傳令海螺依次遞鳴。聲至鹿角前，首隊次隊海螺齊鳴。傳令海螺逐漸退回臺下兩邊排列。舉鹿角兵聞擊鼓而進，鳴金而止。揮紅旗則炮槍齊發，鳴金則止。如此重覆九次。到第十次時，連環齊發，鳴金三次，連環才停止。滿洲炮至第七次停發，把炮馱載馬上，入隊隨行。連環發結束，鳴金以後，鹿角分爲八門。首隊前鋒護軍馬甲排開駐立，次隊也跟隨前進，在炮槍之後駐立。首隊排齊候鳴螺，都大聲呼喊前進。兩翼應援兵也斜向前進。在殿後兵前進後，八旗火器營炮位，鳥槍護軍馬甲，首隊前鋒護軍馬甲，按數各到本旗號纛相近處駐立。這時鹿角分爲八行，鳴螺而回，在原排列處排立。首隊兵回後鳴螺，殿軍也結隊回鹿角內，在原排列處排列。堂官奏閱兵禮成，乾隆皇帝來到圓幄，脫下甲胄，隨後前往行宮。隨從大臣等人也都脫下鎧甲，各率本部兵，排列隊伍陸續進城。

閱兵結束後，乾隆皇帝對參加受閱部隊要給予奬勵。每旗官兵賞饌宴五十席，豬二十，羊二十，還有薪炭等物。由總理閱兵王大臣等行文該衙門預備，監看賜食。每旗的王大臣，則由總理演兵王大臣行文宗人府，以及吏、兵二部，咨取職銜，奏請乾隆皇帝欽點，適當提職加薪。

南苑作爲行圍狩獵、檢閱軍隊的場所，爲什麼還建築了許多寺廟呢？對此許多人不解。乾隆皇帝也感到這是個問題，於是，他在《重修德壽寺碑記》一文中，進行了解釋。原來，南苑是順治皇帝在位時修葺的，順治皇帝崇信佛教，認爲佛可以福佑羣生，所以修建了許多寺廟，給出征將士以及行圍狩獵的人們以平安。但是，佛不主張殺生，而順治皇帝偏偏在殺生的圍場內修建寺廟，豈不滑稽？於是，乾隆皇帝又說，順治皇帝是如來身，手扶金輪，安立世界，對凡世間的十方生衆，無不悲憫，正是這種悲憫心，才使順治皇帝在南苑內修建寺廟，以便邀福庇民。後來，康熙、雍正皇帝，直至乾隆皇帝他自己，繼承了順治皇帝的因緣，闡如來心，演如來事，即使歷千萬劫，也要利益衆生。這樣，就使得習武備、和佛事本不相涉的南苑，修建了德壽寺、永佑廟、元靈宮等寺觀。

乾隆皇帝多次到南苑行圍和閱軍期間，寫下了不少詩篇。乾隆五年（一七四〇年）秋，他奉皇太后駕幸南苑，有感而發，一連寫下八首詩，其中一首是這樣寫的：

從來稽古戒禽荒，宵旰勤勞敢刻忘！
歡樂正饒還止輦，屬車侍從有東方。

詩中表現了乾隆皇帝的勤政精神，即使在秋天郊遊的時候，也吸取了歷史的教訓，樂不忘憂，未敢一日懈政。乾隆皇帝的這一思想，在乾隆七年（一七四二年）他寫的一組《射獵南苑即事詩》中也得到了體現。這組詩中有這樣的句子：「今日翠華恁賞處，要知憂思幾番經」；「承平詎肯忘戎事，萬戶飢寒更惕心」；「省耕省斂古曾聞，望處西成意亦欣。漫把豐年容易看，幾多憂慮廑宵分」。承平不忘武事，這正是乾隆皇帝行圍南苑的目的。在一些詩中，乾隆皇帝直接描寫了行圍狩獵的情景。乾隆十九年（一七五四年），在一首題爲《行圍》詩中，他寫道：

南苑臨春暮，青郊試小蒐。
略觀虞者技，宛憶少年遊。
勞衆寧堪亟，攜孫自有由。
翻犁見耕父，諮穡每延留。

乾隆二十三年（一七五八年），乾隆皇帝南苑行圍後，又寫了三首《行圍》詩，其中一首是這樣寫的：

春郊取便命春蒐，弓燥偏欣手更柔。
綠野平鋪天鹿錦，好教親試佶閑騮。

詩中所寫的佶閑騮，是乾隆皇帝所乘馬的名字。在乾隆皇帝寫的詩中，也有一些記述了閱軍的情景。乾隆四年（一七三九年），乾隆皇帝的《大閱》詩是這樣寫的：

時狩由來武備修，特臨南苑肅貔貅。
龍驤選將頗兼牧，天駟掄才驥共騮
組練光生殘雪映，旌旗影動朔雲浮。
承平詎敢忘戎事，經國應知有大猷。

從乾隆皇帝的詩中，可以看出南苑行圍和閱軍，規模都不是很大，特別是行圍狩獵，遠遠不能和木蘭秋獮相比。不過，規模盡管有大小之別，目的卻都有相同的一面，這就是不忘武事。在乾隆皇帝南苑行圍所寫的詩中，有一些是寫景詩，寓情於景。他描寫雙柳樹時寫道：

南苑雙柳樹，昔年何蔥青！
兩株立平原，千絲織晚晴。
因循失其一，獨樹若無榮。
至今行路人，猶道雙柳名。
豈無補植者，枯萎率不生。
嗟哉草木質，尚有相憐情。

徘徊不能去，長歌代柳鳴。

乾隆皇帝在南苑除行圍打獵和檢閱軍隊以外，偶爾也接見從新疆來的少數民族上層人士，用以鞏固多民族國家的統一。這在乾隆皇帝寫的詩中也有體現。乾隆二十三年（一七五八年）元宵節，乾隆皇帝在南苑賜哈薩克、布魯特、塔什罕回人等觀煙火，後來他寫了幾首詩，記述這件事情。詩中有「燈火城南六十春，重觀因賚遠來人。村民遙近扶攜至，不禁金吾例可循」等句，表現了對新疆少數民族王公來京的重視。原來，康熙二三十年間，每逢元宵節，都要在南苑陳放煙火。後來因爲在西郊修建了暢春園，元宵節觀燈放煙火便改在暢春園進行。乾隆二十三年，爲迎接遠方來人，乾隆皇帝特意在南苑陳放煙火，這中間已經過去了六十餘年。

時過境遷，現今的南苑已經面貌大變，往日的圍場和許多建築物已不復存在。但是，通過乾隆皇帝行圍南苑和閱軍所寫的詩句，人們對那一時代在南苑所發生的事情，彷彿還是那樣熟悉，不感到絲毫的陌生。

## (三)盤山覽勝

盤山，在薊州（今天津市薊縣）西二十五里，號稱京東第一山。這裡是乾隆皇帝拜謁東陵的必經之地。乾隆七年（一七四二年），乾隆皇帝拜謁東陵後，第一次登上盤山。乾隆九年（一七四四年），有些大臣認爲盤山是皇帝鑾輿去東陵要經過的地方，應當構築殿宇，作爲駐蹕之所，得到乾隆皇帝同意後，便在盤山下玉石莊東邊修建了盤山行宮，乾隆皇帝賜名「靜寄山莊」。此外，在盤山上天成寺等處，也都修建了房屋，作爲乾隆皇帝登盤山觀賞景物時休息的處所。

盤山舊名四正山，又名田盤山。有人說魏田疇隱居這裡，故名盤山。也有人說古時候有田盤先生從齊國來，居住在這裡，故名盤山。這兩種說法到底哪個更接近實際，已經不可考了。不過，盤山確實是一個遊覽的勝地。這裡山峯林立如削，非常奇特，遠遠望去，層巒疊嶂，岸崖排空。盤山方圓百里，南距滄溟，西連太行，東放碣石，北負長城，人稱仙佛勝區，天壤大觀，的確是當之無愧的。

盤山最高的地方稱上盤，山頂上有一塊巨石，用手輕輕一摸，就微微晃動。山頂上還有二龍潭，天氣乾旱的時候，能興雲造雨。大石下面有潮井，還有澤鉢泉，不論什麼時候，潭中的水總是那麼多。盤山的中部稱中盤，這裡蔚然深秀，怪石突起，日暮山光嵐氣，濛濛如雨。上有古寺，山南有小嶺，陡絕難行，泉水沿石隙流下。盤山的底部稱晾甲石，一塊巨石平坦可鋪席，能坐百餘人。相傳晾甲石是當年唐太宗東征晾鎧甲的地方。盤山上中下三部，上盤以松樹取勝，中盤以奇石取勝，下盤以流水取勝。松樹從石縫中長出，彎彎曲曲，彷彿和奇石爭怒。山上泉水流到下盤以後，奔瀉之聲如雷鳴，被稱作響澗，到晾甲石以後，再流下盤山。泉水從山上往下奔流過程中，彷彿懸空的一條白練。盤山又稱東五臺，北臺是自來峯，南臺是先師臺，中臺是紫蓋峯，東臺是九華峯，西臺是舞劍臺。每年清明谷雨時節，萬壑青松，十里紅杏，遠望盤山像一幅天然圖畫。這時如果坐在盤石上，看白雲，聽流水，別有一番情趣。

盤山行宮在盤山南側，前岡如屏，後嶂如扆。自玉石莊迤邐東達於繚垣以南，文石壘牆，周遭十餘里，隨山徑高下為曲直。數道泉水流入牆內，山下設閘，隨時可以啓動，控制水流。

盤山及盤山行宮有十多處景點，乾隆皇帝把它們分爲內八景和外八景。內八景有靜寄山莊、太古雲嵐、層巖飛翠、清虛玉宇、鏡圓常照、衆音松吹、四面芙蓉、貞觀遺蹤。外八景是天成寺、萬松寺、舞劍臺、盤谷寺、雲罩寺、紫蓋峯、千相寺、浮石舫。

靜寄山莊是盤山行宮的名字，沒有彩繪，看上去很樸素。取名靜寄山莊，乾隆皇帝曾有解釋。他說：靜是山體，寄於天地，永遠存在；人生而靜，靜是人體，不能永遠存在，因爲人體不如山體。所以這樣取名，觀山以觀我生，是爲了自警。以山莊爲號，則是爲了效法康熙皇帝取名避暑山莊的例子。靜寄山莊外有山峯環繞，裡面樹木成蔭，有的地方還開畦種莊稼，的確是休息的好地方。太古雲嵐在半山腰中，隨山勢高低而建成樓館殿室。山中升雲，瞬間萬態。乾隆皇帝認爲人只知今之雲不同於昨，卻不知自古以來無日無雲，並無太大變化。雲無古今，山無古今，萬事萬物無古今，所以取名太古風嵐。層巖飛翠是山莊裡面的一組建築，在這裡放眼四望，千巖萬壑，煙鬟翠螺，盡收眼底。乾隆皇帝認爲這裡是最佳所在，雲起樹中間，泉分山四宇，時時落花雨。淸虛玉宇位於盤山行宮東邊偏北，是一座道教建築，爲上淸碧虛玉帝之宇，因而得名。乾隆皇帝認爲到了這裡，就成了遊仙天半人。鏡圓常照在盤山行宮西牆內，是一座佛教建築。戶外有白雲，庭間有古樹，是作佛事的好處所。衆音松吹的景物別具特色，水石相擊鏘然成韻，像環珮聲，像彈琴聲，又像笙竽鐘磬聲，泠泠入耳。偶爾一陣淸風，或長風號空，則又像驚濤聲。正是八音繁會的地方。四面芙蓉是盤山行宮裡面的一座亭式建築，在這裡遠看諸峯，秀絕無比，四望霞表，層湧疊出，圍合像屏嶂。乾隆皇帝說這裡「芙蓉朵朵標銀漢，恰是香廬日照明」。貞觀遺蹤指的就是晾甲石，在南澗中間，乾隆皇帝認爲唐太宗因此遺跡而流傳楷模，是石不泐，名不滅，得失之圖不可不審察。

天成寺又名福慶寺，唐朝時修建，乾隆八年（一七四三年）重修。寺門樓額是「江山一覽」，大殿額是「清淨妙音」，都是乾隆皇帝手書。從盤山行宮宮門西行，越過蓮花池，沿著山澗北上三里許，就到了天成寺。站在寺樓上，鳥瞰山麓，彷彿深巷屈曲，澗泉苔石，歷歷可數。遠眺林巒攢簇，成一幅天然圖畫。萬松寺舊名李靖庵，康熙皇帝賜名萬松寺，乾隆十年（一七四五年）奉敕重修，殿簷上縣掛著乾隆皇帝御書額「慈育萬物」。寺左有仙人橋，寺右有橐佗石。站在寺門遠望，兩崖石壁，秋雲朵朵，野草寒林，麋鹿成羣，古刹斜陽，香煙裊裊，別是一番景象。舞劍臺在萬松寺的西邊，相傳是唐朝李靖舞劍的地方。李靖是唐朝的軍事家，曾任兵部尚書等職。舞劍臺上原來刻有「唐李從簡來遊」六字，每字直徑五寸，後來因爲歷經風雨，風化作用，石上的字多已模糊不清了。盤谷寺舊名青溝禪院，康熙皇帝賜名盤谷寺。該寺位於盤山青溝地方，這裡羣峯圍繞，水匯一處，然後逆流而西，從天成寺水口流出山外。康熙十年（一六七一年），僧人智樸到此建成該寺。乾隆皇帝曾爲該寺題寫寺聯：虛窗不礙疏還密，詰逕何妨靜以深。雲罩寺在盤山之巓，又名降龍庵，建於遼代，明朝時多次擴修。寺中有舍利塔，塔內藏戒珠十六顆，佛牙一具。寺額「金界常明」，寺聯「青山白雲常自在，禪悅法喜悟無生」，都是乾隆皇帝御筆。該寺黃龍祖師殿比較有名，殿六角，以象天圓地方，角方各闊一丈，通高二丈九尺，重檐青瓦，殿樓內有一大鐘，重二千斤。因爲該寺處於盤山頂端，雲滃然若擁若覆，從下往上看，或見雲不見寺，而在寺中有時又看不見山，故名雲罩寺。紫蓋峯又稱中臺，在盤山中央，這裡圓峭離立，單椒秀澤，蔚如華蓋，諸峯駢羅，若拱而伏，形勢非常獨特。千相寺原名祐唐寺，也名千像寺，在九華峯上。九華峯又名東臺，也名削玉峯，還名蓮花峯。千相寺建於唐代，故原名祐唐寺，近代僧人希悟重修，在溪谷澗石上刻千佛像，所以又名千像寺。乾隆十年奉敕重修，乾隆皇帝御書殿額「雨花福地」四字。浮石舫在盤山上甘澗東北峯頂，形狀如海船，在煙雨晦冥時望之浮浮欲動，故名浮石舫。對此，乾隆皇帝也曾解釋說：山中雲氣，郁勃瀰漫，浩浩如雪海峯巒，出沒其中，如煙檣乘風。上甘澗東北峯頂有石如艨艟萬斛，當雲起時，幾欲駕飛濤凌溟渤矣。由此也可以看出乾隆皇帝觀察景物是非常細緻的。

除上述景點外，盤山上還有一些遊覽勝地，也深深地吸引著乾隆皇帝，主要是：盤山山麓有廣濟寺，寺東有一頻婆果樹，大可合抱，有人說江南桔柚五十棵樹也不及這一棵樹，每年結的果實可賣錢二萬。盤山最高處有掛月峯，峯頂有定光佛塔。相傳有除夜佛燈，燈出通州（今北京市通縣）弧山塔上，分爲數千百，遠繞盤山諸寺，至定光佛塔而止。有人說這燈光就是佛塔中的舍利光。千像寺後半里有搖動石，該石長二丈，寬一丈五尺，一人推之則動，衆人推之則不動。也有人說，衆人推之則不動是一種訛傳。總之，搖動石的確是一個奇怪而又令人感興趣的景點。

乾隆皇帝多次遊覽盤山名勝，寫下了不少詩文。他在《御製遊盤山記》一文中寫道：「連太行，拱神京，紋碣石，距滄溟，走薊野，枕長城，是爲盤山。」文章起筆很有氣勢。他在文章中還描寫盤山是「地僻而山秀，樹密而谷深」，「曉嵐豁開，泉白山青，颯然林空，鬱然松翠。」乾隆皇帝還寫了許多詩描繪和讚美了盤山衆多具體的景點。乾隆七年（一七四二年），他在《盤山懷古》詩中寫道：

田疇不賣盧龍塞，李靖空餘舞劍臺。
月鏡團圞誰掛得，峯蓮崒嵂自飛來。
定光燈影猶飄忽，茶子松精類詭詼。
只有開堂傳寶積，求心何處一言該。

在《經唐太宗晾甲石》詩中，乾隆皇帝寓情於景，追述了歷史，他在詩中說：

石名晾甲枕山陂，遺跡貞觀藉撫追。
若使當年無此役，何須重建魏征碑。

乾隆皇帝還寫有《題李靖舞劍臺》詩：

壯士今何在，空餘舞劍臺。
名隨流水去，客共白雲來。
松韻雄風謖，川明匣水開。
幾多評古意，清詠久邅徊。

舞劍的壯士已經隨流水而去，留給詩人的，只有對歷史的追思，以及對白雲、清風、松濤、泉水等眼前景物的描繪。在《青峯寺》一詩中，乾隆皇帝所寫青峯寺景色顯得格外清新：

初地今初到，青峯最上峯。
千秋金相好，一朵翠芙蓉。
松籟風中靜，莎茵雨後濃。
福田非所慕，淨業偶相從。
境是琉璃界，僧忘洞濟宗。
詩成跋馬去，雲外聽鳴鐘。

乾隆皇帝盤山覽勝，一般停留的時間不是太長。乾隆七年（一七四二年）九月裡，停留三天。九年（一七四四年）十月裡，停留四天。三十五年（一七七〇年）二月裡，停留七天。一般說來，乾隆皇帝在盤山停留的時間，少則二三天，多則六七天，從季節上說，或在春季，或在秋天。在盤山駐蹕期間，乾隆皇帝照常處理政務。乾隆三十五年二月駐蹕盤山行宮期間，就處理了貴州省桐梓縣百姓起事事件。桐梓縣民趙式璧等人，因爲該縣派辦軍需，典史將總甲周文倫等枷號，便聚衆百餘人，勒令典史開放，隨後又打毀貢生等房屋器物。後來，趙式璧等人被拏獲。乾隆皇帝在處理這一事件時認爲，貴州省吏治敗壞，才造成刁民聚衆滋事，若不亟爲整頓，恐怕事件會接連發生。於是，乾隆皇帝更換了貴州省的巡撫。

## ㈣天津閱河

乾隆三十二年（一七六七年）正月初八日，乾隆皇帝頒布諭旨：朕於二月二十五日啓鑾，巡幸天津，閱視河堤，所有應行備辦事宜，著各該衙門照例預備。就這樣，乾隆皇帝開始了第一次巡幸天津的準備工作。

天津一名源於明朝永樂年間。這裡原是一個渡口，周圍產鹽。永樂皇帝還是燕王的時候，以「入靖內亂」爲名，從他侄子建文皇帝手中奪取帝位。叔侄交戰期間，燕王朱棣曾從這個渡口經過，前往滄州。後來，朱棣成了永樂皇帝，命令在這個渡口地方築城鑿池，並賜名天津，設立了三個衞所，即地方行政機構。津即渡口，天津，就是指天子從此經過的渡口。清朝建立後，在天津設關，置總兵鎮守。雍正三年（一七二五年），改天津衞爲直隸州，九年（一七三一年），升爲天津府，屬直隸省。

乾隆皇帝第一次巡幸天津，是乾隆三十二年二月二十五日，從圓明園啓鑾，中途駐蹕黃新莊行宮、涿州行宮、紫泉行宮、趙北口行宮、于家村馬頭大營、左格莊馬頭大營、揚芬港行宮、臺頭行宮、王家場馬頭大營，於三月初四日到達天津，駐蹕天津府行宮。十一日，由運河回鑾。十二日，到達南苑。十三日，在南苑行圍。十六日，回到暢春園。這一次往返天津，總計十七天。

乾隆三十五年（一七七〇年）三月初五日，乾隆皇帝奉皇太后從圓明園啓鑾，拜謁泰陵，並第二次巡幸天津。因爲先去泰陵，所以中途所駐行宮有黃新莊行宮、半壁店行宮、秋瀾村行宮、梁格莊行宮，初九日拜謁泰陵後，又返回秋瀾村行宮。以後中途駐蹕行宮基本上同於第一次。十七日到達天津，駐蹕天津府行宮。二十一日，乾隆皇帝奉皇太后從天津回鑾，走水路，中途御舟先後駐蹕興福寺碼頭、定福莊、河西務、張家灣，二十六日奉皇太后回到暢春園。這次巡幸天津所需時間，總計十九天。

乾隆皇帝第三次巡幸天津，是在乾隆三十八年（一七七三年）三月初八日，拜謁泰陵之後，皇太后從暢春園啓鑾，會於秋瀾村行宮。十六日到達天津。二十日回鑾。中途駐蹕興福寺大營、忭觀屯大營、桐柏村行宮、洛圖莊行宮，二十五日到南苑行圍。二十七日回到圓明園。巡幸天津所用時間總計十七天。

乾隆五十三年（一七八八年）二月十八日，乾隆皇帝從圓明園啓鑾，開始第四次巡幸天津。一路駐蹕行宮，二十七日到達天津，駐蹕柳墅行宮。三月初四日從天津回鑾，初七日到達南苑，十三日回到圓明園。這次巡幸天津計二十天。

乾隆皇帝第五次到天津，是乾隆五十五年（一七九〇年）四月，巡幸山東之後，初七日至初九日，在天津駐蹕柳墅行宮。

乾隆五十九年（一七九四年）三月十三日，乾隆皇帝從圓明園啓鑾，開始第六次、也是他最後一次巡幸天津。沿途駐蹕行宮，二十四日到達天津，駐蹕柳墅行宮。二十七日從天津回鑾，四月初二日到達南苑，初七日回到圓明園。總計二十天。

乾隆皇帝巡幸天津，主要是爲了閱視河堤淀閘，指示機宜，求得畿輔地區民生安全。天津地區河道縱橫。有南運河，即衞河，從河間府東光交河二縣流入，經滄州城西，北入滹沱舊河，並有老漳河從西來匯入，再流經天津縣西，與子牙河、北運河匯合，人稱三岔河。有北運河，又名白河，在天津縣北，也稱潞河，從順天府武清縣流入至縣北三岔口，與南運河匯合。有子牙河，即滹沱下流，自河間府獻縣西南，分流入靜海縣，東北流入天津府城北，與南北二運河匯爲三岔河。有滹沱河，從河間府獻縣完固口流出，經青縣南，與老漳河匯，流入南運河。此外，還有許多沽和淀，例如直沽，亦稱海河；塌河淀，周百里，是北運河等容蓄地。

天津地區的河、沽、淀，經常形成水患。有的河與淀通，易致淤塞。有的沽地勢平衍，每遇暴雨，便羣流漲溢，茫無際涯。乾隆二十七年（一七六二年），直隸地區夏雨成澇，田禾淹損，有的地方水勢汪洋，平地深一、二、三尺至丈餘不等，造成了很大危害。對天津地區的水系，乾隆皇帝即位後，多次整修。南運河在乾隆二年（一七三七年）以後，屢經疏治，增築堤壩。三十年（一七六五年），又以青縣鮑家嘴地方是衆水所歸，每當南運河盛漲時，鮑家嘴不能下注，反虞運河倒灌，便在青縣十里窪開挑引河，由新河口下入於千金泊，歸子牙正河；又在鮑家嘴建石閘一座，視內外水勢盈縮，以時啓閉。結果，旁流無壅，運道益安。爲了預防子牙河發生水患，乾隆十年（一七四五年），自王家口北，莊兒頭起築格淀堤，使大河別由陳家泊改溜東行。對塌河淀，乾隆九年（一七四四年）也曾疏濬，十一年（一七四六年）又挑濬寬深，使淀水暢流，無盈溢之患。乾隆皇帝巡幸天津，主要是爲了解決防止水患問題。

乾隆皇帝第一次巡幸天津時，察閱了子牙河堤。按圖披覽淀河堤閘之後，他發現，在千里長堤上，從三灘里起，到格淀堤莊兒頭止，中間並無堤岸。經過向直隸總督了解，乾隆皇帝才知道，這一段地方原來就沒有堤岸，所以每遇淀水長發，地畝民居，不無淹浸。乾隆皇帝對於這種情況感到殊堪軫念，特命人分道往勘。調查人報告說：無堤處所，東西約長十里，其中間有民修堤埝，被水衝缺數處。每當雨水過多之年，村民一二千戶，地畝千餘頃，常被水患。村民見有欽差前往踏勘築堤，無不歡欣踴躍，都說從此子子孫孫皆可永遠霑恩，堤內之地亦可盡成膏腴，實於居民有益。於是，乾隆皇帝命直隸總督方觀承再行詳細相度，接築長堤。接築的長堤自文安縣屬三灘里千里長堤起，至大城縣屬莊兒頭格淀堤止，共長二千七百七十二丈，頂寬一丈六尺，底寬五丈，酌就地勢，高五六丈不等。需用土方估銀六千九百餘兩，由大城、文安二縣分段興築。乾隆皇帝命這段工程務必在汛前完工，該管官員子牙廳和天津道要加强督察。

在第一次巡幸天津時，乾隆皇帝還察看了減河形勢，見壩身出水處，高於河底七尺，則汛漲時，所減之水下注過猛，易致跌落成坑，排樁不無撼動。他認爲：應在石工之外，接築灰工十五丈，使坦坡漸平，以導其勢。至於王家務、捷地、興濟三處減河，都是爲了宣洩盛漲，保衛堤工，別由一路入海，不使三岔河水匯積，是畿南水利的關鍵，也應一律疏濬留淤，以便深通易達。乾隆皇帝還認爲：子牙河故道，自谷家莊以下，至吳家溝一帶，河身狹窄，也應普律展寬，用消瀝水，以衛民田。乾隆皇帝命直隸總督方觀承，按工核實估計奏聞，動帑興修，務使疏洩得宜，俾河務民生，永資利賴，副朕省方疇咨至意。

乾隆皇帝第二次巡幸天津時，察看了文安堤。第三次巡幸天津時，沿途閱視了永定河堤，察看了淀河。他還發布上諭說：文安大窪連絡四淀，向來積水難消，前此曾命協辦大學士兆惠往勘，設法疏治，水即退涸。三十二年經行閱視，業已遍種春麥，彌望青葱，省覽實深忻慰。迨三十五年巡閱所經，又多積水。此次所見，仍復汪洋一片。若久遠難以涸出，恐妨民業，致完無田之糧，朕心深爲軫念，特命周元理查明水占頃畝錢糧數目，並交軍機大臣，將作何籌辦之處，會同該督核議。軍機處大臣奏稱，此次窪地，每遇積水未消時，村民捕魚爲業，水涸後普種稻粱，即成沃壤，即水占未涸，小民尚可收魚蝦之利。乾隆皇帝對此諭示說：所有地畝，本藉耕藝資生，若積水占田，糧從何出？雖該處賦則本輕，水小時尚可佃漁覓利，究不若力田收穫之多。嗣後此窪地，視積水之多寡，以定賦糧之等差。水大則全行蠲除，水小則量爲減租，若水涸耕種有收，仍按額徵收。如此則恆業不致有失，民力並得常舒，俾瀕窪黎庶，永沐恩膏，共臻安阜，以示觀民行慶至意。

乾隆皇帝巡幸天津，除閱視河工外，還有閱兵等項內容。他曾多次檢閱天津駐防滿洲兵，天津鎮標兵，以及其他駐防兵，還多次到閱武樓閱兵。他曾針對士兵拉弓不力、射箭不準的現象提出要求，務必勤於操練，嚴戒荒嬉。他還曾到鹽場視察鹽工。當然，乾隆皇帝巡幸天津，也有遊山玩水的成分。第六次巡幸天津過程中，乾隆皇帝曾說：朕此次臨莅津淀，原爲當令時巡，省方問俗，並非爲遊玩適情。其實，當令時巡，多少也有點遊玩的味道，只是乾隆皇帝不便於直接承認罷了。因爲天津地區有許多古蹟，例如滄州故城的鐵獅，朗吟樓。還有許多名寺，例如天津縣東的望海寺，寺前有海河樓，在這裡俯瞰波流，遙瞻海色，極爲壯觀，乾隆皇帝每次巡幸天津，都到這裡。天津縣南的海光寺，殿宇宏敞，四圍植柳萬株，寺前平曠，別具特色。

乾隆皇帝巡幸天津過程中，考慮到翠華臨莅，宜沛恩施，所有經過地方及天津府屬，都蠲免本年應徵錢糧的十分之三。對沿途夾道迎送的老人，則令地方官照恩詔之例賞賚。對辦差的文武官員，任內如有降級、罰俸、住俸的，也都一律開復，沒有這種情況的則各加一級。考慮到經過的陸路水程，地方官預備行宮，應銷公項銀兩可能不敷需用，便在長蘆應解內務府銀兩內，適當賞銀數萬兩，以爲辦差之費。爲了使直隸省軍流以下的人犯，也能受到恩惠，各個監獄要進行清理，重新查核案情，分別減等發落。對於水手，考慮到他們多從南方來，已經等候多日，口食未免拮据，決定每名水手每天給銀五分常價之外，再增給銀三分。對於讀書人，也給以一定的嘉惠，所有直隸本年入學名數，大學增額五名，中學增額四名，小學增額三名。對於迎鑾賦詩的士子，則令分別考試，考取一等的，賞給內閣中書，考取二等的，賞給大緞二匹，對於沒有完卷或有抄襲行爲的人，則要給以斥責，以示懲勸儒林之意。對於商人，考慮到他們捐獻資財，籌辦行宮，情殷意切，也要施以恩澤，一般都是把應完引票課銀，延長時間帶徵，以紓商力，以資饒裕。對於跟隨巡幸的王公大臣侍衞等，則隨時賞賜食品。

乾隆皇帝巡幸天津，地方官爲了討得皇帝的高興，大多踵事增華，過於繁縟，沿途設置景點。有的則給皇帝進貢禮品。對此，乾隆皇帝多次强調，不要在直隸淀河一帶預備彩棚戲臺，也不要設立採蓮船隻。他强調這些都是徒滋糜費，殊屬無謂，覽之非唯不喜，且必加以飭責。對於臨幸處所，商人偶有點綴，似可允許，但也不要過事浮靡，致多繁費，以副崇實黜華之意。但是，地方官不知道乾隆皇帝這些話是否出於肺腑，不敢照著辦。乾隆皇帝第三次巡幸天津時，有一官員名叫王亶望，進貢的物品中竟有嵌珠金如意一枝。對此，乾隆皇帝諭示：朕巡幸天津，各督撫等原不應遠道進貢。即便隨衆貢獻，也不過是略陳萬物，王亶望這樣做尤爲非理。結果，王亶望被傳旨申飭。乾隆皇帝第六次巡幸天津時，直隸督撫在揚芬港地方預備了龍舟，以及戲劇雜技。對此，乾隆皇帝說：本當將該督撫等治以應得之罪，但念伊等職司地方，因朕翠華臨幸，藉以抒忱效悃，亦屬愛戴之心，姑從寬免其究處。看來，乾隆皇帝對於地方官員的備辦排當點綴等事，內心深處還是高興的。

乾隆皇帝六次巡幸天津期間，寫下了大量詩篇。他的《觀海》詩，記述了第一次巡幸天津時觀看渤海的情況。《望海寺》詩和《海河樓》詩，則記述了每次到望海寺和海河樓的感受。不過，乾隆皇帝巡幸天津所寫的詩中，大多都是閱堤、閱河的內容。在《聞永定河堤有泛濫處書以志懷》一詩中，乾隆皇帝寫道：

永定古桑干，蕩漾延數縣。
雖獲一麥收，難免三伏漫。
製堤以束之，其初頗循岸。
無何淤漸高，泛濫乃頻見。
下口凡屢更，揚沸豈長算。
今夏雨略多，盈壑致旁灌。
或云聽其然，功倍於事半。
試看無堤初，何無沖決患。
近是究難從，哀哉彼飢洊。

詩中敘述了永定河泛濫的原因，以及如何治理舉棋未定的心境。在《閱滹沱河堤工》一詩中，則表現了治河初見成效的一種愉快心情：

前歲視滹沱，近堤虞侵城。
今歲視滹沱，堤腳淤沙平。
臨流施網處，秋麥芃新耕。

復見好消息，中泓向南經。
北堤免沖嚙，萬戶慶居寧。
建坊舊駐所，感德由至誠。
維予自　度，轉覺愧恧生。
一時偶指示，詎有安瀾能。
設能回狂瀾，永定相視曾。
夏霖乃潰決，訖今堤未成。
是河亦渾流，來往歲每更。
所幸有餘地，不與水相爭。
長堤護城止，曾匪東之行。
居功而諉過，中人以下情。
我常惡彼爲，何須頌揚聲。

由滹沱河想到永定河，由愉快心情轉變爲生愧感情，這正是乾隆皇帝巡幸天津，希望治好一切害河的根本目的的反映。

# 二、在豫、魯大地上

河南、山東兩省，土地遼闊，人口衆多，既有名山大川，又是文化發達地方。乾隆皇帝觀風問俗，祭祀孔子，巡幸的足跡也留在了豫、魯大地上。

## ㈠省方問俗到河南

乾隆十五年（一七五〇年）八月初八日，乾隆皇帝諭示要巡幸河南。十七日，巡幸的車隊便從京師出發了。九月初三日，乾隆皇帝奉皇太后謁泰陵後，便向河南進發。一路上先後駐蹕保定府行宮、高玉堡行宮、定州衆春園行宮、趙村大營、正定府行宮、欒城北大營、正元寺大營、金題店大營、舊家村大營、呂仙祠行宮、高廟大營、萬安莊大營，於十八日到達河南彰德府（今河南安陽）。在直隸境內行進途中，乾隆皇帝在正定府北門外檢閱了軍隊，多次賜扈從王公大臣及直隸總督等官宴，在公項錢糧內各賞銀一萬兩給直隸、河南兩省，做爲修葺古跡名區費用，對辦差務的營汎兵丁，賞給兩月餉銀，對巡幸兩省經過的地方，加恩蠲免錢糧十分之三。

乾隆皇帝到達彰德府當天，就到文廟行禮。文廟即孔子廟，孔子在唐朝被封爲文宣王，孔子廟也被稱爲文宣王廟，元朝以後便通稱文廟。乾隆皇帝還去了精忠廟，遣官祭祀了關帝廟。精忠廟也稱岳武穆祠，在湯陰縣西南，是祭祀宋朝岳飛的廟宇。在精忠廟，乾隆皇帝寫了一首《岳武穆祠》詩：

翠柏紅垣見葆祠，羔豚命祭復過之。
兩言臣則師千古，百戰兵威震一時。
道濟長城誰自壞，臨安一木幸猶支。
故鄉俎豆夫何恨，恨是金牌太促期。

詩中頌揚了岳飛的精忠報國精神。在湯陰縣大營駐蹕後，乾隆皇帝的巡幸車隊進入衞輝府。十九日，乾隆皇帝諭示：朕巡幸中州，該省官民俱經行慶施惠，所有分駐旗人，亦應一體加恩。於是，命河南巡撫將河南省駐防官兵，年七十、八十以上者查明分別賞賚。此後，沿途駐蹕楊家莊大營、司馬莊大營，二十一日，駐蹕百泉行宮。二十二日，乾隆皇帝奉皇太后到白露園進早膳，賜扈從王公大臣及河南巡撫等官宴。御書百泉孔子廟匾「至教永垂」四字。乾隆皇帝還到了百泉書院。百泉書院在輝縣西北七里蘇門山麓，建於明朝成化十七年（一四八一年）。乾隆皇帝在百泉書院，寫了二首詩，以及《奇樹歌》一首，其中有一首詩寫道：

清蹕來遊衛水源，小加構築儼林園。
洛中名勝山川秀，秋杪風光松菊存。
座俯滄池下鷗侶，階含碧蘚育桐孫。
讀書近溯周程旨，恰喜明窗暖日暾。

二十三日，乾隆皇帝又諭示：朕今歲初次巡幸豫省，鑾輿所過，既已疊沛恩施，惟是薄賦省刑，事宜並舉。他決定所有河南軍流以下罪犯，均查明減等發落，俾予自新。乾隆皇帝巡幸車隊進入懷慶府境後，二十四日，他又諭示：朕數日所過州縣，體察農功，夏麥告豐，晚禾覺欠，秩牟播種，亦復待時，甚爲軫念。於是，決定將歉收地方再加恩蠲免十分之五。在恩村大營、孟縣東大營駐蹕後，二十七日，乾隆皇帝奉皇太后渡過黃河，進入河南府、先後駐蹕孟津縣西大營、洛陽縣東大營、李村大營。三十日，乾隆皇帝諭示：此次巡幸河南，省方問俗，所至推恩，尤念祥符爲省會之區，登封實望秩之所，鑾輿駐蹕，宜沛優施，著將該二縣乾隆辛未年(即十六年，一七五一年)應徵地丁錢糧，全行蠲免。在這裡，乾隆皇帝明確說出他巡幸河南的目的是省方問俗，也就是巡察地方，了解民情。乾隆皇帝還決定，把巡幸所經過的河南、直隸兩省有關州縣地區，年齡七十歲以上的老年人，均照從前恩詔之例，分別賞賚。在少林寺行宮駐蹕後，十月初一日，乾隆皇帝來到嵩陽書院。嵩陽書院在登封縣太室山麓，五代周時修建，初名太室書院，宋朝景祐年間更名嵩陽，是當時全國著名的書院。明朝末年傾圮殆盡。清朝建立後，康熙十三年(一六七四年)，知縣葉封復建。十六年(一六七七年)，少詹事耿介增修。乾隆皇帝在嵩陽書院，爲了發揚文治教化，寫了這樣一首詩：

書院嵩陽景最清，石幢猶記故宮名。
虛誇妙藥求方士，何似菁莪育俊英。
山色溪聲留宿雨，菊香竹韻喜新晴。
初來豈得無言別，漢栢蔭中句偶成。

初二日，乾隆皇帝到中嶽廟致祭。中嶽廟在登封縣東八里華蓋峯下，漢朝始建，初名太室廟，後魏太延元年（四三五年）重建。以後歷代均有增修。該廟規制宏敞，爲河南全省祠宇之冠。乾隆皇帝在中嶽廟寫有匾額「鎭茲中土」、「神嶽崇嚴」、「靈符萬寓」等，還寫了《謁嶽廟》及《嶽廟秩祀禮成》詩二首。隨後，乾隆皇帝登上了嵩山。嵩山在登封縣北，古稱外方，又名嵩高，是著名的風景勝地。嵩山是總稱，由太室山和少室山等組成。太室山高一四九四米，少室山高一五一二米。嵩山雄峙中原，羣峯聳立，層巒疊嶂。地處開封、洛陽之間，自古就是文人薈萃之地。乾隆皇帝登上嵩山後，寫了一首名《登嵩山華蓋峯歌》，並刻石山頂，希求永垂。該詩是這樣寫的：

嵩高峻極周雅談，居中鎭東西朔南。
宇宙以來鮮比參，時巡秩祀駐絳縿。
殷禮薦事神人歡，一登絕頂衆妙探。
宿嗤丹藥求仙巖，無事登封埋玉函。
侍臣告我初寒添，太空黯黕凝雲嵐。
我笑謂之正所耽，不宜返轡山靈慚。
神區奧壤貴靜恬，千乘萬騎紛奚堪。
策馬滅從遵路巉，異哉所見真不凡。

二十四峯左右咸，中爲華蓋尊且嚴。
俯視羅列如孫男，不須僂指其名拈。
少室三十六峯尖，向者背者都包含。
以河爲帶頴爲襟，爲唐爲宮復爲谽。
隆崇案衍窗以窔，崒嵂巀嶭嶊崣嵌。
丹黃紫翠青碧藍，聲兮卉歙氣兮馣。
博大富有莫不兼，幻以雲容技畢覃。
英英靄靄滃曇曇，變遠爲近夷爲險。
黃山雲海歌德潛，如遇嬙旦矜無鹽。
泰山昔亦陟巖巖，引興未似今茲酣。
攜來雙鶴其羽毶，放去聊任王喬驂。
卓午躡景歸驂驔，紛迎老幼圍層㟞。
警蹕不飭任就瞻，尊親亦可民情覘。
呼萬歲者奚啻三。

乾隆皇帝的這首詩歌，敍述了他攀登嵩山的過程，道出了無限風光在險峯的眞理，也描繪了嵩山頂峯的神奇變幻。語句平易，毫無雕飾造作之感。

初四日，乾隆皇帝奉皇太后回鑾。初七日，他在返程途中，發布上諭說：朕舉行秋狩，所到覲岳省方，蓋欲周覽民情，懋登治理。凡地方之利弊，官吏之賢否，與夫政令之得失，所到之處，多方尋問。河南位於中土，素稱淳樸。今值禾稼豐收，巡途中親見老少歡欣，民俗敦龐，社會寧輯，深爲欣慰。顧惟因時保治之方，其權實操之自上，撫臣表率，通省藩臬任寄旬宣，以至郡守牧令與民愈親，則導民尤切，應仰體朕心，力行善政，敦本訓俗，除惡安良，教養兼施，屏虛文以求實效。其在小民，亦當敦禮讓，務農桑，崇儉去奢，力田孝悌，以求共享昇平之福。朕於該省臣民有厚望焉。乾隆皇帝的這番話，有以下幾層意思：一是他說明了省方問俗的內容，主要是地方利弊，官吏賢否，政令得失。二是對河南省淳樸民風表示滿意。三是談到了要保持社會穩定，官和民都有關係。乾隆皇帝對官和民應當怎樣做都提出了具體要求。最後表示對於河南省寄於希望。乾隆皇帝的這番話，其實是對河南巡撫講的。對此，河南巡撫鄂容安不得不有所考慮。

初八日，乾隆皇帝在開封府檢閱了軍隊。閱兵之後，對軍事訓練問題他又做了新的諭示。乾隆皇帝說：我滿洲本土，原以馬步騎射爲主。凡圍獵不需鳥槍，惟用弓箭，即索倫等圍獵，從前並不用鳥槍。今聞伊等不以弓箭爲事，惟圖利便，多習鳥槍。夫圍獵用弓箭，乃從前舊規，理宜勤習。況索倫等皆獵獸之人，自應精於弓箭，故向來於精銳兵丁內，尤稱手快。伊等如但求易於得獸，久則弓箭舊業，必致廢弛。此後行圍，務循舊規，用弓箭獵獸，將現有鳥槍，概行收回。以後也嚴禁偷買自造。其實，乾隆皇帝的這種見解並不正確。鳥槍這種火器，和弓箭相比，當然要進步。乾隆皇帝不提倡先進的武器，反而鼓勵使用舊式弓箭，致使十八世紀的中國和西方國家相比，武器的製造更趨於落後。

乾隆皇帝還從這種見解出發，對河南省的武官進行了調整。初九日，河南提督治大雄、總兵陳其俠陛見乾隆皇帝後，乾隆皇帝認為他們的弓馬均屬平常，尤以陳其俠馬箭更屬不堪，人也庸陋瑣碎，難勝總兵之任，決定降為副將。乾隆皇帝還說：將領近來技藝平常者居多，而馬箭尤多荒廢，大抵一為提鎮，即不復留心騎射。不知統領大員，不能以身率先，將何以訓練戎行，整飭武弁。嗣後各提鎮等務須時時親自練習，不得耽於安逸，以致日漸生疏。將來陛見至京，朕將親加試驗，其有馬步箭庸劣者，必嚴加議處。

在返程途中，乾隆皇帝的車隊在十三日駐蹕衛輝府大營。十五日，駐蹕湯陰縣大營。進入直隸以後，沿著來時的路線，駐蹕行宮也和來時一樣。十一月初三日，乾隆皇帝奉皇太后返回京城。從八月十七日離京，到十一月初三日回宮，乾隆皇帝總計在外停留了兩個半月。其中，巡幸河南整整用了兩個月。

乾隆皇帝回到北京以後，也許是對河南的官員有所了解了，他先後諭令河南布政使富明銷去記錄四次，降二級使用。巡撫鄂容安也因疑懼失措，被諭令痛加懲改，以贖前愆。從此以後，乾隆皇帝再也沒到河南巡幸。

## ㈡去山東祭孔祀岱

乾隆皇帝曾經五次前往山東曲阜孔子故里。

**第一次是乾隆十三年（一七四八年）**。這一年二月初四日，乾隆皇帝奉皇太后東巡，車駕發京師。沿途駐蹕董公菴、盧村、當陌村、高橋、雄縣十里堡。初九日，在趙北口奉皇太后閱水圍。此後又駐蹕任邱縣五里鋪、河間府、盧家莊、阜城縣、景州七里鋪、德州七里莊、靳家莊、興隆屯、東阿舊縣、鳳凰臺、安樂縣，二十四日，駕臨曲阜，駐蹕曲阜縣。在曲阜活動結束後，二十六日，前往泰安，沿途駐蹕興隆鎮、南留，二十八日到達泰安府。乾隆皇帝一行在泰安停留三天，進行各種活動。三月初二日，啓鑾前往濟南。沿途駐蹕灣德、開山。初四日，到達濟南府，前往趵突泉。在濟南府停留三天，這期間，乾隆皇帝奉皇太后檢閱了濟南、青州、兗州三營兵，他本人還親御弓矢，連發皆中的。初八日，乾隆皇帝奉皇太后回鑾。沿途駐蹕高家莊、王家莊、桃源站。十一日，駕至德州登舟。這一天亥刻（晚上九時到十一時），皇后崩。結果，乾隆皇帝命人奉皇太后御舟緩程回京，他駐蹕德州水次。十四日，啓程回京，駐蹕天津府、河西務，十七日回到京城。往返總計四十四天。

**第二次是乾隆二十一年（一七五六年）二月十三日，自圓明園啓鑾**。乾隆皇帝先往泰陵謁陵，然後再往曲阜。十六日離開泰陵，行進路線和第一次稍有不同。沿途駐蹕秋瀾行宮、涿州行宮、紫泉行宮、趙北口行宮、張鋪大營、太平莊大營、紅杏園行宮、新莊大營、德州大營、恩縣大營、禹山大營、西樹大營、鳳凰臺大營，三月初一日，到達曲阜。在這裡活動結束後，初三日，回鑾。經過泉林行宮、小廠大營、張家塘大營、鳳凰臺大營、新莊大營、恩縣大營、德州大營、紅杏園行宮、張鋪大營，十七日，駐蹕趙北口行宮。然後，經過南苑，前往孝陵、景陵。二十四日，謁陵後，於二十九日回到京師暢春園。第二次巡幸山東前後總計四十七天。

**乾隆皇帝第三次巡幸山東，是乾隆三十六年（一七七一年）二月初三日，奉皇太后自圓明園啓鑾**。這次是由水程來往。離開京城後，先到南苑行圍，駐蹕新衙門行宮，初五日，從南苑南紅門行宮出發，駐蹕桐柏村行宮後，在寶稼營登舟。船隊先後駐蹕南倉、湖洋莊、楊家園、司馬莊、花園、馮家口、霞口、史家莊、袁樓，十六日，乾隆皇帝奉皇太后在德州登陸，駐蹕德州行宮。此後，乾隆皇帝一行先後駐蹕李劉莊行宮、晏子祠行宮、潘村行宮、靈巖寺行宮，二十四日，到達泰安府。二十八日離開泰安，前往曲阜，途中駐蹕四賢祠行宮、中水行宮、泉林行宮，三月初四到達曲阜。初七日，乾隆皇帝奉皇太后回鑾。經過濟寧州行宮、大長溝、王老口、五里鋪、劉家灣、朱官屯、新莊、珠泉屯、甲馬營、十屯汎，十八日，到達德州行宮。此後，又先後駐蹕霞口、花園、馮家口、司馬莊、湖洋莊、寶稼營，在寶稼營登陸後，經過南苑，於四月初七日回到京師暢春園。這次往返總計六十四天。

**第四次是在乾隆四十一年（一七七六年）。這年二月初九日，乾隆皇帝自圓明園啓鑾，先拜謁西陵，禮成後，奉皇太后巡幸山東。二十日，拜謁泰陵結束後，即前往山東。**一路駐蹕行宮，二十七日，在寶稼營登舟。御舟沿運河南下，三月初八日，在德州登岸。沿途駐蹕行宮和第三次相同。十五日，到達泰安府。在這裡舉行登岱瞻禮活動後，即前往曲阜。二十四日，到達曲阜，在這裡停留三天，進行各種拜謁活動。二十七日，回鑾。三十日，登舟，沿運河北上。在德州稍事停留，繼續北行。在寶稼營水營登岸，乾隆皇帝恭送皇太后還京師，他自己則於四月二十五日，在桐柏村行宮舉行了獻金川俘馘於廟社禮，二十七日才返回京師。這次巡幸山東往返總計六十八天。

**乾隆皇帝第五次巡幸山東，是在乾隆五十五年（一七九〇年）。**這一年二月初八日，他從京師啓鑾，先拜謁東、西陵。二十日，前往山東。沿途駐蹕行宮，基本上同於第二次。三月初四日，到達泰安府。十四日，到達曲阜。返程時經過天津。四月十五日返回京城圓明園。總計時間六十七天。

此外，乾隆四十九年（一七八四年），乾隆皇帝南巡時，在二月裡也曾到泰安和曲阜。乾隆皇帝一生中，巡幸山東所花費的時間，當在三百天以上。

乾隆皇帝幾次巡幸山東的基本情況已如上述。這裡要問：他巡幸山東的目的是什麼？概括說來，大致有以下幾個方面：

**一是爲了表現崇儒重道的政策**。乾隆皇帝第一次巡幸山東時曾說：「國家崇儒重道，尊禮先師，朕躬詣闕里，釋奠廟堂，式觀車服禮器，用慰仰止之思」。這句話體現了清朝尊崇儒家學說，並用這種學說治理國家的思想。孔子是儒家學說的創始人，山東曲阜是孔子的家鄉。中國歷代統治階級，都尊孔崇儒。最早是孔子死後，魯哀公稱他爲尼父。漢朝追諡爲褒成宣尼公。後魏改諡文聖尼父。後周封鄒國公。唐朝尊爲先聖、宣父、太師、文宣王。宋朝改諡至聖文宣王。元朝加號大成至聖文宣王。明朝改稱至聖先師孔子。清朝沿襲了明朝的稱謂。從清世祖福臨順治皇帝開始，就重修孔子廟，此後，康熙、雍正皇帝也多次對孔子廟進行維修。康熙皇帝還親自到曲阜祭奠孔子。乾隆皇帝即位後，和他的前輩一樣，繼續執行尊孔崇儒治理國家的政策，爲此多次巡幸山東，親臨孔子故鄉。

**二是省方觀俗，了解民情**。乾隆皇帝在第一次巡幸山東時，曾閱覽《山東通志》，從中看到康熙皇帝諭旨，諭旨中說：「東省小民，俱依有身家者耕種，豐年所得者少，凶年則己身並無田產，有力者流於四方，無力者即轉於溝壑。」康熙皇帝諭旨中還說：「此等情況，東省大臣庶僚及有身家者，若能輕減田租，亦名贍養其佃戶，不但深有益於窮民，即汝等田地，日後亦不致荒蕪」。乾隆皇帝認爲康熙皇帝的諭旨，訓諭諄諄，誠切中東省民生利弊。

從康熙皇帝諭旨頒布時起，幾十年過去了，現在山東的情況怎麼樣呢？乾隆皇帝想了解這些情況，因此他要親自巡幸山東。

**三是戰爭取得了勝利，爲了慶賀勝利，要前往山東曲阜躬祭孔子**。乾隆皇帝第二次巡幸山東，正是清軍撫定伊犁、準噶爾蒙古首領達瓦齊被俘之後，所以乾隆皇帝說：「朕因撫定伊犁，躬祭闕里」。闕里即孔子故里，其家所在之地。乾隆皇帝第四次巡幸山東，是在平定大小金川之後，當時乾隆皇帝也說：「朕因平定兩金川，奉皇太后巡幸山東，告成闕里」。爲什麼在戰爭取得勝利之後，乾隆皇帝要巡幸山東、拜謁孔子故里呢？因爲乾隆皇帝也和歷朝帝王一樣，講求文治武功，一張一馳，文武之道。治理天下雖然說離不開武功，但是不能完全靠武功，從根本上來說，還要靠文治，這就是利用儒家學說進行統治，從思想上教育百姓。乾隆皇帝深諳此道，文治和武功相結合，以文治爲主。正因爲此，在每次戰爭取得勝利之後，乾隆皇帝基本上都要到山東曲阜，拜謁孔子故里，表明自己心迹，以示戰爭是迫不得已。

**四是應山東大吏之請求，巡幸山東**。乾隆皇帝第三次巡幸山東時，曾說這是因東省大吏之請，祇奉皇太后恭詣岱嶽拈香，並順道躬謁闕里。山東大吏爲什麼請乾隆皇帝巡幸山東？原來，乾隆三十六年是乾隆生母即皇太后八十歲誕辰，皇太后想去泰山祭祀，祝嘏延禧，即保佑平安康泰。山東大吏了解到了這一情況，爲了討乾隆皇帝和皇太后的高興，也是給乾隆皇帝和皇太后一個臺階。泰山被稱爲東嶽，亦名岱宗，山上有岱廟，從秦始皇開始，到漢武帝、唐太宗、宋太祖等，都到過這裡封禪祭祀。皇太后八十壽辰，到這裡祭祀，當然也有特殊意義。這就是山東大吏請乾隆皇帝及皇太后巡幸山東的原因。

乾隆皇帝巡幸山東，一般是在當年二月從京師出發，而準備工作則在正月裡就開始了，有的甚至在上年末就開始了。一般說來，由乾隆皇帝頒布諭旨，各有關衙門分頭準備，包括衣食住行幾個方面。其中，各地行宮的準備很重要，爲此，地方官就要操辦一段時間。乾隆皇帝個人的準備，是安排好留在京城的辦事官員。乾隆十三年正月初十日，乾隆皇帝諭大學士等：本年二月內，朕恭謁孔林，著履親王、平郡王，大學士訥親、張廷玉在京總理事務。二十四日，乾隆皇帝又諭示：朕此次東巡，戶、兵二部俱少正卿。在京戶部尚書事務，著來保暫時管理，兵部尚書事務，著史貽直暫時管理。後來幾次巡幸山東，乾隆皇帝也都注意安排好在京值班官員。

乾隆皇帝巡幸山東，進入山東境內之後，地方官員和孔子後裔要前來接駕。乾隆皇帝一般都寫詩記述這些事情。在一首《衍聖公孔昭煥來接詩以賜之》的詩中，乾隆皇帝寫道：

春風二月又巡東，釋奠今年爲獻功。
詎止榮卿一家獨，可知尊聖百王同。

攜來四氏齊迎輅，接上千年盡號公。
故是尼山餘蔭永，勗哉何以慎居豐。

這首詩是乾隆二十一年，乾隆皇帝第二次巡幸山東時所寫，詩中敍述了歷代帝王對孔子的尊崇，以及孔子後裔對當今皇帝的感戴。巡幸車隊進入山東境內以後，乾隆皇帝也要寫詩抒發情懷。在一首《入山東界》的詩中，他這樣寫道：

北民瞻過輦，東吏迓來驄。
彼自分疆界，吾寧有異同。
欲知人疾苦，謾詡歲和豐。
尚恐妨耕作，輿鋤候已融。

乾隆皇帝在詩中談到了耕作、疾苦，反映了他對農業收成和一般百姓的牽念。

乾隆皇帝巡幸山東，主要做兩件事情：一是到曲阜祭孔，二是到泰山祀岱。在清朝這都是比較重要的典禮。

曲阜在山東兗州府（今兗州）東三十里，周朝初年就名曲阜，後來一度改稱薛郡、任城，隋朝時又改名曲阜。在曲阜縣南門內，有至聖先師廟，即孔廟。這裡原來是孔子的舊宅，又稱闕里，是孔子最初教學的地方，後世改爲廟。孔廟中爲大成殿。九楹，殿中奉孔子像，南向，左右列四配十二哲先賢像，前陳法瑯供器。殿前爲杏壇，是孔子教學的舊址，以壇周圍種植杏樹而得名。壇左右爲兩廡，各五十楹，兩廡中間各開翼門，左通崇聖祠，右通啓聖祠。大成殿後爲寢殿七楹，左右掖各有門，左達神庖及后土祠，右達神廚及瘞所。寢殿後面是聖蹟殿。殿南是大成門。旁開金聲、玉振二掖門。金聲門東是承聖門，內爲詩禮堂。堂東爲禮器庫，其北即崇聖門，有孔氏世系碑，又北爲家廟。玉振門西爲啓聖門，內爲金絲堂，堂西爲樂器庫，其北即啓聖祠，又北爲寢殿。出大成門列碑十二塊，各有碑亭。碑亭左爲居仁門、毓粹門，右爲由義門、觀德門，前爲奎文閣。閣左右皆有掖門，各五楹。東南爲齋所，乾隆皇帝屢幸闕里，都駐蹕此處。

孔林在曲阜縣北二里，是埋葬孔子的地方。相傳孔子死後，其弟子在這裡服孝三年，子貢則服孝六年，就在孔冢旁蓋廬居住。後來有許多人效仿子貢，孔冢旁有百餘家居住，便命名孔里。後來，這裡又種了幾百棵奇異的樹，名貴得許多人都不認識。孔林中不長荊棘，也不生雜草。孔子墓高一丈五尺，前有碑，上寫大成至聖文宣王墓。碑前有石祠壇，方厚各三尺。另有享殿五間。四圍繚以周垣。孔林門東爲思堂，是乾隆皇帝謁林時駐蹕之所。

少皐陵在曲阜縣東北八里，前有石壇石像，又有八卦石。周公廟在曲阜縣東北三里，宋朝時追封周公爲文憲王，並建廟，廟址原爲魯國太廟。復聖顏子廟在孔廟東北三百餘步，即陋巷故宅。述聖子思子廟在孔廟西北。亞聖孟子廟在鄒縣城南。

乾隆皇帝到曲阜祭孔，一般的順序是：先到曲阜展謁先師廟，次日再到先師廟釋奠。釋奠時，至大成門，降輿步入，行三跪九拜禮。遣官祭崇聖祠，分獻四配十哲兩廡。第三天，謁孔林，至墓門降輿，步入墓前，北面跪，三酹酒畢，行三拜禮。然後，臨閱復聖廟。到少昊陵、元聖周公廟行禮。賜衍聖公孔昭煥合族等食，賞銀幣銀牌不等。乾隆皇帝尊師重道，每次到曲阜祭孔，舉釋奠之典，都頒鉶、爵、簠、簋、籩、豆等祭器於廟中，還敕樂部撰昭平、宣平、秩平、敍平四時旋宮樂辭六章，並定陳設樂器之制。他還改謁廟儀注，變立獻爲跪獻。不僅如此，乾隆皇帝巡幸山東曲阜時，還分遣大臣，恭奉香帛，祭獻顏、曾、思、孟四賢故里。原來，乾隆皇帝還在京城時，就在書齋裡寫好了「四賢贊」，準備刻石立在各自故里廟中。乾隆皇帝贊復聖顏子：貧也者吾不知其所惡，壽也者吾不知其所慕。德以潤身，孰謂其貧，心以傳道，孰謂難老。簞瓢陋巷，至樂不移，仰高鑽堅，三月無違。夫子有言，克己成性，用致其功，允成復聖。贊宗聖曾子是：宣聖轍環，在陳興嘆，孰是中行，授茲一貫。曾子孜孜，惟聖依歸。唯而不疑，以魯得之。會友輔仁，任重道遠。十傳釋經，超商軼偃。念彼先子，沂水春風。淵源益粹，篤實春容。贊述聖子思說：天地儲精，川嶽萃靈。是生仲尼，玉振金聲。世德作求，孝思維則。師曾傳孟，誠身是力。眷茲後學，示我中庸。位天育物，致和致中。夫子道法，堯舜文武。紹乃家聲，述乃文祖。贊亞聖孟子是：戰國春秋，又異其世。陷溺人心，豈惟功利。時君爭雄，處士橫議。爲我兼愛，簧鼓樹幟。魯連高風，陳仲廉士。所謂英賢，不過若是。于此有人，入孝出第。一發千鈞，道脈永繫。能不動心，知言養氣。治世之略，堯舜仁義。愛君澤民，惓惓餘意。欲入孔門，非孟何自。孟丁其難，顏丁其易。語默故殊，道無二致。卓哉亞聖，功在天地。

乾隆皇帝寫了許多詩，記述祭孔大典。在一首名爲《釋奠先師禮成述事》的詩中，乾隆皇帝寫道：

涖止重瞻禮器遺，翕如既備協金絲。
星霜倏隔八年序，日月同昭萬載師。
芹藻獻功皇祖述，宮牆煥道素王垂。
可封比戶吾恆願，教養均關慚自知。

詩中頌揚了孔子有如日月同輝的偉績。在曲阜禮成之後，乾隆皇帝一行前往泰山祭岱。泰山在泰安府泰安縣北五里，亦名東嶽。這裡巖石松樹，鬱鬱蒼蒼。上山至中觀，南向極望，一覽無餘。仰望天闕，如從谷底仰觀山峯，其高無比，又如見浮雲，險峻無比。走到天關，道旁大石，有的八九尺，有的五六尺。到天門之下，仰視天門，彷彿從穴中看天。山道逶迤，有如羊腸小道。到天門以後，能看到秦始皇在這裡祭天時的立石臺，以及漢武帝祭天時的神具。泰山頂上有臺，高九尺，方圓三丈。臺上有壇，方一丈二尺。壇上有方石，四邊有距石，四面有闕。東山名日觀，即雞鳴時日始欲出。秦觀可以看到長安。吳觀可以看到會稽。周觀可以看見齊。難怪有人說：登泰山而小天下。乾隆皇帝的祖父康熙皇帝巡幸山東，多次登上泰山山頂，並在山頂建亭，書寫亭額「普照乾坤」四字。乾隆皇帝來到泰山，一般是第一天奉皇太后展謁岱嶽廟。次日登泰山，到碧霞宮拈香。碧霞宮在泰山山頂，祭祀天仙玉女碧霞元君。岱廟則在泰安縣城西北角，廟內有漢柏唐槐。不過，泰山頂也有廟，人稱上廟，是祭天處所。乾隆皇帝在位期間，曾七次遣官到上廟祭天。登上泰山山頂，到碧霞宮拈過香，乾隆皇帝祭岱的活動也告結束。此後，便踏上返回京城的路程。

乾隆皇帝巡幸山東期間，對各方面人士都有所恩賞。一般說來，所有直隸、山東二省辦差文武官弁內，凡有罰俸、住俸、降級的，都准其開復，無此等參罰的，各加一級。對各地駐防官兵，年七十、八十以上的，也分別賞賚，由該地將軍、巡撫實施。所有經過的州縣，免去額賦三分之一。經過州縣百姓年七十以上的，由督撫查明分別賞賚。對受災地區，蠲免錢糧的幅度就更大。乾隆皇帝第四次巡幸山東時，曾加恩將通州、三河、薊州、大興、天津、津軍廳、青縣、滄州、靜海、南皮、交河、東光、景州等十三州縣廳，未完乾隆三十

八、九兩年緩帶各項地糧共銀六萬六千四十四兩，屯糧米穀豆五千四百石，以及大興、宛平、三河、涿州、良鄉、武淸、東安、天津、青縣、靜海、滄州、南皮、交河、東光、景州等十五州縣，未完乾隆三十五、七、八、九等年因災出借常平穀三萬一千六百石，米四萬七千七百石，麥五千九百五十石，以及交河、滄州未完乾隆三十五、七、九等年，災借屯穀一千二百四十一石，米一百一十石，普行蠲免。對於迎鑾的讀書人，進獻詩賦的，則命題考試，就其文義，量加錄用。有的賞給舉人，有的以內閣中書錄用，還有的則賞以綢緞。對於商人，乾隆皇帝也給以恩賞。第四次東巡時，將山東商人本年應徵乾隆四十、四十一兩年引票正項銀三十六萬七千七百餘兩，又未完借項銀二十四萬兩，自當年奏銷後起限，分作八年帶徵，以示優卹。

乾隆皇帝巡幸山東，沿途比較注意體察民情。在第一次巡幸山東時，他根據山東上年歉收的情況諭示：朕念民食艱難，多方賑卹，倉儲帑項，不惜數千百萬，以濟災黎，而閭閻之欣戚，猶且時縈宵肝。東巡淸塵除道，所費皆給於公項，絲毫不以累民，而地方官於朕巡幸之所，自必力爲經營，其於百姓撫卹，亦必周備，但鞏力專於此，非輦路所經，即不免有顧失之虞。如鄒、滕以北，民情尚不至拮据，若鄒、滕以南，實屬收成歉薄。倘不思博濟，豈能盡免困乏。此等處所，尤宜加意撫綏。他還就山東省偶歲不登，閭閻即無所恃，南走江淮，北出口外的情況，發表意見說：揆厥所由，實緣有身家者，不能贍養佃戶，以致滋生無策，動輒流移。夫睦婣任卹，自古爲重。利豈專在窮乏，富戶也均受益。轉徙既多，則佃種乏人，鞠爲茂草，富者不能獨耕，何如有無相資，使農民不肯輕去其鄉，即水旱無虞大困。乾隆皇帝還就地方官沿途點綴景點發表意見，他說：「連日經過直隸水程，凡有村落之處，綴景未免太多。至於戲臺，尤屬無謂。御舟匆匆而過，何暇留覽，而徒爲此無益糜費。」最後，乾隆皇帝諭示山東官員，不要踵事增華，爲其省方觀民本懷相左，可減者減，可停者停。

乾隆皇帝巡幸山東期間，發生過許多重大事件。其中，以第一次巡幸時皇后病逝，第四次巡幸時獻金川俘馘最有影響。

前曾指出，乾隆十三年三月十一日，在乾隆皇帝第一次巡幸山東返程中，在德州水次，皇后富察氏病逝。乾隆皇帝極爲悲痛，寫了一篇《述悲賦》，其中有這樣的句子：「信人生之如夢兮，了萬事之皆虛。嗚呼，悲莫悲兮生別離，失內佐兮孰予隨」。他還在詩中寫道：「廿載同心成逝水，兩眶血淚灑東風」。不料，乾隆皇帝的皇長子永璜，因爲死去的不是他親生母親，並不哀傷。乾隆皇帝對此非常惱怒，斥責他說：「遇此大事，竟茫然無措，於孝道禮儀，未克盡處甚多」。除永璜被公開訓飭外，永璜的師傅、俺達也受了處分，有的罰俸三年，有的罰俸一年。在把皇后的冊封文書譯成滿文時，翰林院官員又誤把「皇妣」譯爲「先太后」。乾隆皇帝大怒，指責翰林院大不敬，說管理翰林院的刑部尚書是「心懷怨望」，應當治罪，所有刑部官員都是「黨同徇庇」。結果，刑部全堂問罪，滿、漢尚書、侍郎共六人革職留任，主要官員阿克敦斬監候，後來才赦免。工部因爲辦理皇后册寶製造粗糙、簡陋，也以大不敬罪全堂問罪，侍郎一個降三級，一個降四級。光祿寺因置備皇后祭禮所用物品不潔淨鮮明，主管官員被降級調用。禮部因册謚皇后議禮舛誤，辦理事務糊塗，尚書降二級留任，其他官員也都受到處分。外省滿族督撫、將軍、提督、都統、總兵，凡是沒有奏請赴京的，乾隆皇帝都認爲他們是「遇皇后大事，不號痛奔赴」，有的降二級，有的銷去軍功記錄，涉及的人數竟達五十三名之多。不僅如此，在皇后喪期內，有的地方官員違背滿族舊習，在百日之內竟敢剃髮，不表示哀思，結果也都被治罪。乾隆皇帝第一次巡幸山東，因皇后之死，竟在全國掀起一場政治風波，被處分的官員達一百多人。

乾隆皇帝第四次巡幸山東返程途中，於乾隆四十一年四月二十五日，在桐柏村地方獻金川俘馘於廟中。金川之亂起於乾隆三十六年（一七七一年），淸政府平定金川之亂，歷時五年，費帑七千萬，終於在乾隆四十一年二月初四日平定金川。四月二十五日這一天，兵部率解俘將校押俘酋索諾木莎羅奔等人，以及逆酋僧格桑馘函，由長安右門進天安右門，到太廟街門外，向北立候，告祭大臣至，押俘向北跪，置僧格桑馘函於地。告祭大臣進太廟行禮畢，兵部率解俘將校押俘至社稷街門外，押俘仍向北跪，告祭行禮如前儀。二十六日，乾隆皇帝在黃新莊，等候平定金川的將軍阿桂等人凱旋。二十七日，在良鄉城南行郊勞禮。正南爲壇，壇上左右列纛。乾隆皇帝龍袍袞服，騎駕鹵簿導行，將至壇，軍士鳴螺，鐃歌樂作，將軍及參贊、領隊、侍衞官員和兵丁戎服跪迎。乾隆皇帝登壇拜天，將軍以下及在京王公大臣都隨行禮。乾隆皇帝御黃幄，將軍等率衆三跪九叩，候旨，行抱見禮。乾隆皇帝賜坐，慰勞，賜茶。禮部堂官奏禮成，馬上凱歌樂作。乾隆皇帝還行宮，賜將軍等宴，以及御用鞍馬。二十八日，在京城午門又舉行受俘禮，鐃歌大樂，金鼓全作。乾隆皇帝龍袍袞服，御午門樓。後來，乾隆皇帝又親製平定兩金川告成太學之碑，命勒石大成殿阼階前。金川問題的解決，使這一地區長時期內保持了和平、穩定的局面，有利於清朝多民族統一國家的發展。

乾隆皇帝巡幸山東的活動結束了，他巡幸期間寫的許多詩歌，卻在朝野流傳，長久不衰。人們更多記得的是他登泰山時寫的詩，其中有一首《登泰山作》：

欲笑相如逢漢武，更非張説諛唐明。
卻因瞻彼巖巖像，便以暢玆坦坦情。
或馬或輿遵棧路，宜詩宜畫入仙京。
齊州九點煙中辨，益切憂懷保泰平。

「益切憂懷保泰平」，這也許正是乾隆皇帝巡幸山東時的心境和目的吧。

# 三、西巡五臺山

五臺山在山西代州（今代縣）五臺縣東北一百二十里。在乾隆皇帝的巡幸生活中，六次西巡五臺山也占有重要地位。

## ㈠禮佛、問俗、盡孝道

乾隆皇帝多次西巡五臺山，是由多方面原因決定的。

**首先是利用藏傳佛教，懷柔蒙藏。**衆所周知，五臺山是佛教勝地，北魏時即建有寺廟，以後陸續增建，多達二百餘所。在這些寺廟中，有許多是藏傳佛教寺廟，俗稱喇嘛廟。比如靈鷲峯上的菩薩頂，是五臺山五大禪處之一，傳爲文殊菩薩居住的地方，所以又名眞容院，也稱文殊寺。寺院初建於北魏，歷代重修，明朝永樂年間（一四〇三至一四二四年）以後，成爲五臺喇嘛廟之首。康熙、乾隆皇帝巡幸五臺山，就居住在這裡。又如羅睺寺，也是喇嘛廟，是五臺山五大禪處之一。該寺初創於唐代，明朝弘治五年（一四九二年）重修。康熙、乾隆皇帝多次到這裡朝拜，並敕修此寺。還有圓照寺，明朝永樂年間，印度名僧寶利沙坐化於此，遂建寺藏其舍利。宣德年間（一四二六年至一四三五年）重建，清朝多次重修。明永樂年間喇嘛教黃派祖師宗喀巴大弟子蔣全曲爾計居此弘揚黃教佛法，此後黃教在五臺山廣爲傳播。寺中有喇嘛塔五座。此外，殊像寺也是五臺山五大禪處之一，寺內供奉文殊菩薩像。這些寺廟對於信仰黃教的蒙古、西藏王公乃至一般百姓都很有吸引力。乾隆皇帝和其祖父康熙皇帝一樣，非常明白利用黃教撫綏蒙古、西藏王公貴族的道理。爲此，清朝以藏傳佛教四大活佛之一的章嘉活佛管理五臺山喇嘛教有關事務。此外，就是乾隆皇帝本人親自巡幸五臺山，以實際行動表明清朝對喇嘛教的尊崇態度。這樣做有利於蒙古、西藏地區清朝統治秩序的穩定。有的書上說：「五臺山以清涼佛界著名，經典震耀遐荒，國家綏柔蒙古，特興黃教，宏啓宗門，籍資控馭，是用中外乂安，邊民享升平之福。」這不是沒有道理的。

**其次是效法祖父康熙皇帝**。康熙皇帝多次巡幸五臺山。康熙二十二年（一六八三年）二月二十日，康熙皇帝幸五臺山，建上祝太皇太后延壽道場，親臨五頂。同年九月，康熙皇帝奉太皇太后幸五臺山，因道路崎嶇，行到長城嶺，太皇太后即回鑾，命康熙皇帝前往五臺諸寺代行虔禮。於是，康熙皇帝瞻禮五臺諸寺，發白金三百兩，綿三百斤，命有司分給所過地方貧民。康熙三十七年（一六九八年）三月，康熙四十一年（一七〇二年）二月，康熙皇帝又兩次幸五臺山，駐蹕菩薩頂，幸中臺、西臺、南臺諸寺。康熙四十九年（一七一〇年）二月，康熙皇帝最後一次巡幸五臺山，駐蹕白雲寺。康熙皇帝巡幸五臺山的情況，實錄中記載得明明白白。乾隆皇帝處處效法祖父，因此也多次巡幸五臺山。

**第三是觀風省俗，了解民間情況**。乾隆皇帝曾說：「朕臨幸五臺，觀風問俗，蓋欲周知閭閻利病，登之袵席之安也。山西地方風俗尚為淳樸，朕此次巡幸，親見民情頗為寧輯，但敦龐之質在民，而教養之責在上，尤當加意拊循化導，俾登上理。撫臣為通省表率，藩臬為師帥之大員，府州縣等皆有父母斯民之責。其各仰體朕心，力行實政，教養兼施，惟日孜孜，罔或怠佚。而在小民亦應敦行孝弟，崇習禮讓，共為良民，毋蹈澆漓强悍之風，以成熙皞盈寧之治。朕實有厚望焉。」乾隆皇帝的這番話，道出了他西巡五臺山的眞實用意，就是要鞏固地方統治秩序。原來，乾隆皇帝即位以後，只十餘年的時間，有的地方統治秩序已經不穩定。在四川，由於地廣人稀，湖廣、江西、陝西、廣東、福建等省流民都來川地覓食，後來人口漸多，難於就業，一些人便組織起來，學習拳棒，交結當地「不肖奸棍」，三五成羣，橫行鄉里，號為「嘓嚕子」。在京城附近，有弘陽教活動，教徒們建教堂，塑神像，地域遍及十四州縣。在福建省上杭縣，發生了羅日光聚衆抗租事件，抗租的人們驅趕典史，打傷業戶，搶奪錢穀，抗拒官府。乾隆皇帝對此諭示：羅日光等借減租起釁，逞凶不法，此風斷不可長，應嚴拿從重治罪，以儆刁玩。上述事件就發生在乾隆皇帝第一次西巡五臺山前不久。所以，乾隆皇帝西巡五臺山，觀風問俗，也爲了穩定地方的統治秩序。

**第四是盡孝道，滿足皇太后的心願**。乾隆皇帝時時處處强調孝道，認爲這是治國的根本措施之一。他六次巡幸五臺山，有三次是奉皇太后出遊。乾隆二十五年（一七六〇年）八月，乾隆皇帝諭示：「明年恭逢皇太后七旬萬壽，欽奉懿旨，五臺顯通寺爲文殊師利道場，梵宇琳宮，夙昭靈應，竭陵成禮後，順道前詣拈香。所有應行各事宜，著該衙門及地方有司照例敬謹預備。」由此可以看出，乾隆皇帝西巡五臺山，有時是爲皇太后祈求福壽的，因爲傳說五臺山是文殊師利菩薩顯靈說法的道場。

乾隆十一年（一七四六年）九月初十日，乾隆皇帝奉皇太后從京城靜宜園啓鑾，第一次巡幸五臺山。一路上經過黃新莊、半壁店、長堤、龍善村、五郎村、東都亭、龍村口、王快鎭、法華寺、大敎場、射虎川等地，於九月二十三日到達五臺山，駐蹕大營。途中，在五郎村地方行圍打獵，並多次諭示：將直隸、山西二省本年正月初三日恩旨以後所有軍流以下人犯，令該督撫分別情罪，請旨減等發落。此次經過州縣內，男婦年七十以上的，照從前恩詔之例，分別賞賚，以示優恤高年之意。將五臺縣乾隆十二年應徵地丁銀，蠲免十分之三。將軍補熙帶來綏遠城右衞兵丁內善撲人等，賞給一月錢糧，其餘兵丁賞給半月。噶爾西等帶來歸化城土默特官兵內善撲人等，各賞銀二兩，其餘兵丁賞給一兩。太原城守尉巴蘭泰帶來兵丁，每人賞一月錢糧。此外，乾隆皇帝還多次賜隨從王大臣等宴。二十七日，乾隆皇帝奉皇太后自五臺山回鑾，先後駐蹕射虎川、大教場、法華村、王快鎮、羊家莊、半壁村、正定府行宮、趙村、石家莊、高庾鋪、保定府行宮、太平莊、定興縣大田村、陸村、青塔等地，於十月十六日回到京城皇宮。在從五臺山回京途中，在法華村至王快鎮的路上，乾隆皇帝連續行圍打獵。十月初五日，視察了滹沱河工地，並賜隨從諸王大臣等宴。乾隆皇帝第一次巡幸五臺山，總計三十六天。

乾隆十五年（一七五〇年）二月初二日，乾隆皇帝奉皇太后從京師出發，開始第二次西巡五臺山。考慮到這次西巡，正是春季，秋麥生長之時，所以臨出發之際，乾隆皇帝頒布諭旨，要求所有經過地方，一應扈從王公大臣官員，以及內侍人等，車馬僕從，俱著嚴加誡飭，不得踐踏青苗，各地方官酌派兵役看守，如有不遵約束者，即行拿送，將伊家主指名參奏議處。與此同時，乾隆皇帝還宣布，經過州縣本年應徵額賦，蠲免十分之三。沿途經過地方基本上同於第一次。十三日到達五臺山，駐蹕菩薩頂大營。十五日，乾隆皇帝賜扈從王公大臣山西地方官等宴。二月十六日，乾隆皇帝奉皇太后回鑾，經過南苑，於三月初六日返回京城。回鑾途中，在端村至園頭路上連續行圍打獵，還到四聖口視察了永定河堤工。乾隆皇帝第二次西巡五臺山，總計三十五天。

乾隆皇帝第三次西巡五臺山，是在乾隆二十六年（一七六一年）。這年的二月初十日，乾隆皇帝奉皇太后從圓明園啓鑾，謁泰陵，並西巡五臺山。先後經過黃新莊、半壁店、梁各莊，十四日，拜謁泰陵。在半壁店行宮，乾隆皇帝宣布，此次西巡五臺山，經過州縣，本年應徵額賦，蠲免十分之三。十五日，駐蹕隆善村大營，賜扈從王公大臣並直隸官員等食。此後經過五郎村、東都亭、龍村、王快、法華村、大教場、臺麓寺，二十四日到達五臺山，駐蹕菩薩頂行宮。二十五日，賜扈從王公大臣並直隸、山西官員等食。這一天，乾隆皇帝還諭示，豁免五臺縣乾隆二十四年未完民借緩徵常、社、義三倉谷一千四百餘石，乾隆二十五年民借常、社、義三倉谷四千三百餘石，石樓、陽曲等州縣緩徵各年舊欠銀三千一百餘兩，糧五萬一千八百餘石，穀八百餘石。二十九日，乾隆皇帝奉皇太后回鑾，先後駐蹕臺麓寺行宮、大教場大營、法華村、王快大營、楊家莊、樺皮村、正定府、趙村、定州、高玉鋪、保定府、端村、紫泉行宮、涿州、黃新莊等地，於三月十七日回到京城暢春園。回鑾途中，三月初六日，乾隆皇帝在正定府北門外閱兵。乾隆皇帝第三次西巡五臺山，總計三十七天。

乾隆四十六年（一七八一年）二月二十二日，乾隆皇帝從圓明園啓鑾，第四次西巡五臺山。出發的當天，乾隆皇帝宣布，此次出巡所經過的直隸、山西各州縣，所有本年應徵錢糧，蠲免十分之三。當天駐蹕黃新莊行宮。二十三日，乾隆皇帝又諭示，將順天、保定、河間、天津、廣平、大名、宣化、冀州等府州屬未完四十五年以前節年因災出借穀四萬七千九十石，米三萬四千七石，麥三千四百四石，以及順天、保定、天津、廣平、宣化、遵化等府州屬四十二年以前節年未完因災緩徵帶徵地糧起存銀五萬一千八百二兩，全部蠲免。當天駐蹕涿州行宮。此後，經過三和鋪、太平莊、靈雨寺、膏腴鋪、衆春園、趙村、正定府、樺皮村、楊家莊、王快、法華村、大教場、臺麓寺，三月初八日到達五臺山，駐蹕菩薩頂行宮。途中，乾隆皇帝在正定府北門外檢閱了軍隊。賜扈從王公大臣並直隸官員等食。宣布此次出巡直隸派出辦差兵丁，加恩賞給一月錢糧；巡幸扈從官兵，均於起程前各按日期多少支給路費；將五臺縣乾隆四十五年出借未完常平倉穀三千六百八十一石全行蠲免；山西派出辦差兵丁加恩賞給一月錢糧。三月十一日，乾隆皇帝回鑾，返程路線和來時路線基本相同。二十五日，回到京師靜宜園。乾隆皇帝第四次西巡五臺山，總計三十六天。

乾隆皇帝第五次西巡五臺山，是在乾隆五十一年（一七八六年）。這一年的二月十八日，乾隆皇帝從京師啓鑾，謁泰陵、泰東陵、巡幸五臺山。和已往歷次西巡一樣，宣諭沿途經過地方，蠲免本年地丁錢糧十分之三。沿途經過黃新莊行宮、半壁店行宮、秋瀾村行宮、梁各莊行宮，二十二日，拜謁泰陵、泰東陵。然後，乾隆皇帝啓鑾西行五臺山，一路上經過東北溪、龍山村、五郎村、東渡亭、隆村、王快、法華村、大教場、臺麓寺、白雲寺行宮，於三月初二日到達五臺山，駐蹕菩薩頂行宮。在從東北溪大營到龍山村大營的路上，乾隆皇帝諭示將順德、廣平、大名三府屬乾隆五十年分，因災出借米七萬六千八百八十餘石，折色銀二十二萬一百餘兩，概行豁免。在從東渡亭大營到隆村大營途中，乾隆皇帝指出：滿城、完縣一帶地方道路，凡遇低窪舊路，並無積水處所，概行建搭橋座，甚屬無謂。橋梁原爲行旅而設，其本非河渠水道，不過因地勢低窪，即搭蓋橋座，以爲平坦飾觀，則蹕路所臨，地形高下不一，於經行本屬便利，又何必爲此無益之費？況現在並非大雨時行之候，明係地方官藉此爲開銷地步，殊屬非是。乾隆皇帝諭示：嗣後仍妄行建搭橋座，即概不准銷，以杜浮冒。乾隆皇帝還指出：每日駐蹕營盤，只須計算網城、布城、環衞地步，已敷周列足矣，無取過寬。因爲此等地面，即係民田，過事寬廣，既於耕作有妨，又輕用民力。他要求直隸總督嗣後務須妥協經理。二十九日，在法華寺大營，乾隆皇帝賜扈從王公大臣及蒙古額駙，並直隸、山西官員等食。諭示將所有忻州、代州、定襄、五臺、崞縣、繁峙乾隆五十年應緩徵銀三萬三千九百七十餘兩，米豆三千八百六十餘石，俱著豁免。所有山西辦差兵丁，加恩賞給一月錢糧。此外，乾隆皇帝還決定：收納河東商人捐獻的二十萬兩白銀；把自撫臣以下至知府共捐的八萬兩養廉銀，拿出一萬兩交章嘉胡圖克圖，分賞五臺山各廟喇嘛，以爲熬茶念經之用。三月初三日，在菩薩頂行宮，乾隆皇帝賜扈從王公大臣，及蒙古王公額駙，直隸總督，山西巡撫、學政，並官員等食。初七日，乾隆皇帝回鑾，沿途駐蹕白雲寺行宮。初八日，乾隆皇帝得知太湖縣唐家山地方，鄉民掘挖蕨根，見土內雜有黑米，磨粉攙和好米煮食，頗可充飢，民人聞風踵至刨挖，諭示地方官採取措施，不使百姓忿爭生事。後來，乾隆皇帝又得知太湖縣唐家山鄉民掘出黑米，自正月十二至二十七日，共獲一千數百餘石，忍不住作詩一首，題爲《志事詩》，全文如下：

草根與樹皮，窮民御災計。
敢信賑恤周，遂乃無其事。
茲接安撫奏，災黎荷天賜，
挖蕨聊糊口，得米出不意。
磨粉攙以粟，煮食充飢致。
得千餘石多，而非村居地。
縣令分給民，不無少接濟。
並呈其米樣，煮食親嘗試。
嗟我民食茲，我食先墮淚。
乾坤德好生，既感既滋愧。
愧感之不勝，惶忍稱爲瑞。
郵寄諸皇子，今皆知此味。
孫曾元永識，愛民悉予志。

從詩中可以看出，乾隆皇帝確有恤民之情。離開白雲寺行宮後，回鑾途中又經過大教場行宮、法華村大營、王快大營、楊家莊大營、樺皮村大營。十四日，在從樺皮村大營前往正定府行宮的路上，乾隆皇帝諭示軍機大臣說：此次巡幸五臺山，至靈鷲峯文殊寺，御制七言律詩一首，已翻出滿洲、蒙古、西番字，著發文伊桑阿，於文殊寺內，建立四方石幢一座，鐫泐四樣字。熱河向有石幢，著即照式辦理。並著將滿洲字刻於碑東面，漢字刻於南面，蒙古字刻於北面，西番字刻於西面。不必建蓋碑亭，該寺東邊原有空間屋宇，或改一碑亭，不必高大，或不用碑亭，即在殿前院內，俱無不可。著伊桑阿酌量地址，繪圖進呈，並將石幢大小尺寸，一並開明，再行如式書寫發往，按照四面鐫刻。乾隆皇帝寫的七言律詩，題名《至靈鷲峯文殊寺詩》，內容如下：

開塔曾聞演法華，梵經宣教率章嘉。
臺稱以五崇標頂，乘列維三普度車。
縈繆抒誠陟雲棧，霏微示喜舞天花。
曼殊師利壽無量，寶號貞符我國家。

乾隆皇帝的這首詩，寫明了清朝利用藏傳佛教的政策。在正定府，乾隆皇帝檢閱了正定鎮兵，視察了滹沱河。過了正定府行宮以後，沿途又經過趙村大營、衆春園行宮、膏腴鋪大營、保定府行宮、新莊大營、紫泉行宮、涿州行宮、黃新莊行宮，三月二十六日，返回京師圓明園。乾隆皇帝第五次西巡五臺山，總計三十九天。

乾隆五十七年（一七九二年）三月初八日，乾隆皇帝從京師啓鑾，拜謁泰陵、泰東陵，並第六次西巡五臺山。他行前頒布諭旨，所有沿途經過地方，蠲免本年地丁錢糧十分之三。沿途先後駐蹕黃新莊行宮、半壁店行宮、秋瀾村行宮、梁各莊行宮，十二日拜謁泰陵、泰東陵。途中諭示直隸派出辦差兵丁，加恩賞給一月錢糧。離開泰陵、泰東陵以後，經過東北溪、隆山村、五郎村、東渡亭、隆村、王快鎮、法華村、大教場、臺麓寺、白雲寺，二十二日，乾隆皇帝到達五臺山，駐蹕菩薩頂行宮。行進途中，乾隆皇帝先後宣布，將大興、安肅、新樂、正定、定州、望都、清苑、新城八州縣未完節年因災出借米麥穀三萬四千五百五十四石，概行豁免。所有山西辦差兵丁，加恩賞給一月錢糧。請轎校尉、御輿太監、牽騾馬甲等，每人賞給一月錢糧。此外，還多次賜扈從王公大臣、蒙古王貝勒貝子公額駙，直隸山西官員等食。二十四日，乾隆皇帝諭示：此次巡幸五臺山，所有直隸、山西駐蹕行宮，雖具係從前發帑修建，但自上屆巡幸以來，已閱數年，不無粘補糊飾之費，著於長蘆運庫應解廣儲司項下，各賞給銀一萬兩，以示體恤。二十七日，乾隆皇帝離開菩薩頂行宮回鑾，當天晚上駐蹕白雲寺行宮。由於駐蹕臺麓寺行宮時，北垣外並未設堆撥，亦未傳籌，將管理行營的前鋒統領、護軍統領及總理行營事務的王大臣等分別議處，以示懲戒。乾隆皇帝還說：「朕辦事五十餘年，加恩衆庶，天下太平，即朕夤夜獨行，亦復何慮？獨是衆多臣僕，隨君出狩，竟不設堆撥，不行傳籌，將來子孫亦或有巡幸各處者，凡駐蹕之處，牆垣周圍不設堆撥，不行傳籌，必至舊制廢弛，不成事體。」此後，經過臺麓寺行宮、大教場行宮、法華村大營、王快大營、楊家莊大營、樺皮村大營、正定府行宮、趙村大營、衆春園行宮、膏腴鋪大營、保定府行宮、新莊大營、紫泉行宮、涿州行宮、黃新莊行宮，在四月十六日返回京師圓明園。乾隆皇帝第六次西巡五臺山總計三十八天。

乾隆皇帝西巡到達五臺山以後，給各寺廟很多供奉。乾隆十一年九月第一次西巡時，供奉菩薩頂並臺麓寺佛前的有：御書心經佛塔各一軸，墨刻心經佛塔水月觀音童子觀音各一卷，墨刻金剛經佛塔各一軸。供奉羅睺寺、玉花池、青寧寺、般若寺、鎮海寺、七佛寺、法禪寺、三泉寺的是：墨刻心經水月觀音童子觀音各一卷。菩薩頂供奉鍍金鑲嵌壇城，鍍金菱花盤，彩漆挑杆入，吉祥法瑯把盞、花瓶、荷葉碗，黃國寶蓋。臺麓寺供奉銀八寶，鍍金菊花盤。各寺廟香銀五百九十五兩。恩賞菩薩頂喇嘛克食、蟒袍、蟒緞、珠子、貂皮，老格隆等蟒袍十七件，衆僧銀五百三十餘兩，瓢珠一百八盤，哈達二百二十塊。臺麓寺喇嘛蟒袍、緞子，衆僧蟒袍六件。羅睺寺住持、老格隆等，般若寺、壽寧寺、鎮海寺，七佛寺住持等，各賜蟒袍有別。

乾隆十六年二月第二次駕幸五臺山，供奉顯通寺等香燈銀一百九十兩。

乾隆二十六年第三次西巡五臺山，供奉菩薩頂佛前的是：御書心經佛塔一軸，糝金無垢文殊菩薩二尊。糝金儒童文殊菩薩一尊。各寺香銀三百餘兩。恩賞菩薩頂札薩克喇嘛克食、大緞、貂皮、典器，格隆、司貴宮用緞各一匹，溫齋格隆彭緞各一匹，念經僧銀二百六十餘兩，衆僧哈達二百二十塊。臺麓寺、湧泉寺、羅睺寺、壽寧寺等喇嘛，官給大緞、宮用緞不等。

## (二)一路風光一路詩

乾隆皇帝巡幸五臺山的準備工作是很充分的。乾隆十一年（一七四六年）八月十八日，乾隆皇帝頒布上諭：「朕此次巡幸五臺，前經總理行營王大臣議和，扈從官兵駐蹕之處，務須聚集商販，公平交易，已降旨允行。今巡幸在邇，而直隸、山西今歲均稱豐稔，正當收穫之後，糧草充裕，可傳諭那蘇圖、阿里衮轉飭所屬，屆期於附近營盤處所多爲預備，俾隨從人等，得以便於購買，毋致臨期缺乏。」這裡說的是隨從人員、扈從官兵的糧草問題，是在當地向商販購買。八月二十四日，大學士領侍衞內大臣公訥親等議奏：「皇上至五臺次日，在菩薩頂廟內，建醮講經，恩賞官員兵丁飯食。第三日往中臺、西臺。其五臺山羅睺、顯通、塔院、殊像、碧山等五寺，均賞匾額。皇上臨謁，俱在大營左右二三里內，實爲至便。至東臺、南臺、北臺、古南臺等四處，行走略難，而南臺道路尤險，即聖祖仁皇帝臨幸時，亦未能一時遍至，請止行幸。再長城嶺道路略窄，內務府車輛裝載官物，酌計足用，隨至菩薩頂大營外，其餘車輛，皆令附近等候。皇上閱正定府兵，應行預備之處，臣等扎寄總督那蘇圖辦理。從之。」這裡談的是乾隆皇帝日程安排、巡幸內容問題，甚至行途的難易都考慮進去了，實在是很周密的。

乾隆十四年（一七四九年）十月二十七日，山西巡撫阿里袞上奏中，談到明年乾隆皇帝駕幸五臺，自五臺至澤州一路，相近御道可供觀覽的臺麓寺等十三處，沿途廟宇古跡獅梁等六處，都應黏補修整。臺懷鎮要建行宮，太原府城雖以撫署爲行宮，也要酌量蓋房幾十間，作爲隨行人員休息處所。乾隆皇帝以「繁費無益」爲由，明確指出建立行宮俱不可行，沿途寺廟古蹟可略爲修葺。二十九日，乾隆皇帝諭示，嗣後凡遇巡幸所用柴炭，該地方官酌量應用數目，不得多行預備，致滋糜費。內務府臨期要奏派該衙門總管一員，稽察辦理。十二月十五日，乾隆皇帝頒布諭旨指出，前已降旨，於來年秋間巡幸五臺，由山西入河南，省覽中州，回蹕畿輔。近日嚮導人員閱看營盤道路，回奏自太原一路至河南境，經由太行山麓，甚爲崎嶇狹隘。朕省方巡幸，惟取便民，若因修治道路，重煩民力，非朕觀風問俗本意，應於春間霸州水圍之便，即詣五臺，至秋間百穀登場後，再往中州。所有近日派出隨駕人員，原係隨從水圍之用，今恭奉皇太后前至五臺，理應另行奏派。其各衙門應行預備之處，照例預備。與此同時，有關方面上奏，五臺山寺廟，本年秋季已經修理，油飾齊備。以上這些，人們可以從一個側面了解乾隆皇帝巡幸五臺山，在平整道路、維修寺廟以及取暖等方面的準備情況。

乾隆二十五年（一七六〇年）八月，為準備第三次巡幸五臺山，乾隆皇帝諭示，要求有關巡幸各事宜，各衙門及地方有司照例敬謹預備。在西巡成行以後，駐蹕菩薩頂行宮，乾隆皇帝一再申明，巡幸五臺，一切供項俱頒自內府，絲毫不以累及閭閻，而除道清塵，未免有需民力。在回鑾途中，乾隆皇帝又提到，從前巡幸五臺，帳殿周廬隨常頓宿，今春巡撫鄂弼在菩薩頂側建蓋行宮，並臺麓寺旁添設坐起數楹，以備安息。詢其工料所費，乃出自伊等養廉。最後，乾隆皇帝決定，在存公項內撥賞銀二萬兩，以供鳩工飭材用。以上材料表明，為準備乾隆皇帝西巡，各地百姓要服「除道清塵」的差役，甚至地方官也要拿出自己的養廉銀，為皇上的西巡效力。

此外，在乾隆皇帝西巡準備過程中，商人們也是出了力的。乾隆皇帝第三次巡幸五臺山前一年，河東商人捐銀三萬兩，以充經費。山西省各州縣，一邑中有捐出二三千兩或一萬兩不等的。乾隆皇帝第五次巡幸五臺山前，河東商人捐銀二十萬兩。這些捐銀，或用來黏補行宮，或用來建搭橋梁道路。

乾隆皇帝西巡五臺山的準備工作結束後，便開始踏上行程。他沿途駐蹕大營和行宮，遊覽名勝古蹟，揮筆寫詩，眞是一路風光一路詩。

乾隆皇帝的車隊，首先是在京師順天府境內行進，盧溝橋是必經之地。乾隆皇帝寫有《過盧溝橋》詩：

薄霧輕霜湊凜秋，行旌復此度盧溝。
感深風木睽逾歲，望切鼎湖巍易州。
曉月蒼涼誰逸句，渾流縈帶自滄州。
西成景象今年好，又見芃芃滿綠疇。

詩中描寫的是秋景，是第一次巡幸五臺山時所作。乾隆皇帝很愛護盧溝這座古橋。在乾隆五十一年（一七八六年），他命發帑金重修，在橋東西兩陲加長石道，新舊道路總長一百四十二丈。黃新莊行宮在良鄉縣界，這裡土地肥沃平坦，人口稠密。行宮呈長方形，宮門裡面是垂花門、大殿、照殿，大殿左右是東西書房。行宮環以圍牆，牆外栽種垂柳、白楊。後面的行宮規制多和黃新莊行宮相同。乾隆皇帝行進在良鄉境內時，曾寫詩讚揚良鄉塔，說它是「高入天風勢莫攀」。半壁店行宮在良鄉、房山、涿州交界處，距韓村河二十餘里，前後有南正、北正兩個村莊。乾隆皇帝在房山縣境，遊覽了石經山、石經洞和雲居寺。石經山在房山縣西五十里，這裡峯巒秀拔，儼若天竺，又名小西天。山的東面有石經洞，是隋朝靜琬法師鑿石刻經的地方。雲居寺在房山縣西南四十里，石經山下，俗名西峪寺。寺中塔下有石經窟。雲居寺匾額爲乾隆皇帝賜題。乾隆皇帝巡幸五臺山行進在房山境內，寫有題名《柳》詩一首，讀後使人感到饒有情趣。詩文如下：

山村看掩映，驛路辨微茫。
向晚煙猶重，當秋色漸黃。
餘蔭利行旅，即景驗年光。
幾度房山路，垂絲爾許長。

在易州境內，淶水縣西有秋瀾村行宮，距遒欄河二里。安國河在易州北三十里，乾隆皇帝巡幸五臺山，特命疏浚河道，在河上建石填石閘，並賜名安河。梁各莊行宮在易州城西十五里，爲展謁泰陵往來必經之地。泰寧山在易州西五十里，山勢巍峨聳拔，後來乾隆皇帝敕封其爲永寧山。黃金臺在易州東南三十里，相傳是燕昭王爲了求得賢才所築。乾隆皇帝西巡經過這裡，寫有《黃金臺》詩：

堪尚白駒意，黃金到處臺。
拔茅茹以江，市骨駿應來。
易水尋流渡，秋雲爲客開。
伊人題句後，誰復斗詩才。

詩中乾隆皇帝流露出和燕昭王一樣求得賢才的心情。過了易州，進入保定府界。五郎村在完縣東北，相傳西漢末年王譚不從王莽，與其子五人躲避此地，築城以居，所以又名五公城。木蘭祠在完縣東，又名孝烈廟，漢朝女子木蘭代父從軍，戍守該處。乾隆皇帝西巡經過這裡，寫有《木蘭祠》詩：

克敵垂成不受勛，凜然巾幗是將軍。
一般過客留吟句，絕勝錢塘蘇小墳。

詩中歌頌了花木蘭功成不受勳的精神。葛洪山又名葛山、清虛山，在唐縣西北七十里，相傳晉朝葛洪在這裡養丹。葛洪山萬峯聳翠，煙霞掩映，其中紫雲、白雲、碧雲三峯特別著名。山上有宮名上清虛、下清虛，宮裡有藏經閣、老君爐。聖母宮左右有二臺，臺下有桃花庵、瓦窯寺、滴水堂、重陽洞等景點。山谷幽勝，別具情趣。乾隆皇帝西巡，曾命閣臣繪圖呈進。河神祠在唐縣西三十里，面臨唐河。乾隆皇帝經過這裡，賜名「靈濟祠」，又賜匾額「靈源協順」。乾隆皇帝西巡經過唐縣，寫有《唐縣懷古》詩。臨漪亭在保定府城西，這裡建有行宮，是乾隆皇帝西巡駐蹕之所。蓮花池在保定府治南，有著名的蓮池書院，乾隆皇帝西巡曾到這裡閱視。靈雨祠在保定府城西，乾隆皇帝賜前殿額「筏通彼岸」，後殿額「現清淨身」。紫泉河行宮在新城縣西北十五里。

出了保定府界，乾隆皇帝的巡幸車隊進入定州界。定州曲陽縣水竇岩是著名景點，金朝章帝寫有《水竇岩漱玉亭》詩，宋朝大詩人蘇東坡寫的「浮休」二字，被刻在山坡的巨石上。乾隆皇帝經過這裡，寫了一首《曲陽縣望水竇岩》詩，詩中有「駐輦思金帝，磨崖憶宋臣」句，反映了乾隆皇帝的博識。衆春園行宮在定州城內東北隅，乾隆皇帝西巡時所建。

過了定州是正定府轄境。王快鎮就在阜平縣東五十里處。這裡居民衆多，商賈雲集，是該縣的一個重鎮。滹沱河在正定府南八里，乾隆皇帝西巡駐蹕正定行宮，曾攬轡河幹，親授挑水築壩事宜。河神廟在正定府南門外，滹沱河北。乾隆皇帝西巡駐蹕閱河，賜額「畿甸安瀾」。廟前建望河亭。崇因寺在正定府署北。隆興寺在正定府署東，舊名龍興寺，又名大佛寺。寺北有大慈閣，銅鑄佛像高七丈三尺。乾隆皇帝西巡，曾到崇因寺和隆興寺閱視，還寫有《眞定隆興寺禮大佛》詩。

龍泉關是直隸和山西省交界的著名關口。乾隆皇帝西巡離開正定府界，經過龍泉關，便進入山西代州境內。龍泉關側崇崖聳峙，康熙皇帝西巡時曾在這裡勒馬射箭，連飛三矢，直逾巖頂，後來這個地方就叫三箭山。乾隆皇帝過龍泉關寫有《龍泉關》詩：

雲關臨木杪，石壁矗秋空。
據勝三邊接，銷烽九塞同。
寒遲莎坂綠，旭放堞樓紅。
花雨霏天外，清涼指顧中。

詩中描述了龍泉關的險峻，美麗的景色，以及就要到達五臺山的喜悅心情。龍泉關是長城嶺的一個關口，古長城在這裡蜿蜒而過。越過長城嶺，就是射虎川，當年康熙皇帝在這裡射殺猛虎。神武泉在射虎川的旁邊。乾隆皇帝寫有《射虎川》詩，歌頌了他的祖父的勇猛精神。過了射虎川，就到了五臺山了。

五臺山又名五峯，在五臺縣東北一百二十里。因爲這裡歲積堅冰，夏仍飛雪，曾無炎暑，所以又名清涼山。五臺山的東臺，雲蒸霞浴，日爽氣澄，東望明霞如波若鏡。臺有疊石塔，高六七丈，中有文殊師利像，有廟名望海寺。乾隆皇帝西巡到此，賜額「霞表天城」、

「華嚴眞境」。西臺舊名栲栲山，後改名掛月峯。月墜峯巔，彷彿懸鏡法苑珠林。有廟名法雷寺。乾隆皇帝巡幸到此，賜額「月鏡空圓」、「德水香林」。南臺山峯聳峭，煙光凝紫，金蓮日菊，燦發如錦，所以又名錦繡峯。有廟名普濟寺。乾隆皇帝巡幸此處，賜額「仙花徵果」。南臺西三里爲古南臺，上有雲集寺。乾隆皇帝賜額「慧性明圓」。西北爲妙德庵，乾隆皇帝賜額「性因淨果」。還有雜花庵，乾隆皇帝賜額「無量福田」。北臺山勢最高，上薄霄漢，所以又名叫斗峯。臺側有黑龍池，又名金井。東瞻海洋，北眺沙漠，聿爲巨觀。有廟名靈應寺。乾隆皇帝賜額「應眞禪窟」、「寶陀紛飛觀」。中臺蒼崖拔地，翠靄浮空，所以又名翠巖峯。頂有太華池。有廟名演教寺。乾隆皇帝賜額「靈鷲中峯」、「震那金界」。

臺麓寺在東臺東，乾隆皇帝西巡，賜額「妙莊嚴路」、「筏通彼岸」、「五髻香雲」，聯爲：金輪薦福慈光靄，寶筏傳心妙果圓。寺旁建行宮，即爲臺麓寺行宮。乾隆皇帝賜題前殿額爲「習妍堂」，後殿額是「靜寄齋」，殿側書軒額是「雨花」。寬灘村，距臺麓寺二十里，其地濱河。乾隆皇帝西巡，在此地設尖營。白雲寺，舊名臥雲庵，乾隆皇帝賜額「松風花雨」、「朗瑩心珠」、「法雲地」。寺北建有行宮，乾隆皇帝題前殿額爲「引懷堂」，後殿額爲「靜宜書屋」。菩薩頂行宮在靈鷲峯麓，距菩薩頂三里，乾隆二十五年（一七六〇年）改建，正殿五楹，乾隆皇帝賜題額爲「恆春堂」。後殿五楹，乾隆皇帝賜題額爲「清凝齋」。鎭海寺在交口西南嶺下，乾隆皇帝賜額「金輪不住」。北有萬緣庵，乾隆皇帝賜額

「施治羣有」。殊像寺在梵仙山，在距臺懷鎭里許。寺奉文殊大士跨狻猊像，法相莊嚴，塑工精絕。乾隆皇帝曾命發帑重修，並賜額「大圓鏡智」。菩薩頂大文殊寺在中臺靈鷲峯頂，本名眞容院，乾隆皇帝賜額「心印昆雲」，聯爲：性相眞如華海水，圓通妙覺法輪鈴；八解濬遙源航周性海，三明開廣路鏡朗心臺。乾隆十六年（一七五一年），發帑重修，乾隆皇帝賜額「人天尊勝」，賜聯：百道泉飛石間流動功德水，五峯雲擁空中天雨曼殊花。大螺頂在靈鷲峯東，乾隆十六年發帑重修。金剛窟在東臺。有廟名般若寺，乾隆皇帝賜額「妙音如意」，還特命發帑遣官監修。普樂院在金剛窟西，是章嘉活佛迎候乾隆皇帝西巡休息所在，乾隆皇帝賜額「三乘普徵」，賜聯是：三乘極身成舍相，聞思修敎演祥輪。羅睺寺在法化寺東北隅，乾隆皇帝賜額「慧燈淨照」、「悟色香空」。乾隆二十五年（一七六〇年），寺旁改修精舍，乾隆皇帝賜額「意芯心香」。大顯通寺在靈鷲峯上，寺中有無梁殿，架石爲之，不設寸木。後有銅殿、銅塔，工制極精巧。乾隆皇帝賜額「十地圓通」、「眞如權應」。大塔院寺在靈鷲峯下，內有佛舍利塔，左有文殊發塔，佛足碑。乾隆皇帝賜額「攬妙鬘雲」。壽寧寺在中臺南三十里，乾隆皇帝賜額「善超諸有」。玉花池在中臺南麓，有廟名萬壽，古爲玉花寺，因池生白蓮，堅瑩如玉而得名，乾隆皇帝賜額「華嚴龍海」、「妙參眞入」。

乾隆皇帝寫有許多關於五臺山的詩，多恭依康熙皇帝元韻。在一首題爲《淸涼山》的詩中，乾隆皇帝寫道：

橋渡西巡仰聖蹤，崇崖仍舊矗堯松。
隔巒未見雪中寺，應谷先聞雲外鐘。
敢覓新題清詠別，惟應元韻敬依重。
山靈有問如何答，再過還期叩碧峯。

詩中表現了乾隆皇帝對祖父康熙皇帝的敬仰，也描繪了五臺山的風景，流露了作者再訪五臺山的心情。乾隆皇帝還寫有《西巡回鑾述事》詩，其中有「今秋薄得山田獲，卻為災餘喜不勝」，「民瘼時緣巡省知，仁皇家法至今垂」等句，表現了乾隆皇帝西巡不忘民間疾苦。

## ㈢處理政務不間斷

乾隆皇帝六次西巡五臺山，處理政務從不間斷，比較有影響的是以下這些：

**羅日光聚衆抗租事件**。乾隆十一年九月二十五日，第一次西巡五臺山駐蹕菩薩頂大營的乾隆皇帝，對福建省汀州府上杭縣羅日光聚衆抗租事件，做出了新的諭示。前曾指出，乾隆十一年七月，福建省上杭縣百姓羅日光、羅日照等，因蠲免錢糧，欲將所納業戶田租四六均分，遂聚衆持械攔截下鄉收租的業戶與典史。他們驅趕典史，打傷業戶，搶奪錢穀，把守道口險隘，抗拒官府，隨從者不下千餘人。抗租者占據山頭，連接十餘里，見知縣及千把總到境，就鳴鑼放槍，蜂擁擲石。官兵施放弓箭，羅日照等則執槍捌傷縣役。八月二十九日，福建提督武進將此事件上奏後，乾隆皇帝曾諭示：普免天下錢糧，原期損上益下，與民休息。至於佃戶應交業主田租，只能令地方官勸說田主，自行酌減，並未限定分數，使之寬減。減與不減，應聽業主酌量，豈有任佃戶自減額數，抗不交租之理。乾隆皇帝認爲對羅日光等人應予嚴懲。九月二十五日，乾隆皇帝對這一事件又做出新的諭示。原來，福建地方官員後來又上奏說，參加羅日光抗租的鄉氏俱投結自首，不敢附和爲匪，已經解散，首犯即將被擒，地方已經寧帖。乾隆皇帝認爲，此等刁民既敢聚衆械毆業主，又敢聚集千人，拒捕行凶，不法已極，豈一時曉諭即能解散，明係地方文武希圖草率完結，所以前後奏報，俱有掩飾之意。乾隆皇帝諭示：此案首犯尚未緝獲，而現在督撫已俱易新任，喀爾古善、陳大受等到任後即將此案原卷，逐一詳細確查，從頭根究，務獲首惡，盡法處治，以儆刁風。

**解決西洋天主教事**。在第一次西巡五臺山的路上，福建巡撫周學健奏稱，福建福安縣有洋人潛住，招男女二千餘人入天主教，書役等俱被蠱惑。乾隆十一年七月十六日，乾隆皇帝命周學健將拿獲西洋人送至澳門，勒限搭船回國。從教男人，擇情罪重大，不可化悔者，按律究擬，無知被誘者，量予責釋。周學健接到乾隆皇帝諭示後，又上奏提出：該國夷人，實非守分之徒，有難加以寬典者。查西洋人精心計利，獨於行教中國一事，不惜巨費。澳門共有八堂，一堂經管一省。每年該國錢糧，運交呂宋會長，呂宋轉運澳門各堂散給。又西洋風土，原與中國相似，獨行教中國的夷人，去其父子，絕其嗜欲，終身爲國王行教，甚至忘身觸法，略無悔心。至中國民人，一入其教，信奉終身不改，且有身爲生監，而堅心道者。又如男女情慾，人不能禁，而歸教之處女，終身不嫁，細加察究，亦有幻術詭行。周學健上奏中還說，他不久前在福安各堂內，搜出番册一本，是册報番王的姓名。凡從教人，能誦經堅心歸教的，即給以番名，每年赴澳門領銀時，用番字册報國王，國王按册報人數多少加賞。現在福安從教男婦計二千六百餘人。以白多祿等數人行教，福安一邑就有這麼多人，合各省計之，何能悉數。是其行教中國之心，固不可問。至以天朝士民，而册報番王，以邪教爲招服人心之計，尤不可測。周學健最後提出，請將行教人白多祿等按律定擬，明正國典，以絕狡謀。乾隆皇帝覽奏後諭示：周學健未免言之過當，但是照律定擬，自所應當。

**審理大乘教徒**。這是乾隆皇帝第一次西巡五臺山時處理的一件大事。大乘教是佛教的一個支派。據兩江總督尹繼善奏報，有王徐氏等人傳習從雲南省傳來的邪教，即大乘教。傳習的人附合四川省逆犯劉奇等，妖言惑衆，爲此，已拿獲多人，其中，就有王徐氏。王徐氏的丈夫也是個大乘教徒，所以王徐氏接教開堂，派人到四川省和劉奇聯絡。派出的人回來後說，劉奇是另一個逆犯已死的張保太轉世，將來興龍華大會，推劉奇爲教主，劉奇聽說王徐氏有德行，便令她去四川。於是，王徐氏便把香金紗衣，派人進川送給劉奇。王徐氏還將過繼周彥章的女兒周氏，教令坐功，揑造亂語，指爲活佛。周彥章附合其說，就在家內聽任周氏開堂惑衆。尹繼善奏報中還說，已嚴飭地方官究拿，擬將王徐氏斬立決，往來滇、蜀傳播妖言的人分別斬監候，附同附和各犯分別杖流。乾隆皇帝對尹繼善的奏報諭示說：知道了。看來乾隆皇帝同意了尹繼善的處理意見。與此同時，湖南巡撫楊錫紱上奏說：查大乘邪教各犯，莫少康在湖北招徒最多，其次是陳南明等，也都是要犯。瀏陽、湘陰、武陵、茶陵等州縣，被惑從教的，不下一千餘人。已督令各屬密訪，節次拘獲多名，供出的伙犯，如有授記招徒的，一律拘拿審訊，不敢有絲毫寬容。被惑愚民，勒限兩月內出示令首，州縣將出首保結各姓名，册報查考。要犯孫其天等，派人前往四川緝拿，並咨明該省撫鎮，不使漏網。乾隆皇帝對楊錫紱奏報的批示是：實係愚民，隨聲附和的人，要寬大處理，沒有捕獲的要犯，從速緝拿。

**妥善處理策凌病故事**。乾隆皇帝第二次西巡五臺山途中，適値定邊左副將軍策凌病故。策凌，姓博爾濟吉特氏，蒙古喀爾喀部人，是成吉思汗直系後裔，幼年隨祖母歸附清朝，居住京師，教養於內廷。後來娶康熙皇帝女和碩愨公主爲妻，授和碩額駙，賜封貝子，命攜所屬歸塔密爾駐牧。康熙末年，出征蒙古準噶爾部，屢立戰功，授爲扎薩克。雍正元年（一七二〇年），封多羅郡王，次年入覲，命與同族親王丹津多爾濟駐阿爾泰，任副將軍，用正黃旗纛。雍正九年（一七二九年），從靖邊大將軍錫保攻討噶爾丹策凌，用偷營誘敵計，擊敗大策凌敦多卜軍，進封和碩親王，升授喀爾喀大扎薩克。翌年，噶爾丹策凌派小策凌敦多卜率兵三萬，由奇蘭至額爾德畢喇色欽，額駙策凌率兵於本博圖山迎敵。準噶爾軍潛襲塔密爾，掠策凌二子及牲畜而去。策凌聞訊，回軍馳擊，取得了著名的光顯寺大捷。敍功，賜號超勇，晋封固倫額駙。雍正十一年（一七三三年），命佩定邊左副將軍印，屯駐科布多，長賽音諾顏部。乾隆元年（一七三六年），他帶領喀爾喀兵一千五百名駐紮烏里雅蘇臺，分防鄂爾坤。準噶爾遣使議界，以其二子陷準部相要挾，策凌嚴辭拒絕，準部無計可施，遂定以阿爾泰為牧界。策凌就是這樣一個對清政府有大功的蒙古王公。乾隆十五年二月初十日，駐蹕在法華村大營的乾隆皇帝得知額駙策凌患病後，立即派遣貝勒羅卜藏馳驛往視，並諭示說，如此時額駙策凌病愈，即回京，如病重不能理事，署印需人，羅卜藏即署理定邊左副將軍印務。乾隆皇帝還派太醫前往看病。二月十六日，駐蹕射虎川大營的乾隆皇帝得知策凌病故，非常傷感，命賞銀一萬兩辦理喪事。乾隆皇帝還表示，靈柩到京之日，他將前往奠酒。又命應行恤典，與在京親王一體加恩，並配享太廟。

**處理海南崖州黎民起事事件**。乾隆皇帝在第四次西巡五臺山途中，收到地方官奏報說，崖州官坊村黎民糾集另外幾村黎民，持弓執刀，放火劫殺民人，署瓊州府知府丁學已兼程前往督拿，查究起釁根由，並搶劫情況。瓊州鎮派遣游擊海慶帶兵一百名先往督拿。乾隆皇帝得知這一情況後指出：黎人敢於糾集人衆，搶掠村莊，殺害民人，實屬不法。即使該處村民平時或有欺壓黎人之事，以致受侮不甘，亦當向地方官控告辦理，何得擅自仇殺。乾隆皇帝認爲，這些起事的黎人是匪徒，不可不從嚴究辦，便命地方大員巴延三督同文武員弁緊急搜捕，並查出起意爲首及附從人，逐一根究。如有隱匿五指山內的，務須搜查淨盡，以示懲創。乾隆皇帝又指出，該處地方官倘有擾累黎民，或該處村民平時欺壓黎衆，以致激成事端，該督亦須徹底追查，據實嚴參。讓處起釁滋事村民，也應一律嚴辦，不可稍存袒護。對於瓊州鎮總兵常衡遇有這樣重要事件，不親往督捕，只派游擊前往，乾隆皇帝認爲這是實屬怠玩，應當嚴行申飭。

**處理尹嘉銓事件**。尹嘉銓原爲朝廷大員，後來告老還鄉。乾隆皇帝第四次西巡五臺山回鑾途經保定時，尹嘉銓派其子到行宮，爲其父尹會一請謚號，並要求尹會一從祀孔廟。尹嘉銓提出從祀孔廟的人名單中還有湯斌、范文程、李光地、顧八代、張伯行等人。乾隆皇帝爲此很惱火，指出：尹嘉銓遣伊子至行在奏爲伊父請謚，實屬狂妄。易名賜謚屬於國家大典，豈可妄求？況且他又不親來乞恩。乾隆皇帝認爲，尹嘉銓這種做法是肆無忌憚，愚而好自用。從祀宮牆非人品學問純粹無疵久經論定的，誰敢輕議？所以國朝從祀寥寥，寧缺勿濫。乾隆皇帝還對湯斌、范文程、李光地、顧八代、張伯行以至尹會一的人品、學識、政績一一進行了評論。乾隆皇帝甚至憤怒地責問：今尹嘉銓乃敢妄稱已在德行之科，既爲請謚，復請從祀，如此喪心病狂，毫無忌憚，把我看成是什麼樣的人主了？結果，尹嘉銓被革去頂帶，拿交刑部審訊，從重治罪，原籍以及在京城貲財，也被查抄。

**處理貴州民人楊秀錦叩閽案件**。乾隆五十七年三月初十日，乾隆皇帝第六次西巡五臺山行抵秋瀾地方，貴州民人楊秀錦道旁叩閽。乾隆皇帝遂令軍機大臣訊取供詞進呈。原來，楊秀錦是貴州鎮遠縣人，長期當本縣董長，催取每年應徵錢糧。從前都按畝徵收米石，自乾隆四十八年（一七八三年）以來，改徵折色，每畝地徵銀遞年增加。因加徵銀兩太多，催交不齊，屢被責打，受苦不過，攜帶串票來京申訴。按楊秀錦所述，折徵之始，每畝折銀六錢五分，遞加至二兩一二錢不等，上年則仍徵一兩二錢。乾隆皇帝了解這些情況後指出：地畝錢糧徵收米石，自有定例，何以改徵折色，且遞年既經加多，何以上年銀數又復減少，種種情節，自應徹底根究，以成信讞。但該縣民人交納錢糧甚多，何獨該犯一人不憚遠來，赴京控告，或另有唆使賄囑之人，亦未可定。如該犯所供情節竟屬虛誣，自當治以應得之罪，以儆刁風。若該地方官果有加徵之事，更不可不嚴行查辦。乾隆皇帝最後命滇省巡撫姜晟處理完雲南省民人那耀宗等控告爭奪家產一案後，順赴貴州省提集犯證，秉公嚴審，定擬具奏。乾隆皇帝還强調指出；此係隔省之事，不必顧及會循及私情。

# 四、四去盛京謁祖陵

盛京即今瀋陽，清朝的創立者皇太極取興盛之意，把明朝瀋陽城改名盛京。清朝未入關以前，在盛京地區修建有三座帝王及其后妃的陵墓，人稱「盛京三陵」。盛京三陵包括永陵、福陵和昭陵。永陵是清朝皇族愛新覺羅氏的祖陵，在今遼寧省新賓滿族自治縣永陵鄉，這裡埋葬著清太祖努爾哈赤的始祖猛哥帖木兒，曾祖福滿，祖父覺昌安，父親塔克世，附葬的還有伯祖禮敦，叔祖塔察篇古等。福陵在今瀋陽城東，埋葬著努爾哈赤和孝慈高皇后葉赫納喇氏。昭陵在今瀋陽城北，是清朝第二代開國君主清太宗皇太極與孝端文皇后博爾濟吉特氏的墓地。

## ㈠緊張的準備工作

順治元年（一六四四年），清朝入關後，逐漸確立了對全國的統治。但是，清朝的最高統治者並沒有忘記盛京三陵。乾隆皇帝的曾祖清世祖福臨，曾特降諭旨，表示思念遠在天涯的祖宗陵寢，吃不下飯，睡不著覺，一定要選擇吉日出行，心中方才安定。只是福臨時期，清朝入關不久，長期戰亂，生產受到嚴重破壞，民不聊生，階級矛盾和民族矛盾都十分尖銳，出巡日期遲遲沒有擇定。後來，福臨又患了天花病，二十四歲便離開了人世，所以巡幸盛京祭祖的願望未能實現。

乾隆皇帝的祖父清聖祖玄燁即位後，多次諭示禮部，表示要巡幸盛京祭祖，以展孝思。他談到出巡祭祖的原因時，特別强調了太祖高皇帝（努爾哈赤）創建鴻圖，肇興景運，太宗文皇帝（皇太極）丕基式廓，大業克弘。總之，他思念祖宗創立基業長眠的地方，同時也是完成他的父親福臨的未竟之志。結果，玄燁終其一生，曾三次出巡東北。

乾隆皇帝的父親清世宗胤禛，在位十三年，因爲百廢維新，日不暇給，再加上處理西北地區準噶爾蒙古事務，所以一次也沒有去盛京祭祖。不過，康熙六十年（一七二一年），胤禛還在藩邸時，曾代謁過祖陵，前往盛京，寫有《瞻仰盛京宮闕念祖宗創業艱難恭賦二十韻》，詩中有「奉命趨遼海，猗歟仰舊宮」，「念昔開洪造，乘時建武功」，「神威宣率土，皇極協蒼穹」等句，敍述了奉命代謁祖陵、瞻仰先皇宮闕的情況，表達了緬懷祖宗當年創業艱難的心情。

乾隆皇帝即位後，也和他的前輩一樣，對遠在盛京的祖宗陵寢懷著深深的眷戀之情，希望通過恭謁祖陵，訓示宗室不忘祖宗創業的艱辛。他在第一次出巡盛京時曾說過這樣的話：

自入盛京，歷觀舊跡，溯我朝之肇興，憶祖宗之開創，爲天所與，仰荷鴻庥，垂萬世之統，貽久遠之謀。每敬思之下，欽畏之念彌增。

乾隆皇帝還寫過著名的《盛京賦》，在該賦的序文中，他强調了以祖宗之心爲心的重要，論述了開創與守成的關係，文中寫道：

嘗聞以父母之心爲心者，天下無不友之兄弟。以祖宗之心爲心者，天下無不睦之族人。以天地之心爲心者，天下無不愛之民物。斯言也，人盡宜勉，而所系於爲人君者尤重。然三語之中，又惟以祖宗之心爲心居其要焉。蓋以祖宗之心爲心則必思開創之維艱，知守成之不易，兢兢業業，畏天愛人。……我國家肇興盛京……予小子纘承丕基，懼德弗嗣，深惟祖宗締構之勤，日有孜孜，敬奉神器。言念盛京爲天作之基，永陵、福陵、昭陵巍然在望，不躬親祀事，其奚以攄愨忱而示來許？……

正是爲了緬懷祖宗的勳績，不忘創業的艱難，訓誡子孫永遠保住大清的一統天下，乾隆皇帝才不惜時日，不畏勞苦，前後四次巡幸盛京。

乾隆八年（一七四三年）五月初一日，乾隆皇帝諭示：朕奉皇太后前往盛京，恭謁祖陵，擇於七月初八日啓行，一切應行事宜著各該衙門先期備辦。其實，巡幸盛京的準備工作早就開始了。乾隆七年（一七四二年）十一月二十日，盛京戶部侍郎雙喜上奏中指出：明年皇上恭奉皇太后往謁祖陵，所有隨從人員經過地方，應需口糧馬駝草料，宜預爲備辦，但現在各城倉，雖有存貯粟米，並無草豆，應請將寧遠等城乾隆七年地畝，暫停徵收米石，改征黑豆備用。一般說來，乾隆皇帝每次巡幸盛京的準備工作都是在前一二年就開始的。這種準備工作既緊張，又周密，主要是在京城和盛京兩個地方進行。

屬於京城方面準備工作的，是預備馬匹、車輛、飼料，整修道路，安役驛站，預定扈從官兵的安營制度等。由於巡幸期間，皇帝和扈從王公大臣多乘馬而行，所以需要馬匹很多。另外，還要考慮到有些馬匹難免中途疲困，需要更換。這樣，皇帝出巡期間需要準備隨營馬五百匹，才能保證役使。準備馬匹的同時，還要籌措大量草料。這些草料一般都向商民事先預定好，屆時由商民賣給官兵。由於乾隆皇帝巡幸途中還要行圍打獵，行圍的馬匹所需草料也要事先準備好。乾隆十九年（一七五四年），乾隆皇帝第二次巡幸盛京時，準備圍獵所需馬有五千匹之多，草料準備的數量可想而知。除馬匹、草料外，還要準備車輛，供皇太后、皇后等乘坐。這些車多是騾車，拉車的騾馬事先經過訓練，行走穩健。除內廷后妃乘坐的車輛外，乾隆皇帝出巡還要攜帶大批行糧、賞賜物品以及御用物品，這些也需要車輛裝載。因此，乾隆皇帝巡幸盛京時所需車輛大約在三百左右，由內務府向順天府屬州縣雇用。每輛車重載一天給腳價銀七錢二分，守候或空載給草料銀五錢二分。總計用銀幾萬兩。

乾隆皇帝巡幸盛京期間，驛遞工作極爲重要，國內外大事要隨時奏報皇帝知道，皇帝的諭旨也要隨時頒布到各地。因此，從京城到山海關，再到盛京，沿途所有驛站都需要整頓。馬匹不夠的要照數補齊，兩站之間距離過遠的，中間要添設腰站，有些地方根據需要還補設驛站。對於皇帝所經過的御路，責令有關官員進行檢查，該修橋的修橋，需墊道的墊道，一切費用由國庫核銷。御路要求的標準很高，路面要平坦，碾壓堅實，還要多備水缸以便灑掃，彎曲的地方要取直。爲此，各級地方官組織百姓，不知道耗盡了多少時日。

乾隆皇帝巡幸盛京，一路上安營或駐蹕行宮，扈從人員也要隨之安營，這些在出發前就要規定好。乾隆八年（一七四三年）五月初二日，總理行營事務和碩莊親王允祿等人的上奏，對這一問題講得非常清楚。他在奏文中寫道：

凡遇鑾輿行幸，扈從大臣官兵人等安營各有定處：宗室王公，應在管聲音堆撥外就近之地。大臣等應隨領侍衛內大臣所指之地。未入班之滿漢官員及侍衛拜唐阿等各隨其班次。章京護軍等各隨本旗之纛，鑲黃、正紅、鑲白三旗在營後，正黃、鑲紅、鑲藍三旗在營西，正白、正藍二旗在營東。今酌定章程，分爲左右翼，宗室、王公、大臣、滿漢官員及侍衛、拜唐阿、章京、護軍、八旗等仍遵向例安置。其拴馬支桿，應設於正門鑾儀衛巡更處。皇上起行，應設於管聲音堆撥內。皇太后起行，應設於正門左穿堂帳房次層帳房之間。再各部院總管衙門所屬官員，內務府護軍及太監等，亦令分別安置。其別項人等恐無約束，應特派章京四員並護軍校、護軍等分別指示。其蒙古人等仍交理藩院，令於大營十數里外安設。前後牧馬人等，隨時起行，不准夤夜出入哨內。

這種扈從官兵的安營制度，確保了乾隆皇帝巡幸盛京期間的絕對安全，有利於皇帝處理各種政務。但是，這麼多人，這麼多車輛，攜帶這麼多物品，不可能一起出發，一起駐宿，那會使道路擁擠，車馬堵塞。對此，乾隆皇帝也考慮到了。於是，他向大臣提出：所有行營應用之蒙古包、帳房、布城等項及應預備物體，俱著於先行起程，於應行等候地方預備等候，其侍衛章京護軍內酌量留用外，其餘著分別次序，預先起程。如此分別次序令其起程，則駐宿處俱有空間，而在途亦不致損傷田苗。具體怎麼辦理，乾隆皇帝命總理行營事務王大臣等妥議具奏。後來，決定出巡時，以下人員提前出發：侍衞一百五十餘名，親軍護軍六百餘名，各項官兵拜唐阿等二千餘名，車七百九十餘輛，分三撥前往。還有牧廠派出馬六千餘匹，也派放馬章京事先前往。

乾隆皇帝巡幸盛京路上，有專門機構膳房和茶房負責飲食。行進在蒙古族游牧地區，乾隆皇帝多吃牛羊肉，喝馬奶酒，以及獐、狍、鹿、雉、兔等野味。這些，有的是蒙古王公進獻的，有的是乾隆皇帝狩獵得到的。如果巡幸路上沒有經過蒙古地區，或者沒有進行大規模打獵活動，那麼，就由所經過地區的地方官員負責供應各種肉類，以滿足皇帝一行人的需要。巡幸途中食用的米、麵和副食，米主要是從南方運來的漕米，麵爲白麵，副食中有雞蛋、豆腐、鮮菜等。一種名叫「餑子」食品，是用蕎麥麵做的，有解暑作用，由專門機構自初伏起每隔五日預備一次，專供皇帝及其隨從人員食用。爲了供應皇帝等人飲用牛奶、奶茶，茶房備有奶牛，由有關衙門供應。膳房除預備食物外，還要預備西瓜、香瓜等水果。爲防止天熱食物變質，也要預備冰塊。在伏天巡幸途中，乾隆皇帝和后妃們還要經常吃些清爽可口的涼菜。一種叫「芥花麵」的調味解暑佳品，是拌涼菜時不可缺少的。

就在京城積極準備乾隆皇帝巡幸盛京的時候，盛京方面的有關工作也在緊張地進行，主要是謁陵、升殿大典、筵宴、祭神以及有關住宿方面的準備。

恭謁祖陵是乾隆皇帝巡幸盛京的主要目的，因此，準備工作十分重要。有關事務是由盛京內務府請示京城內務府，並上奏皇帝得到批准後操辦的。在謁陵準備工作中，包括核查器皿是否齊全，接駕工作是否做到萬無一失，祭祀用的金銀銅器是否清洗乾淨，謁陵禮儀有無疏漏，寫祭文的黃裱紙，包祭文的黃雲緞，擱祭文的架桌、桌套，是否準備好，祭物是否齊整，祖陵的各項設施是否需要修繕等等。就是皇帝下轎停放地點需準備棕薦，以及皇帝拜褥的薄厚，有關官員也要注意。乾隆四十三年（一七七八年），爲準備乾隆皇帝第三次巡幸盛京，曾花費白銀二千二百餘兩，更換一些地方的帳、幔、門簾、桌套、拜褥等物件。

謁陵禮成後，乾隆皇帝要到盛京皇宮崇政殿或大政殿舉行隆重的升殿大典，因此，升殿大典的準備工作也十分重要。它包括察看升殿用的寶座、背靠、手搭、腳凳等是否鋪設好，文房四寶是否齊備，演奏宮廷音樂的樂器是否需要修補，大臣進賀表用的物件有無遺漏，應行禮的各衙門官員是否已經熟悉了有關禮儀等。哪個環節存在問題，有關負責官員都必須想方設法儘快彌補。

乾隆皇帝巡幸盛京時要舉辦各種宴會，有關工作也必須事先準備好。例如採買筵宴所需的米、麵、乾鮮果品等。筵宴所需要的桌子等物件，不能有陳舊殘壞的地方，否則必須收拾見新。

祭神是乾隆皇帝巡幸盛京時不可缺少的一項活動，因此也必須做好準備。這項活動在盛京皇宮的清寧宮裡進行。原來，滿族有祭天、神、祖先的習俗，清朝定都北京後，祭祀的制度逐漸完備。祭祀的地方稱做堂子。清寧宮祭神的準備工作，是由盛京內務府和工部具體負責的，包括對堂子的修理糊飾，增加打掃人役，預備堂子內應用的幪子、香碟等祭器，以及有關陳設什物，演練祭祀禮儀，挑選好彈弦子、琵琶、打鼓兒、扎板的人，準備好祭祀用的祭品、祭肉、黏飯、酒、餅、神豬，還有祭祀用的缸、瓶、盆、壇等。

乾隆皇帝巡幸到盛京時，一般已是秋天，早晚天氣比較寒涼。爲了保證乾隆皇帝到達後，住宿的地方不過於潮冷，還要做好熏炕的各種準備。盛京皇宮住所搭造的火炕，和我國北方居室中常見的火炕一樣，只是一室中設有多鋪。這種火炕，既可解決坐臥起居等問題，又能通過炕面散發熱量，保持室內較高的溫度。火炕上一般鋪席和氈片。據統計，盛京皇宮中的火炕，清寧宮有五個，關睢宮有八個，麟趾宮有八個，衍慶宮有八個，永福宮有七個，東配宮有五個，西配宮有五個，左翼門、右翼門、大淸門各二個。爊熱這麼多的火炕，在乾隆皇帝停留盛京皇宮期間，總計要用木柴二萬七千餘斤。

爲了迎接乾隆皇帝巡幸盛京，對清寧宮、崇政殿、大政殿、大清門、文德坊、武功坊等重要建築物，還要進行油飾彩繪，以及程度不同的整修。宮內殿內的有關鋪墊陳設，也要進行必要的更換。由於一些門殿的門檻過高，車轎通行不便，所以要搭設木搭垛。爲了使宮中各門便於開啓，門上要拴拉門牛皮條。這些都要在乾隆皇帝到來之前準備好。爲了以壯觀瞻，增加莊嚴隆重的氣氛，還要特意增加一些陳設物。例如在大清門內，陳設掛壁二座，弓十張，撒袋十副，梅針箭二百枝，長槍十桿，槍架二座。在宮廷周圍十二處班房，每處均陳設長槍五桿，槍架一座，弓五張，撒袋五副，梅針箭一百支，掛壁一座。

讓宮殿周圍居住的旗民人等暫時搬遷，也是爲迎接乾隆皇帝巡幸盛京，盛京方面應該做的準備工作。這樣做，當然是爲了保證乾隆皇帝的安全。此外，有些街道要打掃乾淨，一些人家養的雞、犬、豬要送走遠避，以免乾隆皇帝感受到空氣汚濁。

## ㈡在前往盛京的道路上

當京城、盛京兩方面的準備工作日漸完備的時候，乾隆皇帝東巡的日期也日益臨近了。

乾隆皇帝一共四次巡幸盛京。第一次是乾隆八年（一七四三年）七月初八日，乾隆皇帝奉皇太后，開始了巡幸盛京的歷程。當時乾隆皇帝三十三歲，體力充沛，精神旺盛。巡幸的大隊人馬從京城西郊暢春園起行，向東北方向進發。途經南石槽、懷柔縣、密雲縣、要亭、兩間房、常山峪、喀喇河屯，十五日到達熱河，駐蹕避暑山莊。十九日，乾隆皇帝一行離開避暑山莊，繼續向盛京進發。一路北行，經過中關、波羅河屯、張三營、十八里臺，到達圍場。先後在圍場所屬的永安莽喀、巴顏喀喇、愛里、錫拉諾海四個分場打獵。然後繼續東北行，在漠南蒙古昭烏達盟、卓索圖盟、哲里木盟等所屬的喀喇沁旗、翁牛特旗、敖漢旗、奈曼旗、科爾沁等旗的遊牧地內邊前行邊狩獵。八月二十六日和二十七日，駐蹕伊木呼哈達，這裡仍屬於科爾沁蒙古地界，隨後，乾隆皇帝的巡幸車隊經過克爾素門，越過克爾素河，盛京官兵來迎。乾隆皇帝一行從此向南行進，九月初十日駐蹕德里倭赫，十一日行圍於英莪門外，然後進入興京地區（今遼寧省新賓縣）。十七日，在永陵行大饗禮。接著，乾隆皇帝的車隊向西行，經過撫順，二十三日，在福陵行大饗禮。二十四日，在昭陵行大饗禮。祭陵完畢後，乾隆皇帝奉皇太后進入盛京城，受到盛京文武官員的跪迎。乾隆皇帝一行住進盛京皇宮，並在那裡舉行一系列慶祝活動，使巡幸祭祖盛典達到高潮。十月初二日，乾隆皇帝奉皇太后離開盛京，開始了返回京師的行程。回鑾的路線，是從盛京向西南行，經過錦州，進山海關，再經過豐潤、薊州、通州，二十五日回到京城。第一次巡幸盛京總計一百零七天。

乾隆十九年（一七五四年）五月初六日，乾隆皇帝第二次去盛京謁陵，仍然是奉皇太后前行。這年乾隆皇帝四十四歲，正當盛年。到達避暑山莊前的路線和第一次相同。駐蹕避暑山莊長達五十二天，遠遠多於第一次。離開避暑山莊後，從中關沒有北去圍場，而是徑直向東，進入蒙古族遊牧地，一路上仍是邊行進邊打獵。和第一次不同的是，這次乾隆皇帝北行到了吉林城和松花江岸，祭拜了長白山神，又泛舟松花江上。然後南下，到達德里倭赫以後，才和第一次巡幸路線相同，直趨興京和盛京。回鑾的路線，仍然是進山海關，只是某些地段與第一次不同，十月初十日還宮。乾隆皇帝第二次巡幸盛京總計一百五十三天。

乾隆四十三年（一七七八年）七月二十日，乾隆皇帝第三次巡幸盛京謁陵。這時皇太后已經去世，乾隆皇帝也已六十八歲高齡。大概是因爲情緒和體力的原因，乾隆皇帝這次沒有取道塞外，沒有進行狩獵活動，只是經過山海關一線，來去匆匆，九月二十六日回宮，全部時間只有六十六天。

乾隆四十八年（一七八三年）五月二十四日，乾隆皇帝第四次巡幸盛京。這一年他已經七十三歲。由於準備工作充分，一路上多住的是行宮。從京城出發後，和第一次路線相同，前往熱河避暑山莊。五月三十日到八月十五日期間，一直在避暑山莊居住。十六日離開避暑山莊後，向東北行，經過塔子溝、三座塔等地，從義州直趨興京、盛京地界。一路上未進行任何圍獵活動。歸程路線和第一次基本相同，十月十七日還宮。乾隆皇帝第四次巡幸盛京總計一百四十二天。

乾隆皇帝巡幸盛京謁陵的路上，最主要的事情是行圍演武，這從他的有關言行中可以看出。在第一次巡幸盛京時，乾隆八年（一七四三年）九月初六日，乾隆皇帝諭示大臣：朕此次至盛京，視其兵丁身材壯健，弓馬嫺熟，猶未失滿洲舊制。大臣官員等各相奮勉，訓練整齊。高興之餘，乾隆皇帝決定加恩賞賚，把二十萬兩生息銀借與盛京將軍屬下官員兵丁，官員四年以後扣還，兵丁兩年以後扣還。二十六日，乾隆皇帝又諭示：盛京乃我朝肇基之地，人心樸實，風俗淳厚。朕此次恭謁祖陵巡幸至此，見其兵丁漢仗俱好，行圍演武均屬熟練整齊，朕甚嘉悅。國本攸關，最爲緊要。爲了獎勵行圍演武格外奮勉的人，乾隆皇帝決定再撥銀三萬兩給盛京將軍額爾圖，命他酌情辦理。同時，將軍大臣以下，總管以上官員等共賞銀一萬兩。

在第二次巡幸盛京謁陵過程中，乾隆皇帝仍然重視行圍演武。乾隆十九年（一七五四年）八月初六日，乾隆皇帝賜盛京吉林將軍官員兵丁等飲食，還說官兵弓力可觀，尚能不忘舊習，決定賞吉林將軍、副都統撒袋、腰刀、蟒緞、大緞、官緞，有執事官員賞大緞、官緞，無執事官員賞官緞、彭緞，有執事兵賞三月錢糧，無執事兵減半賞給，驛丁屯丁等每名賞銀一兩五錢。

乾隆皇帝第四次巡幸盛京時，雖因年高不能狩獵，但對奮力勤勉的官兵仍不忘給以獎勵。

乾隆皇帝不僅注意在行圍演武方面獎賞有關官兵，而且身體力行，自己帶頭行圍打獵。他在第一次巡幸盛京過程中，乾隆八年進行了大規模的行圍演武活動，總計有三十五天之多，占整個巡幸時間的三分之一。在八月二十九日和九月初一日，還分別在巴彥、烏什杭阿兩地各射死一隻虎。在九月二十六日，在盛京講武臺檢閱了騎步兵。

在第二次巡幸盛京過程中，乾隆皇帝照例進行了行圍演武活動，《淸實錄》中記載了乾隆皇帝的行圍日期：總計有二十四天。而且，回京城後的第三天，他就在紫光閣觀看了中式武舉的騎射技勇。

在第三次、第四次巡幸盛京過程中，乾隆皇帝因爲年紀已大，雖然沒有親自參加行圍演武活動，但是他幾次檢閱了八旗官兵的騎射。乾隆四十三年八月二十八日，在盛京皇宮大政殿觀看了盛京官員的射箭表演。乾隆四十八年九月初一日和初五日，在行營宮門檢閱了盛京、吉林官員兵丁的射箭術。

關於乾隆皇帝出巡期間的狩獵活動，以及他平時的騎射武功，皇帝身旁的大臣多有記述。乾隆時期著名的文學家、史學家趙翼，曾任內閣中書和軍機章京，多次扈從乾隆皇帝外出狩獵。他在《簷曝雜記》一書中，記述了乾隆皇帝的射箭本領，有助於人們對乾隆皇帝行圍演武的認識。他寫道：

皇上最善於射箭，每年夏天引見武官結束後，就在宮門外比賽射箭，秋天出塞巡幸時也這樣。比賽時射三次，每次三箭每箭都中靶心，九箭中大概有六七箭是這樣。這是我經常看到的。乾隆十四年（一七四九年）十月，在大西門前比賽射箭，皇上九發九中。有的大臣看後感到驚奇，寫了一篇《聖射記》的文章呈給皇上。他們不知道皇上的射箭本領這麼好，每次射箭都是這樣，本來用不著感到驚奇的。

一天，在張三營行宮，皇上射箭結束後，讓皇子和皇孫們比賽。皇次孫綿恩當時八歲，也拿著一張小弓參加比賽。他第一箭射中了，第二箭又射中了，皇上非常高興，諭令再射一箭，如果射中就賞黃馬褂。綿恩的第三箭果然又射中了。皇上就賞給他一件黃馬褂。因爲時間倉卒，來不及做小的，只能給一件大的。這件大黃馬褂都能把綿恩包起來了。

乾隆皇帝在巡幸盛京途中，還寫詩抒發自己的情懷。乾隆皇帝善於寫詩，一生中寫有幾萬首，只四次巡幸盛京過程中，就寫了幾百首。在這幾百首詩中，有的記事，有的寫景，有的抒情，有的言志，總的精神是不忘祖訓，鞏固清朝的一統天下。歌頌祖宗的武功，告誡兒孫保持騎射習俗，在乾隆皇帝巡幸盛京所寫的詩篇中占有重要地位。乾隆皇帝在第一次巡幸盛京途中，寫有《閱武》一詩：

久放華山馬，重觀遼海兵。
由來稱子弟，坐可靖鯢鯨。
萬隊風從虎，三軍旭耀旌。
威聲振地塄，壯氣指天棖。

此日雖無戰，當年亦有征；
金甌方主鬯，惕若凜持盈。

詩中頌揚了八旗軍的聲威和壯氣，以及在保衞國家，安定地方中的重要作用。在第三次巡幸盛京途中，乾隆皇帝又寫了《閱射》一詩。他面對八旗健兒的高超箭術，深感自己年紀已大，臂力不足，因而無限感慨。該詩是這樣寫的：

大閱應同吉禮行，停之閱射揀其精。
詎宜故國忘弧矢，況是朝家舊法程。
命中挽强頻肴獎，耦升旅進各無爭。
卻因臂病疏斯事，不覺於心略愧生。

特別應當指出的是，乾隆皇帝四次巡幸盛京。有三次都寫詩頌揚了太祖皇帝的甲胄，太宗皇帝的弓矢，表示要不忘祖宗的武功，作爲家法，世代相傳。第三次巡幸中的頌詩《恭瞻太祖皇帝甲胄作歌》是這樣寫的：

數人舉之且費力，被用臨陣常從容。
天生真人俾創業，殊勇殊智殊仁衷。
三者缺一誠不可，實錄所載聽惟聰。
寬御下更嚴督戰，及至要地先以躬。
棟鄂翁鄂洛拒命，臨陣受傷退拄弓。
創愈復往終攻克，大度反授射者封。
時此甲胄即進御，想像創跡猶餘紅。
嗚呼想像創跡猶餘紅，
敢不思念艱難亹敬恭。

另有一首《恭瞻太宗皇帝所御弓矢》：

矢計長四尺，弓知勁百鈞。
寶藏示家法，善用識天人。
敢懈結戎念，不忘創業辛。
傳觀相最勵，黽躍有宗臣。

孟姜女哭長城的故事在我國民間廣爲流傳。山海關外有姜女祠，是乾隆皇帝巡幸盛京途中幾次經過的地方。乾隆皇帝爲孟姜女的精神所感動，在第一次巡幸的返程途中，就爲姜女祠御書匾額「芳流遼水」四字，並且寫了一首題爲《姜女祠》的詩，詩前有序，全文如下：

山海關數里，姜女祠在焉。祠前土丘爲姜女墳，望夫石在其側。俗傳：姜女爲杞梁妻，始皇時因哭其夫而崩長城。今山西潞安直隸古北口並此處皆有姜女祠。考杞梁之事，見於《左傳》、《孟子》，非始皇時人，可知即列女傳載有崩城之說亦無長城實據也。然其節義有可尚者，故題以詩並識其梗概焉。

淒風禿樹吼斜陽，尚作悲作弔國殤。
千古無心誇節義，一身有死爲納常。
由來此日稱姜女，盡道當年哭杞梁。
長見秉彝公懿好，訛傳是處也何妨。

後來，乾隆皇帝第三次巡幸盛京途中，又以《姜女祠》爲題寫了一首詩，詩中有「叢祠舊築海山邊，善哭偏因姜女傳」；「蕭風枯樹哀紘寫，明月清波古鏡懸」句。看來，孟姜女的節義感動了乾隆皇帝。或許作爲當時的最高統治者，乾隆皇帝寫詩稱頌孟姜女，在全社會提倡節義，也是其文治的一個措施吧。

山海關是天下第一關，關城北依燕山，南臨渤海，地勢險要，歷史上爲兵家必爭之地。明末清初風雲變幻之際，就是在這裡，吳三桂迎清軍入關，打敗李自成農民軍，開始了清朝對全國的統治。乾隆皇帝很熟悉這段歷史，深知山海關戰略地位的重要性。因此，他四次巡幸盛京，曾經五次作詩寫山海關，在《望山海關詠事》一詩中這樣寫道：

自成悉衆向東發，彼意欲擒三桂來。
本以恨其要人失，乃因迎我大關開。
連山連海勢頗盛，九地九天策更恢。
一戰遂教天下定，賢王殊績緬殊哉。

時間的流水沖去了歷史的浮塵，到乾隆皇帝第三次巡幸盛京寫這首詩時，山海關大戰已經過去了一百三十四年，人們已經能夠客觀地對這次戰事做出比較公允的判斷。應當說，乾隆皇帝詩中的敍事還是實事求是的。這裡值得一提的是，詩中所說的賢王，是指睿親王多爾袞，當年正是他率領清軍入關，輔佐年僅六歲的順治皇帝定鼎北京。不料順治皇帝長大成人後，在順治八年（一六五一年）二月，宣布了已經死去的多爾袞的罪行，並削去了他的尊號，多爾袞從此由功臣變成爲清朝罪人。直到乾隆皇帝第三次巡幸盛京這一年，乾隆皇帝認爲多爾袞當年「分遣諸王，追殲流寇，撫定疆域，一切創制規模，皆所經劃。尋即奉世祖車駕入都，定國開基，以成一統之業，厥功最著」，被「誣告以謀逆」，構成冤獄，下詔爲其昭雪，復睿親王爵，並配享太廟，多爾袞才恢復了名譽。正因爲如此，乾隆皇帝在詩中才說：「一戰遂教天下定，賢王殊績緬殊哉」。

乾隆皇帝四次巡幸盛京所寫的詩中，別具風格的還有對盛京地區土風和土產的吟詠。第三次巡幸途中，乾隆皇帝寫了《盛京土風雜詠十二首》，詩前有序，序中寫道：

> 我國家發祥之初居鄂多理城池，近吉林烏拉，數世後棄而他徙，至肇祖居赫圖阿拉，爰創始基。越我太祖膺運造邦，乃討平圖倫，還定烏拉，撫有葉赫諸部，遂遷居興京，繼復克瀋陽、遼陽，因建都於瀋，即今盛京，故盛京土風與吉林同。

這篇小序，實際上是寫了滿族貴族在東北地區的發展史，直至建立了地方政權機構，與明朝中央政府抗衡。序文之後，乾隆皇帝寫了雜詠盛京土風的十二首詩，每首詩的題目是這樣的：

威呼，漢語小船也。呼蘭，漢語灶突也。法喇，漢語爲扒犁即拖牀也。斐蘭，漢語榆柳小弓也。賽斐，漢語匙也。額林，漢語閣板也。施函，漢語木桶也。拉哈，漢語坊牆所綴麻也。霞綳，漢語糠燈也。豁山，漢語紙也。羅丹，漢語鹿蹄腕骨也。周斐，漢語樺皮房也。

從上述這些題目中，可以看出乾隆皇帝對滿漢文的精通，以及對盛京地區土風的熟悉。此外，詩中也有不少佳句，使人讀後感到親切、質樸。例如對灶突的描寫：「疏風避雨安而穩，直外通中樸且堅」；對扒犁的描寫：「似榻似車行以便，曰水曰雪用皆宜」，都很有生活氣息。

乾隆皇帝吟詠盛京土產的十二首詩中，前有序文，每首又有引言，彷彿盛京地區的一幅鄉土素描，讀來別有情趣。序文中寫道：

盛京山川深厚，土壤沃衍，農殖蕃滋，井里熙阜。鑲珍可以耀彩，嘉珉可以興文，豐毳可以章身，靈苗可以壽世。矧採於山，獵於原，漁於江，不可勝食，不可勝用。

隨後，乾隆皇帝寫了五穀、東珠、人參、松花玉、貂、鹿、熊羆、堪達漢、海東青、鰉魚、松子、溫普。如果把每首詩的前言連接起來，不僅有助於人們理解詩義，而且對盛京地區也可產生更全面的認識。乾隆皇帝《盛京土產雜錄十二首》中的前言分別是這樣的：

五穀：地脈厚則穀寶滋，黍稷稻粱菽麥之類植無不宜，畝穫數石而斗值三錢，故百室盈而四釜充，歲以爲常。東珠：東珠出混同江及烏拉、寧古塔諸河中，匀圓瑩白，大可半寸，小者亦如菽顆，王公等冠頂飾之，以多少分等秩，昭寶貴焉。人參：深山邃谷中參株滋茁，歲產既饒，世人往珍爲上藥，蓋神皋鐘毓，厥草效靈，亦王氣悠長之一徵耳。松花玉：混同江產松花玉，色淨綠，細膩溫潤，可中硯材發墨與端溪同品，在歙坑之右。貂：烏拉諸山林中多有之，索倫人以捕貂爲恆業，歲有貢額，第其等以行賞，冬時供御用裘冠，王公大臣亦服之以昭章采。鹿：地多崇山藏林，鹿蕃息而肥碩，麋鹿尤他所罕覯，扶餘之鹿所以稱美唐書也。熊羆：盛京多窩集，茂密蓊翳，連林數十里，熊羆每蜷伏其中，熊矯捷而羆憨猛，皆獸之絕有力者。甲戌行圍並曾殪之羆重千餘斤，熊亦及半。堪達漢：堪達漢出黑龍江，似鹿而大，其角可作射韘，色如象牙而堅白勝之，韘間環以黑章一線，即角中之通理，以點細密而匀正者爲最。海東青：羽族之最鷙者有黑龍江之海東青焉，身小而健，其飛極高，能擒天鵝，博免亦俊於鷹鶻。鰉鰉魚：盛京之魚肥美甲天下，而鱘鰉尤奇，巨口細睛，鼻端有角，大者丈許，可三百斤，冬日輦以充庖備賜，亦有售於市，肆者都人號鰌之目爲珍品。松子：松子諸山皆產而窩集中所產更勝，蓋林多千年之松，高率數百尺，枝幹既茂，故結實大而芳美亦足，徵地氣滋培之厚也。溫普：溫普國語譯漢語書之山中果也，形似梔，味甘而酢，或借榅桲字書之。考花木記，以榅桲爲梨別種，則徒取音近，固不相類也。

讀過上述這些文字，不能不欽敬乾隆皇帝淵博的知識。的確，作爲當時的最高統治者，這樣熟悉民風鄉情，確是中國封建社會歷代帝王中比較少見的。

乾隆皇帝四次巡幸盛京之後，曾經命皇子們把四次巡幸過程中寫的詩抄錄成册。這件工作完成後，乾隆皇帝寫詩記述此事，詩中寫道：

四度陪京謁祖陵，敬思前烈益兢兢。
易非開創誠辛苦，艱是守成勵繼繩。
此別回瞻增有愴，再來度已恐無能。
歷吟皇子命分繕，予意期知雲與仍。

思祖宗創業之難，繼續祖業一統江山，是乾隆皇帝四次巡幸盛京的主要目的，也是他所寫的幾百首詩歌的主題。

通過各種方式聯絡漠南蒙古各部，鞏固滿洲貴族和蒙古王公之間政治上的聯盟，是乾隆皇帝巡幸盛京途中特別注意的。原來，在清朝未入關以前，內蒙古即漠南蒙古各部就已經歸附清政權。在清朝入關後統一全國過程中，蒙古族的騎兵起了很大作用，滿族貴族和蒙古王公政治上結成聯盟，是清朝統治全國的一個基礎。乾隆皇帝對此十分了解，因此，他在巡幸盛京期間，途經蒙古族遊牧地時，注意在各方面聯絡蒙古各部。

乾隆皇帝第一次巡幸盛京時，路經喀喇沁三旗，翁牛特二旗，敖漢、奈曼、阿魯科爾沁、扎魯特等旗。爲保證乾隆皇帝巡幸順利，喀喇沁、翁牛特旗內共同預備捕戶一千名，喀喇沁哨鹿人槍手六名，扈從槍手十名，哈瑪爾行走人三十名，打鹿鳥槍手四十名，喀喇沁、土默特、翁牛特旗內派嚮導一百名，長槍手一百六十名，馱車一百餘輛。卓索圖盟五旗共同在遊牧地界查罕和羅一站供用柴、炭、乳牛、車輛及設卡、掘井等。乾隆皇帝第二次巡幸盛京途經蒙古遊牧地方，蒙古族王公共備馬一萬匹，駝四百隻，車六百輛聽候指撥應用。此外，每一大營備柴炭三百車，掘井二十，尖營備柴炭五十車，掘井五，並修理道路橋梁等。

對於蒙古王公的忠誠，乾隆皇帝極爲贊賞。乾隆八年（一七四三年）七月二十二日，經過總理行營事務王大臣、內務府大臣會同理藩院官員討論，乾隆皇帝批准，決定對蒙古各部各旗派出管圍的貝勒、貝子、公等賞衣帶等物，臺吉、塔布囊、官員等賞緞匹，圍場兵丁等各賞銀三兩，管馱車人等各賞銀一兩、布一匹。對昭烏達、哲里木盟邊界兵丁各賞銀三兩，預備圍場兵一千名各賞銀一兩。對卓索圖五旗臺吉、塔布囊各賞緞二匹，臺吉官員五十二員各賞緞一匹，兵七百三十名各賞毛青布四匹。行進途中，乾隆皇帝了解到博羅額爾吉守倉的蒙古人非常窮苦，殊爲可憫，決定加恩每人賞給銀五兩。布爾哈圖守倉的蒙古人也這樣對待。看守兩倉的章京二名、驍騎校二名，各賞官緞一匹。乾隆皇帝第二次巡幸途中，考慮到已故科爾沁達爾漢親王羅布藏滾布、敖漢貝勒羅卜藏均爲舊臣，曾經效力多年，羅卜藏墓在御路附近，羅布藏滾布墓離御路較遠，乾隆皇帝決定親往羅卜藏墓奠祭，派果親王往羅布藏滾布墓奠祭茶酒。此外，乾隆皇帝巡幸盛京途中還多次宴請蒙古王公，甚至在第四次巡幸之後，對實心奮勉的喀喇沁郡王喇特納錫第、巴林郡王巴圖，賞給親王職銜，敖漢公桑濟扎勒晉封固山貝子。

乾隆皇帝巡幸途中聯絡蒙古王公，在他所寫的詩中也有反映。四次巡幸盛京，乾隆皇帝寫有十多首詩，涉及到蒙古問題。下面三首詩，乾隆皇帝分別寫於第二次、第三次巡幸盛京途中，更具有代表性。

入科爾沁境

塞牧雖稱遠，姻盟向最親。
嗣徽彤管著，綿譯礪山申。
設傧亞喧沓，請塵奉狩巡。
敬誠堪愛處，未忍視如賓。

原來，科爾沁蒙古和滿族貴族的關係最爲密切。從清太祖努爾哈赤時起，清朝帝王中的后妃就多爲科爾沁蒙古女子。不僅如此，清朝皇帝也把宗室女下嫁給科爾沁蒙古王公。乾隆皇帝的豫妃，就是科爾沁蒙古女子。乾隆皇帝的第三女固倫和敬公主，就嫁給了科爾沁輔國公色布騰巴爾珠爾。正是因爲這種關係，乾隆皇帝才在詩中說「塞牧雖稱遠，姻盟向最親」。

滿族貴族和蒙古王公之間的親密關係，在乾隆皇帝《賜蒙古諸王公宴》一詩中得到了充分體現。該詩是這樣寫的：

瑞日卿雲朗磧沙，高張黃幄宴賓嘉。
紫螺滿酌葡萄酒，翠碗均頒乳酪茶。
卻笑南朝費金帛，僅能中國覲呼邪。

綿延祖業希千億，中外君臣自一家。

宴會中既有葡萄酒，又有奶酪茶，清朝統治者和蒙古王公眞是親如一家。聯想到乾隆皇帝曾經諭示鑾儀衞，賜蒙古王公宴係私宴，預備細樂即可，人們不由得感到乾隆皇帝考慮問題的周到細緻。

乾隆皇帝第三次巡幸盛京時，蒙古各部王公到杏山、興隆屯一帶迎駕。爲此，乾隆皇帝寫了一首題爲《蒙古王公等來接待以志事》的詩，全文如下：

札薩屛翰列護邊，蹕途來觀踵相連。
久蒙培養都知禮，漸重耕桑亦曰賢。
弗宴弗圍胥命返，獻駝獻馬各抒虔。
笑談指顧多孫行，白髮那辭是長年。

詩中，寫了蒙古族生產生活中習慣的改變，這容易理解。乾隆皇帝爲什麼說「笑談指顧多孫行」呢？由於滿族貴族和蒙古王公之間大規模、多層次的通婚，使科爾沁達爾漢王旗下有公主子孫臺吉、姻親臺吉二千多人，土謝圖王旗下公主子孫臺吉五百餘人，敖漢旗下有六百人，巴林王旗下也有一百七十餘人。乾隆皇帝詩中說的「多孫行」，正是指許多蒙古王公按輩分論，都屬於他的兒孫輩。這從一個側面反映了清朝統治者對蒙古王公的籠絡。

## (三)拜謁祖陵和在盛京皇宮中

乾隆皇帝的巡幸車隊經過長途跋涉之後，進入盛京地區，開始拜謁祖陵。謁陵的順序是先永陵，再福陵，後昭陵，這是由陵的年代輩分決定的。謁陵的程序包括兩項，一是謁見禮，二是行大饗禮。謁見禮的儀注主要內容是：皇上御素服，至正門外降輿。禮部堂官導引，由正門左門進永陵，入啓運門左門，經啓運殿東旁行，拜褥設階下，行三跪九叩禮。福陵、昭陵入隆恩門左門，經隆恩殿東旁行，詣祭臺處，行三跪九叩禮。俟設奠畢，上進謁陵。永陵凡四跪，祭酒十二爵。福陵、昭陵各祭酒三爵。每一祭酒行一叩禮。禮畢，詣東旁立，西向舉哀。王以下、三品以上官員等在殿兩旁按翼向上排立，均隨行禮舉哀。禮畢，禮部堂官導引皇上由原進門出，乘輿還行宮。

皇太后、皇后的謁見禮是，在正門右門外降輿，掌關防等官之妻導引，由正門右門進永陵，至啓運門下。福陵、昭陵至祭臺處。皇太后就正中拜位，皇后隨後，均行六拜三叩禮。俟設奠畢，皇太后謁永陵四跪，祭酒十二爵。福陵、昭陵各奠酒三爵。每一祭酒行一叩禮。

皇后均隨行禮。禮畢，詣西旁立，東向舉哀。最後，掌關防等官妻導引皇太后、皇后由原進門出，乘輿還行宮。

看來，謁見禮大體上包括行禮、祭酒、舉哀三部分，都在陵前祭臺舉行。行大饗禮的時間是在謁見禮的次日舉行。行大饗禮的地點，永陵在啓運殿，福陵和昭陵在隆恩殿。大饗禮要比謁見禮隆重，儀注增多。《清實錄》中對乾隆皇帝第一次巡幸盛京在永陵行大饗禮的情況是這樣記述的：上詣永陵行大饗禮，步入啓運門，詣香案前跪，上香，復位，行三跪九拜禮。初獻，奠帛、爵，讀祝畢，行三拜禮。亞獻、三獻，各奠爵畢，行三跪九拜禮。王以下官員，均隨行禮。上詣燎位望燎。禮畢，入陵寢左門，至明樓前，西向立，舉哀。王以下各官咸舉哀。由此可見，大饗禮的儀注，主要內容包括上香行禮，初獻、亞獻、三獻行禮，望燎，舉哀等。初獻包含焚帛、奠酒、讀祭祀祝文，亞獻、三獻包含奠酒等。

乾隆皇帝從第三次巡幸盛京起，在謁見禮中，和以往兩次有所不同，即下轎之後，痛哭不止。謁永陵、福陵、昭陵，都是「未至碑亭，即降輿慟哭」。步入啓運門或隆恩門，「詣寶城前行禮，躬奠哀慟」。這樣的放聲大哭，足可以表示乾隆皇帝的孝心。親自到寶城前行禮，也使乾隆皇帝的做法更加接近民間的習俗，和平民百姓的上墳一樣。

乾隆皇帝拜謁祖陵時要讀祭文，祭文由有關部門的官員代寫。一般說來，祭文要表達出謁陵皇帝仰慕祖先的孝心和敬意，要或多或少地追述祖先的功業，要表達謁陵皇帝繼承祖業

■盛京皇宮清寧宮

的志向，以及希望祖先信任和享受祭奠等。

謁陵結束後，乾隆皇帝一行進入盛京，駐蹕盛京皇宮中。乾隆皇帝第一次巡幸盛京住在盛京皇宮中的什麼地方，《清實錄》和檔案中都沒有明確記載。所以出現這種情況，是因爲盛京皇宮中的清寧宮等五宮，是清太宗皇太極及其后妃的寢宮，清朝入關後，這些地方長期無人居住。乾隆皇帝作爲後輩，住進這些宮殿內，似乎有些不合名分。何況，乾隆皇帝的祖父康熙皇帝巡幸盛京期間，也沒有住進清寧宮等五宮，只是住在崇政殿前小廂房，以及佐領三官保家的房子。不過，乾隆皇帝是一個講究實際的人，在天氣已較寒涼，又要舉行各種活動的情況下，他還是住進了清寧宮等五宮，只是在一定範圍內保守秘密罷了。第一次巡幸盛京之後，乾隆皇帝就諭令在盛京皇宮內修建東所、西所，作爲後來巡幸的住所。乾隆皇帝及其后妃住西所，皇太后住東所。隨行的王公大臣仍住在盛京皇宮附近被騰空的居民房子裡。

乾隆皇帝巡幸盛京期間，要在盛京皇宮中舉行升殿大典和筵宴。升殿大典的基本程序是：演禮，也就是事前的演練。設表案，即在當天清晨，禮部、鴻臚寺官員在崇政殿內東側設表案，鑾儀衞在崇政殿前陳鹵簿，樂部在殿檐下二層臺階下兩旁陳中和韶樂，在兩樂亭陳丹陛樂，均向北設。禮部堂上陳龍亭、香亭。禮部官員從亭內捧表，進大清門左旁門，安放在崇政殿內東側黃案上。

隨後，向皇太后行慶賀禮。這是皇太后在世時舉行的儀禮。是時宗室王公穿朝服，排列在皇太后宮門外兩側，文武官員也穿朝服，排列在大清門外兩側。乾隆皇帝的拜褥事先由執事官設在皇太后宮門外正中。乾隆皇帝穿禮服，在東旁門內乘轎，由禮部官員導引，到皇太后宮門外下轎，站在門東一側。隨後，禮部官員轉傳內監奏請皇太后升座，引導乾隆皇帝站在拜褥前，宗室王公文武百官向皇上站立。隨著鳴贊官的導引，乾隆皇帝率宗室王公文武官員行三跪九叩禮。禮畢，乾隆皇帝仍回站在門東一側。皇太后還宮後，乾隆皇帝再回宮，文武百官宗室王公也都相繼退下。

向皇太后行慶賀禮後，乾隆皇帝要在崇政殿受賀。其時由鴻臚寺官員導引，三品以上文武大臣在崇政殿丹墀內齊集，三品以下在大清門外齊集，其餘的人則在崇政殿外齊集。在禮部官員導引下，乾隆皇帝穿禮服進宮，到崇政殿入座前，樂隊奏中和韶樂《元平之章》。乾隆皇帝入座後，樂隊停奏。鑾儀衛官贊鳴鞭，丹墀內三鳴鞭，鳴贊官贊排班，在鴻臚寺官員導引下，宗室王公文武百官按次序排列，樂隊奏丹陛大樂《慶平之章》。在鳴贊官導引下，宗室王公文武官員跪下聽宣表，向乾隆皇帝行三跪九叩頭禮，禮畢，退回原來位置站好。乾隆皇帝再接見朝鮮使臣，朝鮮使臣也行三跪九叩頭禮。

筵宴是在乾隆皇帝崇政殿受賀結束後進行的，時間一般是在上午九時到十一時，地點是在大政殿。筵宴也要舉行各種儀式。屆時，皇子、王公、大臣等要穿蟒袍補褂，齊集在大政殿。大政殿檐下兩旁設中和韶樂，東旁設清樂，大政殿前兩旁王亭廊下設丹陛大樂，均向北設。御宴設在皇帝寶座前正中，殿內兩旁設皇子、王公大臣及少數民族王公的桌子，丹陛左右設羣臣的桌子，朝鮮國使臣的桌子設在左旁最後。在鴻臚寺、理藩院官員導引下，各就位次。乾隆皇帝升座時，樂隊奏中和韶樂《元平之章》。乾隆皇帝入座後，皇子、王公大臣都要在本位處行一叩禮。此後，無論進餑餑，還是進茶，皇子、王公大臣都要行一叩禮。進酒時，樂隊奏丹陛大樂《玉殿雲開之章》，進膳時，樂隊奏清樂《萬象清寧之章》。進舞時，樂隊奏中和韶樂《和平之章》。進酒、膳、舞之後，乾隆皇帝要返回寢宮，樂隊停止演奏，皇子、王公大臣等也各自返回自己的住所。

對於崇政殿的朝賀活動，以及大政殿的筵宴活動，乾隆皇帝都曾寫詩記述。乾隆皇帝第二次巡幸盛京時，寫有《賜王公羣臣及盛京官員宴即席得句》一詩，全文如下：

大政光華午日晴，笙歌酒醴樂聯情。
寧誇漢代橫汾水，訝擬周家宴鎬京。
兕爵三巡湛露泛，蛟壚一縷瑞煙輕。
同堂均有亮功責，誰進嘉言勖守成。

從詩中可以看出筵宴活動中，君臣關係的親熱隨和，以及熱烈的氣氛。乾隆皇帝第四次巡幸盛京時，寫了《御崇政殿受賀》一詩，則反映了另一種氣氛，表達了另一種心情。詩中寫道：

御殿視朝禮異常，陪京受賀益徵祥。
祖功宗德承天賜，累洽重熙與物昌。
年越古稀心戒怠，民資我養愛毋忘。
語云百里半九十，歸政以前敢不忙。

乾隆皇帝在接受百官朝賀時，仍然以「行百里路半九十」的古訓告誡自己，表示在把皇位傳給自己的兒子以前不敢懈怠。這種勤政的作風，在中國古代帝王中的確是不多見的。

在清寧宮祭神，是乾隆皇帝巡幸期間在盛京皇宮中進行的一項活動。這是繼承了滿族敬神的習俗，以及原有的制度。滿族早期信奉薩滿教，這是一種崇拜自然神和祖先的原始宗教。崇拜的神可分家神、大神、野神三大類，例如祖先、天神、山神、星神、鵲神、烏鴉神等。在祭神活動中，能夠溝通人和神之間情感的人，被稱作薩滿，意思是知曉神魔的人。乾隆皇帝巡幸盛京在清寧宮祭神，就是用薩滿教形式進行的一種祭祀活動。祭祀時，有女薩滿三名，都是盛京覺羅的妻室，還有男薩滿二名，是雲騎尉品級章京。女薩滿分管預備大祭、晚祭，男薩滿負責還願祭祀。

大祭的時間是一天，又分朝祭、夕祭、背燈祭。朝祭祭祀的是如來、菩薩、關帝像等，從中可以看出滿族接受了佛教、道教的影響。夕祭祭祀的是七仙女、長白山神仙及遠世祖。七仙女即北斗七星，是愛新覺羅始祖的象徵。此外還祭蒙古神，是皇帝后妃祖先的象徵。背燈祭祭祀的是女神，其中也包括七仙女，這些神也和愛新覺羅的先世有關。

朝祭一般是五鼓獻糕，乾隆皇帝穿吉服向西跪，面對如來觀音等神位。女薩滿也穿吉服，手中舞刀祝詞說：「敬獻糕餌，以祈康年」。這時，由宮中侍衛、太監擔任護衛的人都擊起神版，彈起弦、箏和月琴配合，聲音嗚嗚然。薩滿念完祝詞，乾隆皇帝向神行禮後，司香婦便把如來、觀音神請出戶外，放到門外西部所設神龕供奉。

夕祭中有「進牲」一項。牲是沒有雜色的黑公豬，被稱爲神豬。先由兩名驍騎校將豬腿交叉綁好後，按頭北尾南的方式側放在神位前。乾隆皇帝率衆人向神豬跪下。主祭的薩滿向豬耳中灑酒，豬耳動即表示神已領牲。乾隆皇帝等人再叩謝神靈。然後，這只豬被放進清寧宮的大鍋中去煮，煮熟後放到神位前。主祭的薩滿站在神位前供桌的西側，念祝詞三次。祝詞原是滿文，歷代相傳，內容包括申報主祭人的姓名年齡，列頌諸神的名諱，祈請神靈保佑，延年益壽。薩滿每次念完祝詞，都要起舞，雙手擊鼓，聳動腰鈴。最後，乾隆皇帝率領后妃宗室王公磕頭三次，祭祀完畢。隨著祭祀告一段落，乾隆皇帝和宗室王公等人席炕而坐，開始吃神豬肉，名爲「吃福肉」。吃的時候每人一把小刀，自割自吃。如果乾隆皇帝還沒有吃完，其他人是不能先放下碗筷的。

背燈祭充滿了神祕色彩。屆時，掩上門窗，熄滅灶火，置神座等待神的來臨。薩滿搖動桿鈴，先後四次唱起對神的祈禱詞。祈禱詞的意思是說：呼喚吁請的只有上述女神，迎候的人是虔敬的子孫。一個奔走逃亡的人，爲感恩攏下了犧牲讓神享用。是神給了他乘馬，他才得以逃奔。背燈祭的儀式結束後，門窗打開，燈點亮，供獻撤下，神幔捲起，神像收進紅色櫃中。背燈祭這樣神祕，因爲祭祀的神像是一個赤身裸體的女子牽著一匹馬，相傳她是救過清太祖努爾哈赤的「萬歷媽媽」。

祭祀中還有一項是祭天，在清寧宮的庭院裡進行。清寧宮正門前庭院的南端，豎著一根下方上圓，用紅漆漆成的木桿，桿的底部鑲有石座，木桿頂端安有錫斗。木桿的名字叫索羅桿，是清寧宮內祭天用的神桿。在殺牲之後，要將豬下水等切碎，以及碎米等放在錫斗內，餵鳥雀、烏鴉等。這就是祭天。清寧宮裡祭神所以要祭烏鴉神，傳說是乾隆皇帝的先世凡察在和敵人作戰中失敗，被追得無處躲藏，幸虧一羣烏鴉落在他身上，把他蓋住，才沒有被敵人發現，最後得以脫身。愛新覺羅氏得以延續下來，終成帝業。爲了不忘烏鴉救祖之恩，後來滿族人天祭中才祭烏鴉神。

清寧宮的祭神活動充滿了熱烈和神祕的色彩。祭祀中薩滿身穿神衣，腰繫圍裙和銅鈴，頭戴神帽，手持神鼓，佩帶神刀，口唱神歌，回旋起舞。隨著薩滿的舞動，鈴、鼓都發出節奏明晰的響聲。在祭壇上，則擺著打糕、搓條餑餑、酒、胙肉、香、燭等祭品。這樣熱烈的活動，難怪乾隆皇帝每次巡幸盛京都要到清寧宮祭神。

乾隆皇帝在盛京皇宮中增修了許多建築物，還有各種懸掛和珍藏。這些使人們永遠想起乾隆皇帝在盛京皇宮中的活動。

在盛京皇宮崇政殿至清寧宮一線的東側，有一組被稱爲東所的建築物，是乾隆皇帝第一次巡幸盛京後興建的，專供乾隆皇帝巡幸盛京時皇太后駐蹕之處。這組建築物，由南到北共五進院落。最南邊的是琉璃宮門，進門以後，東西各有三間「阿哥房」，是巡幸期間尚未成年的皇子居住的地方。進了垂花琉璃門是第二進院落，院子的正面是頤和殿，共三間，殿內設有寶座，還懸掛著乾隆皇帝書寫的一副對聯：福凝東海增芝算，祥擁西池長鶴齡。這表達了乾隆皇帝對皇太后的良好祝願。再後一進院落有介祉宮，是皇太后的寢宮。寢宮東間是寢室，西間是皇太后休息和接受乾隆皇帝問安的地方。介祉宮後面的那進院落，是皇太后遊賞休息的花園，沒有什麼建築。最後一進院落，座落著二層建築的敬典閣，閣內放置著存貯玉牒用的大櫃。玉牒就是清朝皇帝的族譜。

和東所相對的一組建築物是西所，建築的時間和東所相同，是乾隆皇帝巡幸盛京時與后妃駐蹕的地方。西所的建築布局同於東所。最南邊的一進院落，走進垂花門是迪光殿，是乾隆皇帝處理日常政務的地方。殿裡置放寶座、屏風、香爐、甪端等，還有黑漆描金書桌、條案，上面放著陳設品。迪光殿的後面是保極宮，這是乾隆皇帝的寢宮。寢宮東間是乾隆皇帝寢室，西間是讀書、休息和召見重要官員的地方。保極宮後面的院落，有一座很別致的建築物名繼思齋，進深、面闊都是三間，室內呈正方形，又被隔成九個大小相等的單間，有小門彼此相連。各間的陳設不盡相同，有的是寶牀幔帳，有的是佛桌佛像，還有的是書畫卷册。繼思齋南正中有一門通過數楹遊廊和保極宮北門相連。繼思齋的兩側各有值班房一座。從繼思齋的布局和陳設人們可以想像出，這是乾隆皇帝巡幸盛京期間，后妃們居住的地方。西所最後一進院落是崇謨閣，閣內安放大櫃，盛放聖訓、實錄用。

乾隆皇帝第三次和第四次巡幸期間，盛京皇宮中增修的主要建築物是文溯閣，貯存《四庫全書》用。文溯閣的外觀分兩層，黑琉璃瓦綠剪邊硬山頂。閣的下層前後都出檐廊。文溯閣裡面分三層，在下層底板下的空間，東、西、北三面各以迴廊的形式增加一層，人稱「仙樓」。兩側各有一間地方，正面的二米多寬，使正中三間形成二層空間的敞廳。敞廳內安放著御榻、書案、香几、鸞翎宮扇等。仙樓及頂樓上也在書架中間安放寶座、桌、杌、香几等，以備乾隆皇帝御閣內的時候使用。《四庫全書》的書架分別排列在閣的各層。

在文溯閣的東面，有一座方形的碑亭，盔頂翹脊，四角是曲尺形紅牆，其間各有欄杆。亭內有一座石碑，碑的南面刻著乾隆皇帝《文溯閣記》一文，北面刻著乾隆皇帝《宋孝宗論》一文，都是滿漢兩體。

乾隆皇帝喜歡懸掛門神、門對和匾額，以增加喜慶氣氛。因此，他巡幸盛京期間，盛京皇宮中到處都是這些懸掛物。

盛京皇宮中的門神，分將軍門神、福祿門神、娃娃門神和盼子門神四類。將軍門神懸掛在大清門、崇政殿門、左右翊門等前門場合。福祿門神、娃娃門神、盼子門神多懸掛在後宮各處門上。有的門神高七尺多，寬四尺。乾隆皇帝第二次巡幸盛京時，盛京皇宮中只新建宮殿就添了大小門神七十七對。

門對因門的情況不同，內容也有區別。大清門有三副對聯，各高八尺一寸，寬一尺。鳳凰樓的對聯有兩副，各高六尺六寸，寬五寸。大清門東邊門對聯是：沐雨櫛風開闢規模思智勇，宵衣旰食承平氣象頌文明。而鳳凰樓南門對聯則是：帝闕風回萬里河山扶繡戶，椒房春暖九天日月近雕梁。

匾額有斗匾、壁子匾、橫披詩匾等區別。斗匾是表處所，又分金錢斗匾，九龍斗匾兩種。金錢斗匾多放在大小門和宮、殿、齋樓、閣門的上方，九龍斗匾一般放在比較重要的門和宮殿、齋樓、閣門的上方。乾隆皇帝第一次巡幸盛京以後，大清門內、崇政殿、清寧宮、鳳凰樓、介祉宮、迪光殿、保極宮前簷下都懸九龍斗匾，其他地方則懸金線斗匾。壁子匾是懸掛在室內牆上的匾額。乾隆皇帝第一次巡幸盛京之後，曾書寫「萬福之源」四字，懸掛在清寧宮西牆的北部，表現了對祖先的崇敬心情。橫披詩匾爲黑漆金字，是乾隆皇帝巡幸盛京期間志事言情的木匾，一般是在京城養心殿造辦處製作好，再送往盛京皇宮懸掛。每個詩匾上都有乾隆皇帝一首詩，反映了他巡幸盛京時的情懷。在匾額中，還有的是表示乾隆皇帝政治思想感情的。盛京大政殿內安掛龍邊銅字匾一面，上寫「泰交景運」四字，當是這方面的代表。

乾隆皇帝第一次巡幸盛京以後，感覺到盛京皇宮中的藏品不能滿足多方面的需要，此外，也爲了表示不忘祖宗，以盡孝心，他開始把京城的一些物品移送到盛京皇宮中。他很重視這件工作，有時一年送物品二十次以上，每次物品少則幾件、幾十件，多則數千件，最多的一次竟有十萬件。正是因爲乾隆皇帝這樣做了，盛京皇宮中才有大量的珍藏。這些珍藏大體上分兩類，一類是聖容、玉牒、實錄、聖訓、玉册、玉寶等，另一類是各朝御用的以及普通的兵器，鹵簿樂器，金、銀、玉、瓷、珐瑯等器物和古玩、珍寶、書畫等。

乾隆年間，清太祖、太宗、世祖、聖祖、世宗五代聖容供奉在鳳凰樓內。玉牒尊藏在敬典閣裡。玉牒就是愛新覺羅氏皇族的宗譜。清朝規定，清太祖努爾哈赤父親顯祖塔克世的子孫稱宗室，束金黃帶，入黃册。塔克世兄弟的子孫稱覺羅，束紅帶，入紅册。宗室覺羅子女滿一周歲時，把生年月日時及生母姓名、嫡庶情況訂成一册送宗人府載入黃、紅檔玉牒中。每個人的排列以帝系爲統，長幼爲序，活著的人用紅筆寫，死了的人用黑筆寫。實錄和聖訓藏在崇謨閣，都是滿漢兩種文本。翔鳳閣藏有乾隆皇帝御筆書畫以及賞玩的歷代名家書畫。京城武英殿刻書一般都收藏在盛京皇宮的西七間樓。

歷代帝王的兵器弓箭、撒袋、鞍轡、刀槍，收藏在飛龍閣的上層。飛龍閣下層藏有一批珍貴的古代青銅器，這是乾隆四十三年（一七七八年）三月從京城運來的。總計四百五十九種，八百件，包括鼎、尊、鹵、爵、觚、盂、盤、鼓、鐘等五十餘種器皿，有的器皿上還刻有銘文。其中商代五件，周代四百餘件，漢代三百餘件，唐代二十件。

乾隆皇帝還把盛京太廟作爲供奉先帝后册寶的地方。玉册、玉寶是乾隆皇帝爲先代帝后上謚號時用青玉、蒼玉製作的。玉册每分十頁，頁高九寸，寬四寸五分，厚四分。首末二頁分鐫升降龍，五頁爲滿文，三頁是漢文，稱頌該帝后的功德，載有所上謚號、廟號。玉寶爲交龍鈕，鈕高二寸九分，臺高一寸六分，見方五寸。寶面用滿漢文鐫帝后廟號、謚號。每份玉册附玉錢一枚，上面用滿漢文刻著「天下太平」四字。

盛京皇宮大政殿後面的鑾駕庫，存放著乾隆皇帝巡幸盛京期間的鹵簿儀仗，總計有百餘件。清寧宮裡還有薩滿祭祀用的物品二百餘件。乾隆皇帝第一次巡幸盛京時的中和韶樂、丹陛大樂的全份樂器，包括特磬、編鐘等，也都存放在盛京皇宮中。

## ㈣巡幸期間的施政舉措

乾隆皇帝四次巡幸盛京、拜謁祖陵期間，在施政方面有許多舉措，一定程度上促進了盛京地區政治、經濟、文化等方面的發展。

**首先是對盛京吏治的整頓**。乾隆皇帝四次巡幸盛京，發現盛京官吏辦事過程中存在許多問題。有的是辦事草率。乾隆皇帝第二次巡幸盛京期間，盛京禮部預備的祭器不僅非常簡陋，而且多有錯誤。乾隆皇帝感到，朕親自到此尚且這樣，平時的祭祀可想而知。於是，他把盛京禮部侍郎世臣革職，發往黑龍江效力。在查抄世臣家時，發現一部詩稿，其中有「霜侵鬢朽嘆途窮」，「秋色招人懶上朝」，「半輪秋月西沈夜，應照長安爾我家」等句。乾隆皇帝看後大怒，認爲世臣縱情詩酒，是因爲感到在盛京做官好比流放，所以抑鬱無聊，形諸吟詠。於是，他發布一道很長的上諭，對世臣的思想和行爲進行了嚴厲的批判，並且指出嗣後盛京各官當深以此爲戒，其有不願效力職守、妄以詩酒陶情的，必重治其罪。乾隆皇帝還要求盛京禮部官員把他這道上諭抄成幾份，掛在公署大堂上，以便「令觸目驚心，永垂炯鑒」。也有的是有意逢迎。乾隆皇帝第二次巡幸時，奉天府尹鄂寶修理御路草率從事，所屬知縣富昌又爲嚮導人預備飯食馬匹。乾隆皇帝認爲，隨圍人等多次降旨，不許地方官饋送東西。富昌爲嚮導人預備飯食馬匹，這雖有嚮導索取的過錯，也是富昌有意逢迎的結果。於是，鄂寶被交部嚴察議奏，嚮導大臣也被交給總理行營大臣處理。還有的是忘掉了滿洲舊習，清語不熟。乾隆皇帝第四次巡幸盛京時，發現由吏部帶領引見的盛京五部司員、筆帖式清語甚屬平常，便對盛京五部侍郎進行了嚴厲申飭。乾隆皇帝指出，盛京是大清朝的發祥地，這裡的部院衙門官員不僅應熟習清語，而且平時說堂論事也應當用清語。身爲旗人，怎麼能不會說清語呢！乾隆皇帝規定，今後武職官員清語生疏，要拿將軍是問，文職官員清語生疏，要拿該部侍郎是問。乾隆皇帝還要求盛京將軍、副都統、侍郎等文武官員，都應當勤學清語，以維護盛京地區滿洲舊習。

**乾隆皇帝還對盛京五部的官員任免辦法進行了調整**。原來，清朝入關後，盛京作爲陪都，保留了戶、禮、兵、刑、工五部，五部官員由當地人員補放。康熙、雍正年間，考慮到這樣做會造成當地官員彼此交通、蒙混舞弊，決定把盛京官員調到京師，由京師部員調補盛京五部司員，三年更換，以免日久弊生。乾隆皇帝第一次巡幸盛京以後，認爲盛京官員都很勤勉，積習已改，如果還用京師官員補放盛京官缺，將會影響盛京官員的升遷。於是，乾隆皇帝決定，今後盛京官員缺出，一半由本地官員補入，一半由京師官員補入，這樣，既對部務有益，對本地官員的升遷也沒有妨礙。乾隆皇帝還決定盛京五部漢員一律裁汰，以適應盛京五部事務較少的情況。此外，乾隆皇帝還要求盛京將軍、副都統、五部大臣處理好當地的旗民關係，不得存在畛域之見，以保持盛京地區人心淳厚，風俗敦龐，甲於天下。

**其次是獎勵文教事業**。乾隆皇帝巡幸盛京謁祖期間，在强調騎射武功的同時，也强調文治的重要性。爲此，他每次巡幸盛京，都要到文廟行禮。第一次巡幸時，乾隆皇帝爲盛京文廟題寫匾額「先覺斯民」四字。第四次巡幸時，乾隆皇帝表揚了盛京地區文教事業的發展。他說：盛京爲我朝根本重地，其讀書之士，亦漸摩文化，蒸蒸日盛，堪與畿甸比隆。朕鑾輅所臨，青衿獻詩趨迓，弦誦彬彬，具見膠癢樂育。爲了表彰盛京地區的文教事業，乾隆皇帝決定，將盛京地區各學歲考廣額一次，原來進取六名以上的，增額三名；四五名的，增額二名；二三名的，增額一名。他要求府丞全力校錄，選擇優秀的，以不辜負他對學子們的關懷。

乾隆皇帝還以自己的親身經歷勉勵宗室王公。他在第一次巡幸期間曾說：即以漢人文學而論，朕所學所知，即在通儒未肯多讓。所以會這樣，是朕於書文勤加披覽，不染委靡之習的緣故。乾隆皇帝最後向宗室王公們强調：可不勉乎！可不愼乎！他還要求把這次講話也傳達給在京城的宗室王公，使大家都知道讀書的重要性。

爲了加强文化統治和炫耀盛世功德，從乾隆三十七年（一七七二年）開始，乾隆皇帝命有關部門設館編輯《四庫全書》，乾隆四十七年（一七八二年）正月告成。爲了貯藏這部書，乾隆皇帝命在盛京皇宮修建文溯閣。該項工程在乾隆四十六年正式動工，乾隆四十七年五月，主體建築即已完工。爲了不影響乾隆皇帝第四次巡幸盛京時閱覽此書，從乾隆四十七年冬天開始，抄寫好的《四庫全書》部分連同《古今圖書集成》，分五次運往盛京，貯藏在文溯閣中。乾隆皇帝所以決定把《四庫全書》七部中的一部庋貯盛京，並爲此修建文溯閣，是與他巡幸盛京、發展盛京地區文教事業有關的。乾隆皇帝第四次巡幸盛京之前，曾寫了著名的《御制文溯閣記》一文。該文中寫道：「文者，理也。文之所在，天理存焉。」强調了文教的重要性。該文中還寫道：「不忘祖宗創業之艱，示子孫守文之模」，點明了乾隆皇帝獎勵文教的根本目的。

**第三是對各方面人進行籠絡**。乾隆皇帝很懂得統治術，張不忘弛，威不忘恩。他在四次巡幸盛京期間，通過各種措施，籠絡各方面人，進而鞏固統治地位。

他籠絡隨駕宗室王公文武官員和士兵，以及盛京官兵宗室覺羅旗民老壽人等。在第一次巡幸盛京時，乾隆皇帝就決定：隨從王等記錄一次，大臣官員及奉天文武大臣官員俱加一級。隨從兵丁及內務府執事人等俱賞一月錢糧。奉天山海關文武大臣官員兵丁，三陵守陵官兵均加恩賞賚。奉天居住宗室、覺羅及國戚子孫均加恩。奉天府屬應徵乾隆九年地丁銀加恩寬免。奉天旗民男婦年七十以上者給布一匹，米五斗，八十以上者給絹一匹，米一石，九十以上的加倍給與。凡試職官俱准實授。奉天府、寧古塔、黑龍江等處除十惡死罪不赦外，凡已結正未結正死罪俱著減等，其軍流徒杖等罪俱著寬釋。奉天內務府莊頭所有積欠，在乾隆七年以前的俱著寬免。盛京所屬各城旗員、州縣官內有承追錢糧未完，承緝不力及舛錯公事失察等件罰俸、住俸、停升、降級留任的，俱著寬免，給還俸祿，悉行升復。

奉天府屬錢糧以及各莊頭糧食均已豁免，但是，盛京等處旗地還沒有感受到皇上的恩典，於是，乾隆皇帝又命把盛京、興京、遼陽、牛莊、蓋州、熊岳、復州、金州、岫巖、鳳凰城、開原、錦州、寧遠、廣寧、義州等十五處旗地應納本年豆米草束免徵一半，乾隆七年以前積欠、緩徵等項，一並寬免。

乾隆皇帝第二次巡幸盛京期間，決定吉林將軍、副都統分別賞給撒袋、腰刀、蟒緞、大緞、官緞。有執事官員賞大緞、官緞，無執事官員賞官緞、彭緞。有執事兵賞三月錢糧，無執事兵減半。此外，乾隆皇帝還決定，隨駕王公記錄一次，文武大臣各官加一級，賞給盛京將軍大臣官員兵丁撒袋、腰刀、緞匹、銀兩，山海關以外至寧古塔等處官吏軍民人等除十惡死罪外，其餘死罪減等，軍流以下寬免，優老年賜緞、米，蠲免盛京戶部莊頭本年應交倉糧一萬餘石，盛京、興京、遼陽、牛莊等十五處旗地本年米豆草束免徵一半。這次感受到乾隆皇帝恩典的，還有直隸辦差文武官員。

乾隆皇帝第三次巡幸盛京時，把沿途經過直隸所屬州縣本年應徵地丁銀蠲免了十分之三。第四次巡幸時，對百歲老人加賞大緞一匹，彭緞一匹。

乾隆皇帝還注意籠絡宗室勛舊子孫。為此，他在第一次巡幸盛京時，遣官祭奠了武功郡王禮敦、恪恭貝勒塔察篇古。他還親自祭奠了克勤郡王岳託、武勛王楊古利、宏毅公額亦都、直義公費英東的墓。於是，這些人的後代認為這是乾隆皇帝對他們的極大恩寵，因而對乾隆皇帝更加忠誠。乾隆皇帝每次巡幸盛京，還在大政殿設宴招待功臣宗室勛舊子弟，了解他們每一個人的情況，分別賞給馬鞍、緞匹和銀兩，對於沒有官職的，則酌情給以官職，並且改變了以往授官來京引見補放的做法，只由盛京將軍在年終時指名奏聞補授，從而使這些人節省了往來京城的路費。

為了籠絡功臣宗室勛舊後人，乾隆皇帝還把盛京原有的怡賢親王祠改賢王祠，來紀念清朝開國初年諸王的功績。在第四次巡幸盛京期間，乾隆皇帝把睿親王多爾袞、豫親王多鐸、肅親王豪格、克勤郡王岳託都入禮盛京賢王祠。

**第四是處理庶務**。乾隆皇帝第一次巡幸盛京回鑾時路過豐潤縣，看見城垣殘缺，聯想到像這種情況的各處一定還有不少，很是感慨。他說：城垣所以衞民，守土官平日如能留心經理，偶有坍損即於缺口嚴禁出入踐踏，隨時堵築，本易爲力。只是平時漫不經心，以致任其缺損，日甚一日。若在農隙時酌量撥本地就近民夫徐爲黏補，自可漸次修復。關鍵在於有關機構應留心地方，勸用民力，善爲辦理，平時督率地方加意整飭。在第三次巡幸盛京時，乾隆皇帝看到盛京各處城垣多有倒塌，便派人做了調查，結果發現各處城垣竟有十八處倒塌。這些倒塌城垣經過乾隆皇帝過問以後，都在一定時間內進行了修整。

乾隆皇帝第三次巡幸盛京回鑾路上，親自處理了錦縣生員金從善事件。乾隆四十三年九月初九日，金從善在御道旁呈遞詞條，陳述四事，主要是對乾隆皇帝建儲問題和册立皇后，以及要求皇上下罪己詔和納諫。乾隆皇帝認爲，像金從善這樣的人，明執古禮以博正人之名，隱挾私見以圖一己之利，爲的是所言若得採納，即屬首功，可博他日富貴。名議國是，實爲身謀。結果，金從善被乾隆皇帝認爲是罪大惡極的逆犯，最後被斬首示衆。金從善事件給乾隆皇帝以很大刺激，特別是關於立儲問題，後來他幾次都談論這個問題，並且決定了「不可不立儲，而尤不可顯立儲」的具體做法。

最後是以友好的態度接見朝鮮使臣。乾隆皇帝四次巡幸盛京，朝鮮國王都派使臣到盛京接駕。乾隆皇帝邀請朝鮮使臣參加在大政殿舉行的筵宴，賜給朝鮮國王弓矢、貂皮、鞍馬、綢緞、銀兩等物。第三次巡幸盛京時，乾隆皇帝在大臺大營和朝鮮使臣相遇。乾隆皇帝騎在馬上，通過譯官和朝鮮使臣談話。乾隆皇帝問朝鮮使臣的問題有：你們國王平安嗎？多大年紀了？今年收成怎麼樣？朝鮮使臣一一做了回答。乾隆皇帝和朝鮮使臣談話時，始終氣色和好，面帶微笑。乾隆皇帝還寫有《朝鮮陪臣來請安因而有作》一詩，詩中寫道：

有旨斯番非宴鎬，朝鮮不必使臣來。
起居敬向實勤矣，屏翰誠攄得許哉。
禮滅於茲益爲感，賚頒視昔弗因裁。
爲明忠即忠乎我，奕叫承恩國永培。

詩中寫道早有通知此次不進行筵宴活動，朝鮮使臣可以不必前來。但是朝鮮使臣還是來了，而且起居問安非常勤勉。乾隆皇帝祝願朝鮮國家永遠興盛。

# 五、巡幸避暑山莊和木蘭秋獮

在乾隆皇帝的外出巡幸活動中，巡幸避暑山莊和木蘭秋獮占有重要地位。乾隆皇帝一生中去避暑山莊五十多次，每次巡幸，一般是在六七月份出發，八九月份返回，有時也提前或錯後，時間每次都在兩個月以上。累記算起來，總的時間當在十年以上，占他全部執政時間的六分之一！乾隆皇帝為什麼要巡幸避暑山莊和木蘭秋獮呢？

## (一)肄武柔遠去木蘭

乾隆六年（一七四一年）二月初八日，監察御史叢洞聽說乾隆皇帝要到熱河木蘭巡幸行圍，上了一道奏疏加以勸止，意思是怕侍從們以狩獵為樂，在京的臣工因皇帝外行產生懶惰安逸思想。乾隆皇帝看完這道奏疏後，立即頒布了一道諭旨：

古代春蒐、夏苗、秋獮、冬狩，都是因田獵以講武事。我朝武備超越前代。當皇祖時，屢次出師，所向無敵，皆因平日訓練嫻熟，是以有勇知方，人思敵愾。若平時將狩獵之事廢而不講，則滿洲兵弁，習於晏安，騎射漸至生疏矣。皇祖每年出口行圍，於軍武最爲有益，而紀綱整飭，政事悉舉，原與在京無異。至巡行口外，按歷蒙古諸藩，加之恩意，因以宴懷遠之略，所關甚鉅。……今升平日久，弓馬漸不如前，人情狃於安逸，亦不可不加振厲。朕之降旨行圍，所以遵循祖制，整飭戎兵，懷柔屬國，非馳騁畋遊之謂。……朕性躭經史，至今手不釋卷，遊逸二字，時國警省。若使逸樂是娛，則在禁中，縱所欲爲，罔恤國事，何所不可，豈必行圍遠出耶？

乾隆皇帝的這道上諭，强調了巡幸木蘭的兩個根本目的，就是肆武習勞和綏懷蒙古。肆武習勞就是訓練軍隊，綏懷蒙古就是籠絡蒙古族王公。這兩條是清朝能夠立國的根本條件。清朝是靠武力取得天下的，在這一過程中，蒙古族的騎兵起了很大作用。正因爲如此，乾隆皇帝的祖父康熙皇帝在位期間，惟恐八旗之衆承平日久，耽於安樂，不知以講武習勞爲務，因而多次北上秋獮，較圍行獵之典，幾乎一年一次。乾隆皇帝巡幸避暑山莊和木蘭秋獮，正是繼承了祖父的遺願，對清朝國家來說是非常重要的舉措。

乾隆皇帝巡幸避暑山莊和木蘭秋獮之前，要做許多準備工作。其中包括，蒙古各部派出隨圍兵丁一千三百五十名，扈從的侍衞、官員、護軍等五千名，馬一萬餘匹，駝八百餘隻，各項賞銀六萬餘兩。在木蘭圍場，要派官員前往查看，是否有人偷入打牲和開墾土地。對於活動在木蘭圍場附近的土匪，兵部要派人前往緝拿。在避暑山莊內，則開始了大規模的工程維修和建造，因火災焚毀的如意洲上的幾組建築，首先進行了改建。洲上正門改在面南夏屋，名字也由康熙皇帝時的「澄波疊翠」改爲「無暑清涼」，而原來的正門澄波疊翠則成爲如意洲東北面的觀覽亭。在東南面還增建了法林寺等建築。在準備工作中，還包括哪些大臣留在京城總理諸事，哪些官員隨行口外。

乾隆六年七月二十六日，乾隆皇帝奉皇太后從北京西郊圓明園啓鑾，開始了第一次巡幸避暑山莊和木蘭秋獮之行。出發的第二天，他頒布了減免所過州縣額賦的諭旨，一般是應征數的十分之三。從京城出發後，當日駐藺溝。二十七日駐懷柔縣。二十八日駐密雲南。二十九日駐要亭。三十日在古北口閱兵後駐兩間房。八月初一日、初二日兩天行圍，駐常山峪。初三日至初五日駐喀喇河屯。初六日駐小營。初七日駐波羅河屯，蒙古王公等前來迎駕。初八日駐張三營。初九日駐十八里臺。初十日至二十二日，除去十三日外，連續行圍。二十四日至二十六日，二十八日至三十日，又連續行圍。這期間，先後駐在拜布哈昂阿、烏拉貸哈達前，準烏拉岱、都木達烏拉岱、布爾哈蘇臺、巴彥溝、鄂爾楚哈達、扎克月鄂佛羅等地。九月初三日至初七日，在承德避暑山莊住了五天。初八日啓程回鑾，二十日回到京城。來去共用五十五天。以後，乾隆皇帝巡幸避暑山莊和木蘭秋獮，行程路線和安排，大體上同於第一次，只是時間上或長或短，順序上有時先去避暑山莊罷了。

## (二)在北巡御道上

乾隆皇帝巡幸避暑山莊和木蘭秋獮走的是御道。這條御道在康熙皇帝時期就已修建，被稱爲北巡御道。到乾隆皇帝時，御道沿途設施更加完備，許多地方都修建了行宮，爲乾隆皇帝巡幸避暑山莊和木蘭秋獮提供了沿途住宿的方便條件。

乾隆皇帝的巡幸車隊出圓明園以後，往北經過湯山，再往東北經過南石槽直奔密雲，然後出古北口。在京師和古北口一帶，南部是川原湖淀，北邊是綿巒疊翠，既有古鎮雄關，又有起伏蜿蜒在山巔的萬里長城，風景眞是優美如畫。在這一段御道上，建有湯山、三家店、懷柔、南石槽、密雲、藺溝、白龍潭、南天門等行宮，總稱爲關內行宮。其中，湯山行宮有溫泉。乾隆皇帝在乾隆六年經過這裡時，寫有《御制湯泉行宮詩》一首，詩中寫道：

靈境辟離宮，停鑾秋宇空。
庭軒靜朝旭，樹石老金風。
暖溜溶溶潔，清波處處同。
心神堪澡雪，撫景與無窮。

在初秋時節，乾隆皇帝面臨秋風，面對秋水、秋景，心裡感到格外的恬靜和愜意。懷柔行宮是由三教堂舊址改建祇園寺而成，後來便成爲行宮。南天門行宮風景優美，令人賞心悅目，乾隆皇帝曾寫詩稱讚，其中有這樣的句子：「偶來精室憩征鞍，窗肩嵐光送曉寒。谷裡霓旌煙裡度，座中羽騎畫中看。盤盤古柏陰猶翠，的的秋英露未乾」。密雲行宮有兩處，一是縣東門外劉家莊行宮，一是縣東北三十五里羅家橋行宮。乾隆皇帝首次巡幸避暑山莊和木蘭秋獮，寫有《密雲道中望長城》詩：

秦時闉堞漢時山，總爲天驕守御艱。
此日長城爲苑囿，三秋巡狩數經還。

詩中流露出乾隆皇帝的得意心情。是的，往昔爭戰之地，今日成爲和平地區，這樣的歷史功績有那個朝代取得了呢?作爲清朝的帝王，乾隆皇帝有資格爲他的先輩，同時也是爲他自己感到驕傲。乾隆皇帝還寫有《密雲行宮晚坐》詩：

金風玉露靜秋天，別館初開翰墨筵。
亦有蛩聲啼砌下，那無月色到窗前。
山圍大野寥蕭夕，宇轉新晴淡淹煙。
何必御園雲水榭，忘懷是處俗塵蠲。

該詩宛若一幅田園畫，表現了皇上恬靜的心情。

出古北口，乾隆皇帝巡幸的車隊繼續往北走，先是左山右水，河水湍湍地流著，繼而御道兩旁是平坦寬闊的河流淺灘地帶，起伏的山巒延綿不斷，滿山遍野覆蓋著茂密的森林，野獸成羣出沒。巴克什營行宮就在此處。「巴克什」是滿語，譯成漢語是「師傅」之意。清朝初年，朝廷曾委派十六個大臣、八個巴克什住在這裡，負責辦理登記糧食的收集事宜，後來這裡便有了居民。巴克什營行宮是清朝皇帝在口外的第一處行宮。行宮門內有松樹八棵，取名羅漢松。行宮內大殿前還有兩棵檳子樹。當乾隆皇帝一行住在這裡的時候，果滿枝頭，香氣襲人，另有一派風光。在宮門前面，一條蜿蜒清澈的河流向西流去，注入潮河。站在宮門的高臺上，南望邊牆，高出山上，雉堞參差，與雲煙出沒，只聞潮河聲奔流入塞。乾隆皇帝看到這番景象，深感往昔安屯、置戍之區，今日田疇井裡，婦子嘻然，不覺得身在邊關以外。乾隆皇帝多次寫過出入古北口的詩，其中有一首名爲《出古北口》，他這樣抒發了自己的情懷：

> 棲山駕海帶秦遼，拓抱中原回近霄。
> 此日無煩誇地險，當年見說控天驕。
> 金甌詎恃一丸固，玉燭恒慚六幕調。
> 來往巡農兼閱武，萬年家法仰神堯。

當年萬里征戰的地方，現在已變成和平的巡農閱武地區，化干戈爲玉帛，這也許就是歷史的進步。作爲一個封建帝王，乾隆皇帝吟誦詩章的時候，是否自覺地意識到了這一點呢？

過了巴克什營行宮，再走約四十多華里，就到了兩間房行宮。兩間房行宮包括山區和平地兩部分。平地部分建有亭、臺、樓、閣。山區部分也就是苑景區，有牆和宮殿區隔開。幾十隻麋鹿在山林中自由行走，樓臺等建築物就掩映在山谷中的林木間。一條小河從山區南面山根下流過，河上一座木橋把宮殿區和苑景區連接起來。乾隆皇帝曾說，塞外山川，兩間房首當形勝。他還寫有《兩間房行宮即景》詩多首，其中有一首是這樣寫的：

樹蔭深處覺微涼，脫卻單衣換袷裳。
開戶對山如話舊，隔林見鹿不能詳。
庭禽喜客殷勤語，砌卉當和自在芳。
墾種人家已滿百，昔名猶說兩間房。

在悠閒的氣氛中，人們不由得想到，當年以兩間房得名，而今這裡已經農鄽布列，煙火相望，雞犬之聲相聞了。從兩間房行宮沿御道向東北方向走，兩旁山巒越來越高聳挺拔，御道也變得狹窄了。山泉的聲音淙淙作響，兩面高山顯得更加峻峭。就在人們感到山窮水盡之時，一大片蔥綠色映入人們眼簾，炭局子地方到了。這裡叢林灌木生機勃勃，山花野草非常茂盛，道路也變得有些寬敞了。再往前走，就到了青石梁御道段。這裡的御道全部用河卵石砌築成。山路盤旋，彎彎曲曲，拐過一個大山谷彎就登上了青石梁東頭的梁頂御道。這裡也是山谷的出口。再往前走不到十里路，就到了常山峪行宮。

常山峪行宮位於一片高臺上，分宮殿區和山區兩部分。宮門兩側有十八棵羅漢松，南山最高處有四柱亭，亭周圍有假山、碑刻。常山峪行宮有八個地方被乾隆皇帝譽爲景點，名常山峪行宮八景，分別是綠樾徑、虛白軒、青雲梯、楓香阪、蔚藻堂、如是堂、翠風埭、陵霞亭。乾隆皇帝小的時候，隨祖父康熙皇帝去木蘭圍場，曾在常山峪行宮停住。乾隆六年，乾隆皇帝第一次巡幸避暑山莊和木蘭秋獮，住在常山峪行宮，曾寫詩回憶幼時住在這裡的情況。詩中寫道：

憶昔髫齡際，趨陪聖祖前。
於今巡幸至，駐蹕故宮邊。
湛露曾叨澤，含飴想侍筵。
秋風悲此日，軒屋尚當年。
鳥語如懷舊，花香故逞妍。
恩勤終古慕，承顯一身肩。

乾隆皇帝還寫有《常山峪行宮晚秋》詩多首。「山容似畫談彌趣，秋色如詩老益工」；「谷口風來聲覺壯，溪頭潦盡影含清」；「嶢峯無數入窗紗，寫照窗前了不差」；「急雨驅雲增暮寒，秋英繞砌濕闌干」，這些都可稱得上佳句，描繪了常山峪行宮美麗的景色。對於常山峪行宮八景，乾隆皇帝更是多次寫詩加以讚美，其中關於翠風埭的一首是這樣寫的：

野木不知名，雨後增新翠。
誰云塞北山，卻有江南致。

詩中有景，雖然沒有費多少筆墨，但是景物的特點卻被勾劃出來了，與此同時，也表現出乾隆皇帝閒適的心情。

過了常山峪行宮，大約走七十里，就到了喀喇和屯行宮。這段御道多爲山石土路，由於乾隆皇帝巡幸的車隊經過之前，當地官員已經組織百姓用黃土填平，又潑了清水，所以倒也平整。喀喇和屯行宮又稱小金山、灤陽別墅，周圍有二十多華里。「喀喇」是蒙語黑或舊的意思，「和屯」是城，「喀喇和屯」蒙語即爲黑城或舊城。喀喇和屯行宮處於灤河和伊遜河交匯的南岸，這裡川谷寬敞，氣候溫和，土地肥沃，宜於耕牧。喀喇和屯行宮分爲宮殿區和苑景區兩部分。宮殿區有三組庭院，即東、西、中三宮。三宮的後院是小花園，園中有假山、垂柳、葉楊、松柏和各種花草。苑景區地勢遼闊，灤河從中緩緩流過。苑景區的西邊是灤陽別墅，建築在二個山包之間的坡臺上，是園中之園，有假山、石峯、奇花、異草，分布自然，極有情趣。苑景區的精華是小金山，也是園中之園。喀喇和屯行宮從整體上說來，既有嚴整的布局，又有鄉間田園的自然情趣，是一處別有風貌的山林別墅。在喀喇和屯行宮的周圍，還有十幾座寺廟，多是乾隆皇帝祖父康熙皇帝敕建的。乾隆皇帝巡幸避暑山莊和木蘭秋獮，往來停駐喀喇和屯行宮，寫有不少吟詠喀喇和屯行宮的詩章。在一首《喀喇和屯行宮懷古》的詩中，乾隆皇帝寫道：

往事徵難信，猶傳此黑城。
軒庭新歲月，闉郭舊榛荊。
北界夫何藉，山田已遍耕。
致茲詎容易，益凜守基情。

通過懷古，乾隆皇帝抒發了歲月流逝、山河變貌的思想感情，特別是對和平生活的讚美，反映了乾隆皇帝大一統的胸懷。也有一些詩，完全是乾隆皇帝到達喀喇和屯行宮後喜悅心情的流露，讀來使人感到輕鬆愉快。還有一些詩，寫了灤水之陽、深秋時光、千尺古松、環水山房、鹿聲呦呦、蝴蝶起舞的環境，以及在這種環境中，乾隆皇帝興致高昂的情景。

從喀喇和屯行宮出發，沿著御道向東走，經過西平臺、雙塔山、大三岔口、廣仁嶺、上下營房等地，就到達了熱河行宮，也就是乾隆皇帝巡幸的避暑山莊。進入承德避暑山莊，首先要通過三座木製牌樓。乾隆六年，乾隆皇帝首次巡幸避暑山莊和木蘭秋獮，離開喀喇和屯以後，並沒有先來避暑山莊，而是去了木蘭圍場。那麼，也讓我們沿著北巡御道繼續朝前走，先看看其他行宮的情況吧。

從熱河行宮往北沿御道行進，大約走六十華里，就到了中關行宮。這一帶山巒重疊，樹木茂密，河水環繞，風景奇特。中關行宮依山面水，分宮殿區和苑景區兩部分。宮殿區有東西、中三院，殿、臺、樓、閣彼此相連。苑景區內地面上綠草一片，野花爭妍鬥艷，麋鹿在草地上自由地羣聚漫遊，百鳥在樹林中歡快地歌唱。

從中關行宮沿御道北行三十七華里，就到了什巴爾臺行宮。行宮四周圍繞虎皮石牆，東北部山區占絕大部分。山上古松、老榆成林，上有涼亭，極目四眺，清溪遠岫，曠望高深，塞田萬頃，秋稼盈疇，可以見豐收景象。行宮的宮殿區在西南宮牆外，東、西、中三院並排，各有獨立圍牆環衞，互不聯接。乾隆皇帝巡幸木蘭，多次在此駐蹕。

從什巴爾臺行宮沿御道再往北走約十八華里，就到了波羅和屯行宮。波羅和屯是蒙語，漢譯爲青城或舊城。波羅和屯又稱皇姑屯，是康熙皇帝的姑，即清太宗皇太極公主下嫁巴林，往來停居地，因以得名。波羅和屯行宮位於伊遜河東岸，歷來都是水陸交通的樞紐和重要的渡口。這裡風景美麗，有著名的土城風雨、宮樹晚煙、西山塔影、南陌柳蔭、筆峯聳翠、伊水拖蘭、循坊曉月、古寺清鐘八大景觀。波羅和屯行宮周圍有虎皮石牆環繞，行宮裡面分左、中、右三個庭院，每院都有殿、臺、樓、閣等建築物。乾隆皇帝巡幸木蘭行圍，每次都駐蹕波羅和屯行宮，並且寫下了不少詩篇。在一首題爲《波羅和屯行宮作》的詩中，他這樣寫道：

一谷輕寒破曉風，幾灣流水溯源通。
已看別館行來近，且喜山田極處豐。
過雨秋苔依砌綠，含霜野果綴枝紅。
底緣到此多吟興，筆架三峯正峙東。

詩中描繪了一幅色彩鮮豔的風景畫，從中可以看出乾隆皇帝的心情非常美好，農田的豐收使他感到高興。過了波羅和屯行宮，繼續沿御道北行，有兩條道路可以進入木蘭圍場：東道從張三營入崖口，西道自濟爾哈朗圖及阿穆呼朗圖入伊瑪圖口。因而，張三營行宮、濟爾哈朗圖行宮和阿穆呼朗圖行宮，就成了北巡御道抵達木蘭圍場前的最後三座行宮。

張三營行宮在波羅和屯行宮北五十六華里處。這一帶山巒環繞，草木茂盛，氣象萬千。乾隆皇帝巡幸木蘭秋獮，張三營行宮是往來居住次數最多的行宮之一，該行宮建築在一片開闊地帶，一面背山，三面臨水，周圍環繞虎皮石牆，青磚白灰飾頂。行宮內有大殿、後殿，以及東、西跨院。東跨院栽果樹，西跨院種花草，宮殿後面植羅漢松。行宮圍牆的外面種的是垂柳楊樹。每當秋風吹過的時候，張三營行宮到處是綠、紅、黃的顏色，非常好看。乾隆皇帝寫有張三營行宮的詩，描繪了楓葉飄零、菊花盛開、一派秋光的美麗景色，那鮮艷的五顏六色，給人留下了鮮明的印象。

濟爾哈朗圖行宮在波羅和屯行宮西北五十八華里處。濟爾哈朗圖是蒙語，漢譯爲安樂所。行宮所在地是一片寬闊的河谷地帶，樹木葱蘢，綠野流芳。行宮南向，依山面水，周圍環繞石牆。行宮內建有前後殿，以及假山、花園，富有山寨情趣。

阿穆呼朗圖行宮在濟爾哈朗圖行宮北四十三華里處。阿穆呼朗圖是蒙語，漢譯爲康寧所。行宮建在南面山坡上，四周以虎皮石牆圍繞。行宮分宮殿區和苑景區兩部分。在苑景區，有成羣的小鹿在遊玩。乾隆皇帝寫有許多首關於阿穆呼朗圖行宮的詩，描繪了行宮及其周圍的景色，令人心曠神怡。其中一首這樣寫道：

一由旬里路非遙，滿谷秋田倍覺饒。
數宇軒亭頗足息，千廬竿幟各爲招。
石泉陡澗銀拖界，霽景堯峯翠落標。
甌研適當神謐處，聞來摛句亦清超。

## ㈢美麗的熱河行宮

乾隆皇帝巡幸避暑山莊和木蘭秋獮，通過始於京師的北巡御道，在沿途駐蹕各行宮，最後終於到達了避暑山莊和木蘭圍場。那麼，避暑山莊和木蘭圍場究竟是什麼樣子呢?我們先了解避暑山莊的一些情況吧。

承德避暑山莊，原稱熱河行宮。是乾隆皇帝的祖父康熙皇帝在位時創建的。這個地區有林木茂密的山巒，幽靜深邃的峽谷，形態奇異的怪石，蜿蜒回環的河水，是修建行宮的理想處所。乾隆皇帝繼位後，對避暑山莊進行了擴建。山莊周圍環繞著虎皮石牆，綿延起伏，宛若游龍，總長約二十華里。山莊南向，整個布局分兩部分，即宮殿區和苑景區。宮殿區在整個山莊的南部，由正宮、松鶴齋、萬壑松風和東宮四部分組成。苑景區則包括湖區、平原區和山區三部分。

正宮是乾隆皇帝等處理政務和居住的主要場所，在宮殿區的西部，四周有圍牆，共九進院落，布局嚴整、對稱。正宮的主要建築，由前而後分別是麗正門，避暑山莊門，澹泊敬誠殿、四知書屋、煙波致爽殿、雲山勝地樓等。

麗正門是避暑山莊的正門，也是正宮的正門。「麗正門」三字是乾隆皇帝所題，用滿、漢、蒙、藏、維五種文字鐫刻在南面門額上。麗正門是三個門洞的城臺門。它的南面有一座紅照壁，照壁後兩側分別是兩塊下馬碑，上寫「官員人等至此下馬」。麗正門的兩旁蹲著兩個造型渾樸、神態凶猛的石獅。乾隆皇帝寫的一首詩，鐫刻在面北的門額上，詩的全文如下：

巖城埤堄固金湯，泆蕩門開向午陽。
兩字新題標麗正，車書恆此會遐方。

詩中所寫「麗正」二字，是取其方正光明之意。最後一句中的「會遐方」，不僅表現了麗正門，而且也表現了整個避暑山莊在聯絡國內各少數民族上層人士中的重要作用。

進入麗正門，兩邊是鐘鼓樓。門正面有座面闊五楹的大宮門，兩旁腰牆相連，各闢有一掖門。東西各有平房五間。門內又是一層院落，東西又各有五間平房。原來，這些平房是朝房，是乾隆皇帝駐蹕避暑山莊時，被召見的文武官員和少數民族王公貴族等候的地方。在內朝房北，有一道高大的紅牆，正中有五間大門，這就是避暑山莊門。門正中額有乾隆皇帝的祖父康熙皇帝御題的一塊銅匾，上有「避暑山莊」四個鎏金銅字。門前列有銅獅一對。兩側石壁上刻有乾隆皇帝寫的四首詩，其中一首這樣寫道：

巡狩寧稽除授官，門前次第引來看。
隨村簡職仍餘暇，以己先人與衆觀。
弓操手柔秋正好，侯空鵠揭月輪團。
髫齡回憶原茲地，屢中親承仁祖歡。

原來，乾隆皇帝經常在避暑山莊門引見官吏，看射箭比賽，詩中所述就反映了這些活動。此外，康熙六十一年（一七二二年）時，乾隆皇帝當時十二歲，他的祖父康熙皇帝在這裡引見官吏，看射箭比賽，也讓跟隨自己來避暑山莊的皇孫試射，表演給扈駕的文武大臣們看。當時乾隆皇帝連發數箭，箭箭射中靶心，受到了康熙皇帝的褒獎。詩中的最後兩句，回憶的正是這一段往事。從此可見乾隆皇帝對他祖父康熙皇帝的深厚感情。

進入避暑山莊門，又是一個四合院，正中的主體建築就是澹泊敬誠殿。大殿用巨大的條石砌築臺基，東西各有五間配殿，配殿南山牆旁各有一座奏樂亭。澹泊敬誠殿全部是楠木結構，因此也稱楠木殿。大殿的地面用花斑石漫砌，院內有古松四十二棵。澹泊敬誠殿是乾隆皇帝過生日，正式接見文武大臣以及少數民族王公貴族的地方。他在這裡寫下了大量的詩篇，有些詩短小清新，似乎和這座大殿的莊重肅穆之感不相吻合，不過，倒也反映了乾隆皇帝的心境。請看下面一首：

隔歲駐山莊，山容鎮似常。
風來花作態，雨過草生香。
小鳥窺簾捲，清琴倚壁張。
含飴叨厚澤，觸景哪能忘。

詩中描述了山莊的美麗景色，也抒發了乾隆皇帝對祖父康熙皇帝的感戴之情。的確，如果沒有康熙皇帝的厚愛，澹泊敬誠殿裡的主人還不知是哪一位呢。大概就是這個原因吧，乾隆皇帝無論身在何處，總要想念起他的祖父。

四知書屋在澹泊敬誠殿的後面，面闊五楹，有走廊和澹泊敬誠殿相通。這裡是乾隆皇帝上朝休息的地方。有時也在這裡召見大臣和少數民族王公貴族，以及藏傳佛教的領袖人物。

四知書屋的後面是面寬十九楹的平房，叫「萬歲照房」。正宮區由此分界，此後就是乾隆皇帝的居住部分。萬歲照房以北有門殿三楹，後面自成一個院落，主要建築是煙波致爽殿。它是乾隆皇帝的寢宮。煙波致爽殿面闊七間，正中三間設寶座，是乾隆皇帝接受后妃朝拜的地方。西次間是佛堂，最西一間是乾隆皇帝的寢室。東兩間是乾隆皇帝和近臣議事的地方。乾隆皇帝寢室的東西各有一小院，與寢室有側門相通，稱東西所，是乾隆皇帝后妃居住的地方。煙波致爽殿宏敞高明，後有湖水。每當夏雨初晴，或秋風乍起，這裡沒有一點塵埃，沒有一絲雲霧。每天清晨太陽初升之際，或夜晚月光揮灑之時，眞使人有飄飄欲仙之感。乾隆皇帝爲煙波致爽殿題有兩聯，一聯是：鳥語花香轉淸淑，雲容水態向暄妍。另一聯是：雨潤平皐桑麻千頃綠，晴開遠嶠草樹一川明。乾隆皇帝還寫詩讚美煙波致爽殿的環境是「煙波此處饒」，「長教暑氣消」。

在煙波致爽殿的後面是雲山勝地，這是一座面闊五間的二層樓房，樓內不設樓梯，而是由樓前東側小巧玲瓏的假山蹬道上樓。樓上西間是佛堂，樓下西間是室內戲臺。在雲山勝地樓上，憑窗遠眺，林巒煙水，一望無極，氣象萬千，眞可謂湖光山色，美不勝收。樓後有垂花門，名岫雲門。正宮部分到這裡就結束了。出門是馴鹿坡，那已經屬苑景區了。

和正宮並列的東面是松鶴齋，布局和正宮相似，只是規模略小，是乾隆皇帝母親的住所。齋名松鶴，是松鶴延年之意。松鶴齋有前後兩個院，齋額是乾隆皇帝所題，後來改名含輝堂。松鶴齋北面有綏成殿，是乾隆皇帝太子顒琰居住的地方。綏成殿的後面是樂壽堂，爲乾隆皇帝母親的寢宮。暢遠樓在樂壽堂的後面，和雲山勝地形式相似，也是兩層樓房。院內有假山、古松，由假山蹬道可進二樓。樓北是垂花門，出門後是萬壑松風。

萬壑松風是一組據崗臨湖的建築，幾座大殿平行錯列，加上曲折閉合的遊廊，顯得格外別緻典雅。萬壑松風的主殿和其它殿不同，它坐南朝北。殿的南面是鑒始齋，三間平房，是乾隆皇帝十二歲時，隨祖父康熙皇帝來避暑山莊讀書的地方。萬壑松風庭院內及附近有幾百棵古松，每當風起山谷，松林就發出海嘯般的松濤聲。乾隆皇帝爲了感謝祖父康熙皇帝的養育之恩，曾把萬壑松風的主殿改名爲「紀恩堂」。

東宮位於松鶴齋的東面，這裡地勢稍低，是乾隆皇帝宴賞少數民族王公貴族的地方。東宮的大門名德匯門，建築規制和麗正門相似。進入德匯門，先是面闊七間的門殿，東西各有一座井亭。接著是正殿，寬十一間，前後出廊，有左右耳房和配房各五間。再往北是大戲樓清音閣，坐南朝北，閣高三層，外觀宏大。清音閣的每一層都有乾隆皇帝的題額。清音閣的東西兩側是上下各九間的二層羣樓，這是王公大臣看戲的地方。羣樓往北是福壽閣，閣高二層，乾隆皇帝和后妃看戲在二層。福壽閣的後面是勤政殿，乾隆皇帝在這裡處理朝政。勤政殿的後面是卷阿勝境殿，乾隆皇帝曾在這裡奉母進膳，也曾在這裡賞賜王公大臣食果茶點。

宮殿區的北面是湖區，這裡水面寬闊，洲島錯落，花木蔥蘢，亭榭掩映。湖區的中心有如意洲、月色江聲、環碧三個島嶼，中間以長堤相連。錯落有致的洲、島、堤、壩、橋、閘、榭把整個湖面分隔成許多形態不同的小湖面。這些小湖面分別以銀湖、鏡湖、下湖、上湖、如意湖、澄湖、西湖、半月湖等命名。洲島和湖泊的周圍建造了許多形態、意趣不同的建築物，成爲宮殿區向湖區的過渡帶。

湖區分東、中、西三線。東線，出了卷阿勝境殿即爲起點，往北是水心榭，它是置於石砌駁岸上的並列的三座重檐亭，兩旁碧波盪漾，水面空闊。和水心榭東隔銀湖相對的是文園獅子林，內有十六景，玲瓏秀麗。去文園有水、陸兩條路。走水路在水門靠岸下船，登上占峯亭，周圍景色如畫，盡收眼底。走陸路要登上山頂的八方亭，在這裡放眼四望，只見文園彷彿一個巨大的盆景，蒼松翠柳參天，成羣鶴鹿徘徊，靜動相間，景色極美。在納景堂庭院中，有假山、古松，十分幽雅。在延景樓的四周，分別是呈菊花形的扰煙亭，呈梅花形的吐秀亭，卷棚歇山式的凝嵐亭，重檐六角形的牡魚亭。由文園往北，在鏡湖中的一個洲島上是戒得堂，這是一個長方形四合院，乾隆皇帝曾在這裡讀書。在水心榭北面的月色江聲島上，有一大組四合院建築，這就是月色江聲殿。乾隆皇帝曾在這裡研讀《周易》等古典書籍。在後門外臨湖的地方，有幾塊平石。乾隆皇帝及其后妃們曾在這裡垂釣。在月色江聲殿西南角有座方亭，名「冷香亭」，是乾隆皇帝深秋時節賞花的處所。從月色江聲島北行，就到了由人工堆砌的金山島，島上怪石嶙峋，高低相錯。島的頂部是平臺，建殿三間，名「天宇咸暢」。穿過天宇咸暢，即爲六面三層的上帝閣，又稱金山亭。亭額「金山」二字是乾隆皇帝所題。金山的北面是香遠益清，建築在熱河泉南面的平地上，南、北、西三面臨水，是兩座庭院式建築。香遠益清的北面，隔熱河泉相對，是萍香泮。東線到此結束。乾隆皇帝對東線的許多景點，例如水心榭、文園獅子林、冷香亭、香遠益清等，都曾寫詩給以讚美。這些詩或借景抒情，或託物言志，短小清新，令人難忘。在題爲《冷香亭》的詩中，乾隆皇帝寫道：

潦水寒潭蘆荻蒼，汀沙白露欲爲霜。
晚荷幾朵支欹影，風韻今朝挹冷香。

冷香亭臨水東向，山莊荷花秋深未落，可與晚菊、寒梅媲美。乾隆皇帝的《冷香亭》詩，正是表現了這一意境。

湖區中線從芝徑雲堤爲起點。芝徑雲堤是一道長堤，蜿蜒曲折，綠柳蔽蔭，有石條舖路。徑分三支，連接著月色江聲、如意洲和環碧三個洲島，好像一支靈芝草，又好像連接的雲朵。堤上有兩座小橋，橋下可以行船。長堤西支是環碧島。從環碧沿堤北行就到了如意洲。島上的主體建築是無暑清涼殿。如意洲北是澄波疊翠亭。如意島上有一組建築名金蓮映日，殿前的數畝廣庭中，種植了幾萬株金蓮花。滄浪嶼是如意洲上的園中之園，園內的殿堂有的建在池水之上。池北有假山，怪石挺拔，錯落相間。在無暑清涼殿西南，靠湖有一南向小亭，名「觀蓮所」，是乾隆皇帝觀賞荷花的地方。在如意洲北端的青蓮島上是煙雨樓。這裡風景宜人，每當山雨來臨之時，湖山盡洗，煙雲渺渺，彷彿進入仙境。乾隆皇帝寫過許多詩，讚美湖區中線的景點。在《煙雨樓對雨》一詩中，乾隆皇帝描述了煙雨樓四面臨水，一碧無際，每當山雨，湖煙頓增的奇異景色：

西南雲起有雷鳴，眨眼天中霧雨傾。
豎灑橫排函暢意，繁弦急管莫形聲。
入窗哪得珠簾捲，四宇紛披銀竹晶。
略釋渴憂生逸趣，高樓今日善循名。

沿如意湖西沿前行，是湖區的西線。西線的建築和景點首先是馴鹿坡。這裡背風向陽，入秋後仍然綠草如茵，有許多麋鹿到這裡尋食。乾隆皇帝在一塊大石上親筆書寫了「馴鹿坡」三字。馴鹿坡北面有座四合院式建築，名芳園居，這裡貯存著乾隆皇帝用的金銀綢緞和其它御用物資，所以也稱寶庫。在芳園居的東配殿裡還開設紙筆、古玩、磁器以及茶酒等物，供朝廷大臣們購買，因此稱爲買賣街。在芳園居以北隔湖相對，是臨芳墅，乾隆皇帝在前殿面額題名「知魚磯」，他常和后妃到這裡垂釣。殿的西邊有船

■避暑山莊・烟雨樓

塢，乾隆皇帝的御舟青雀舫就停泊在這裡，以備隨時泛舟於湖上。在臨芳墅的西北是遠近泉聲，四周圍廊環繞。這裡高敞風涼，乾隆皇帝題額「招涼榭」。在遠近泉聲南面，是背依青山前臨綠水的「石磯觀魚」建築。乾隆皇帝寫有石磯觀魚詩，描寫了垂釣時的閒適心情和美麗風景。西線的最後風景是水流雲在和鶯轉喬木。水流雲在是沿澄湖北岸環列的四個風格各異的亭子。鶯轉喬木則是這四個亭子中偏東的一座，爲八角長形。

平原區從澄湖北岸起，東到宮牆，西至山腳。平原區東部是萬樹園，這裡有榆、松、槐、柳等各種各樣的古樹，鬱鬱蒼蒼，挺拔勁立。飛鳥在樹林中歡唱，麋鹿和野兔在草地上奔跑，極富山野情趣。「萬樹園」三字是乾隆皇帝所題。在萬樹園的西南部是試馬埭，乾隆皇帝常在這裡揚鞭策馬，縱橫馳騁，選擇良馬騎。這裡綠草如絨，平齊似剪，彷彿鋪的綠色地毯。每當乾隆皇帝在這裡試馬的時候，還要舉行野宴，一座座蒙古包拔地而起，一派草原風光。

在平原區周圍，環列了一些園林建築。其中，千尺雪位於長湖的北端，是一個懸流的瀑布，是乾隆皇帝把江南寒山范氏山園中的千尺雪，在避暑山莊仿建而成。在千尺雪西面是玉琴軒，這裡水流激湍，清越相應，宛若琴聲。和玉琴軒並峙的是寧靜齋，齋名出自諸葛亮「非寧靜無以致遠」的名句。這是乾隆皇帝的讀書齋。文津閣建於玉琴軒、寧靜齋的後面，彷照浙江寧波范氏的天一閣建成，是貯藏《四庫全書》的地方。閣外觀兩層，內爲三層，中出腰檐，檔住陽光不射入閣內。文津閣的前面有水池，水色清澈。池的南面是假山，怪石嶙峋。假山上有月臺，是賞月的地方。假山下面是幽深的洞府，陽光從假山的小洞眼中折射到水池裡，形成一個彎月，令人驚奇不已。

萬樹園東南宮牆下是春好軒，有牆廊把正殿、配房及二門連接，形成閉合式的小院。院內山石棋布，草綠花紅。春好軒的北面是嘉樹軒，這裡有百年老樹，枝葉茂密。永佑寺在嘉樹軒的北邊，這是平原區最大的一組建築，寺廟的規模也比較大，寺後的八角舍利塔，高達九層，氣勢雄偉。塔後有御容樓，裡面供奉著乾隆皇帝祖、父康熙皇帝和雍正皇帝的遺像。在永佑寺的東面是同福寺，同福寺的後邊是樂成閣，乾隆皇帝曾在這裡東觀秋稼。他還寫有《樂成閣》詩，反映了憂憫農民的心情。詩文如下：

村村比櫛更崇墉，攬景城樓喜動容。
今歲秋成真可樂，又聞谷賤嘆傷農。

澄觀齋位於永佑寺東北，是一個比較小的庭院，前有流水，後倚山壁，環境清幽。澄光齋的後面是翠雲岩，這裡晨霞暮靄，絢紫緋青，岸巒交復，雲氣特多。在文津閣北西山腳下，是雲容水態，因爲這裡雲無定容，水非一態得名。宿雲檐在萬樹園西北門北面的一個平臺上，所以取這一名稱，是因爲這裡雲氣往來，若宿檐際，縈紆繚繞，時出房檐。

山區位於避暑山莊苑景區的西北部，是一片谷壑縱橫、翠巒疊嶂的山地。在山區裡，有四條西北往東南走向的溝谷，從南到北依次是榛子峪、松林峪、梨樹峪、松雲峽。在溝谷間，有亭臺樓閣等各式各樣的建築，富麗堂皇，在清雅幽靜的環境中更加引人注目。

榛子峪在避暑山莊內西北，這裡青草遍地，異花滿崖，古松蒼鬱，百鳥飛翔，令人心曠神怡，有飄飄欲仙之感。進榛子峪不遠的北坡臺地上，有一組建築名「松鶴清越」。這是布局規整的方形宮院，乾隆皇帝題名「靜余軒」，是皇太后居住的地方，乾隆皇帝也曾在這裡讀書。和松鶴清越並列偏西的庭院，乾隆皇帝題名「秋澂齋」。從松鶴清越北攀到峯頂，有敞亭三座，名「錘峯落照」。敞亭東向，每當夕陽西映，彩霞萬道，返照在山莊東邊的磬錘峯上，蒼然暮色，景色極美。乾隆皇帝寫詩形容說：

西日隱東峯，天光入水底。
披襟松籟寒，千林紛翠紫。

在松鶴清越對面的南山頂上，有一座依宮牆而建的庭院，有樓北向，乾隆皇帝題額「綺望樓」。綺望樓後面，是城臺樓，以及半月形瓮城，俗稱月牙城。在松鶴清越以西北側，是一座布局嚴整面東的大型寺廟，名碧峯寺，寺後有書屋，乾隆皇帝題額「味甘」二字。在碧峯寺的西北側有一小岔溝，山凹處有一組庭院名「有眞意軒」。從有眞意軒前行往北拐，峪內有秀起堂、鷲雲寺、靜含太古山房等建築。秀起堂踞岡跨澗，是一組規制較大的庭院。由於它是建在山岡上，地勢較高，放眼四望，周圍景色盡收眼底，雲氣空蒙，山風颯颯，使人彷彿感覺在半空中。乾隆皇帝的一首《秀起堂》詩，描寫的正是這一景狀：

四圍山色鬱蒼蒼，秀起中央回築堂。
今歲才喜今日到，昔題都共昔年忘。
峯姿樹態張圖畫，目擊心存伴縹緗。
習習巖風拂檜栝，襟披夏五頓生涼。

鷲雲寺在秀起堂的西南，分正殿、崇樓、後門殿等部分。秀起堂的西側是靜含太古山房，位於山坳中。山房的西面有不遮山樓，樓南有趣亭，樓、房由曲廊相通，山房周圍有牆環繞。

松林峪在榛子峪的東北，主要建築和景點是食蔗居和觀瀑亭。食蔗居在松林峪的最裡面，建築在一塊高敞的地方，乾隆皇帝題額「食蔗居」三字，取漸入佳境之意，好比食甘蔗，越到最後越甜美。這裡是松林峪最美的地方。十步之內還不見屋角，及至巖齊乍啓，周覽旁皇，則萬象森羅，如臨窗戶。道路曲折幽深，地勢高敞明快。觀瀑亭在松林峪的中部南側山麓，乾隆皇帝題額「瀑源」。觀瀑亭上面的亭子名「笠雲亭」，這裡瀑流有聲有色，水氣溟濛。乾隆皇帝的《聽瀑》詩，反映了他來到這裡的心境：

雨後來聽瀑，淙淙響益繁。
大都得之耳，惟此不爲喧。
赴澗來鳴鹿，攀林飲渴猿。
山中足佳趣，難與俗人言。

梨樹峪在松林峪的東北，以梨樹多而命名。在梨樹峪入口的南面，西湖西山坡平臺上，建有一座大型佛寺，名珠源寺。寺內有天王殿，殿內的佛閣全部用銅鑄成，雕刻細膩，工藝精良。閣內佛像也全部用銅鑄成。因爲該寺據瀑源來處，所以名珠源寺。在珠源寺的東北是誦翠岩，瀑布從崖流下。綠雲樓在珠源寺北側，瀑布從樓閣中流出，直瀉湖中。這裡綠樹成蔭，雲氣濛濛。乾隆皇帝寫有《綠雲樓》詩，既描繪了景物，又抒發了胸懷：

樹葉猶然密似雲，秋暄濃蔚綠氤氳。
何當傾刻爲霖雨，菜圃蕎田望正勤。

梨花伴月是梨樹峪中一組布局嚴整的四合院建築。這裡假山錯落，景色清幽。每當春月，萬樹梨花素艷，幽香清輝不隔。乾隆皇帝的《梨花伴月》詩，描繪了梨花萬樹、微雲淡月的美麗景色：

誰道邊關外，春時亦有花。
寒香雪添艷，淡影月增嘉。
雅稱風頭雨，何須谷口霞。
塗山千萬樹，蹤跡漫相誇。

梨樹峪的底端是創得齋，這是乾隆皇帝的書齋。乾隆皇帝在這裡寫了不少詩，其中有不少佳句，例如「登高一步艱，就下片時易」，「破除思慮歸澄照，五柳先生不我欺」，都很有哲理味道，對人頗有啓發。

松雲峽是山區最北端的一道溝谷。峽口建有關城，關城兩側城牆和臺上殿房四周都砌有雉堞，彷彿一道雄關。峽內有溪水從關側水門流出，注入湖區。進入關門，在北山麓依山面谷有組建築，名清溪遠流，其中的含粹齋，是乾隆皇帝祖父康熙皇帝的書齋。在清溪遠流後牆外山巔上有一座四角重臺崇亭，名「凌太虛」，題額爲乾隆皇帝御筆。所以取名凌太虛，是因爲登上此亭，飄飄然有凌雲之致。松雲峽北山峯頂有一亭，名「北枕雙峯」。站在南山積雪亭上，南望諸峯，環繞山莊；因爲塞外高寒，深秋即有雪花飄落，山莊內樓閣軒榭，一片皎白，彷彿寒玉光中，因此取名「南山積雪亭」。北枕雙峯亭，雙峯指金山、黑山。兩山一在西北方向，一在東北方向，兩峯翼抱，與亭相鼎峙，所以名北枕雙峯亭。乾隆皇帝曾經寫詩，讚美這些山亭的奇異美景。

在南山積雪、北枕雙峯之間的山鞍處，有一組建築名「青楓綠嶼」。從松雲峽口前行，不遠處有一座石牌坊，過了牌坊就是水月庵。乾隆皇帝常到這裡，還寫了許多詩，讚美這一帶的美麗景色，有一首《水月庵》詩是這樣寫的：

> 樹色千峯翠浪流，花宮懸是廣寒秋。
> 於中大士如如坐，問爾起心分別不。

在水月庵西邊是旃檀林。旃檀林西北岔溝內是含青齋。在含青齋西南，橫跨兩溪間的半山腰上，有一組建築名碧靜堂，門是八角形重檐亭子，進門須經山洞的小石板橋。對旃檀林、含青齋、碧靜堂等建築和景點，乾隆皇帝都曾寫詩讚美。在一首《旃檀林八詠》的詩中，乾隆皇帝描繪了這裡的風、雲、月、松、楓、花、鹿、蛩，讀來尤有情趣。其中關於蛩的一首是這樣寫的：

夕瑟晨簫伴玉塞，草間石底韻金風。
五香薰體都清淨，慈力何曾遺小蟲。

在碧靜堂以西山谷中有一圓形庭園，名「玉岑精舍」，庭園內有小溪穿過。玉岑精舍四字是乾隆皇帝御筆。舍內高處有三座小亭。殿亭因地勢高低錯落相間，庭園圍牆隨山勢走向曲折環繞。松雲峽底端是西北門。西北門東側是宜照齋。宜照齋是倚石城修建而成，這裡臨風致爽，炎宇初晴，谷蔭涼生，林飆響答，別有洞天。乾隆皇帝為宜照齋寫有楹聯：觸目無非遠塵俗，會心皆可入研覃。在宜照齋東南山南麓，有一組庭院式建築，名「敞晴齋」。門前溪流上飛架石橋。從敞晴齋往東過小橋，沿山路上行，峯頂是廣元宮。這是一組布局嚴整的寺廟，乾隆皇帝御書「廣元宮」三字。廣元宮後門外山頂上有一亭，名「古俱亭」。

從廣元宮東南下山，再過三孔大石橋，迎面山坡上，有一座庭院式建築，乾隆皇帝命名

「山近軒」。山近軒在避暑山莊西北，這裡峯巒窈窕，環抱檐楹，萬山深處，乾隆皇帝取名山近軒，實在非常貼切。乾隆皇帝寫有《山近軒對雨》詩，描寫了這一地方雨中的奇異景色：

塞雨時作止，山軒小憩停。
乍飛一川白，頓失萬峯青。
擬儀如觀幻，畫圖難寫形。
須臾雲斂盡，巖瀑尚餘聽。

在山近軒東北，青楓綠嶼的上面山頂處，是一座寺廟，名斗姥閣。寺廟西配殿乾隆皇帝題額爲「蓬山飛秀」。整個寺廟周有圍牆環繞。

在避暑山莊宮牆的東面和北面，有十二座藏傳佛敎寺廟，俗稱喇嘛廟。其中有八座直接歸屬清朝管理邊疆民族事務的機構理藩院管轄，又因爲它們地處塞外，所以稱爲「外八廟」。這些寺廟和乾隆皇帝有密切關係。

溥仁寺，在避暑山莊東三里許，南向，門額「溥仁寺」三字由滿、漢、蒙古三種文字寫成。門內天王殿供奉三世佛，乾隆皇帝御書額「具大自在」，後殿供無量壽佛，乾隆皇帝題額「寶相長新」。乾隆皇帝寫有《溥仁寺瞻禮》詩，其中有這樣的句子：「渡河多稼迎眸潤，過雨千峯著意皴。免賦以三蠲漕二，繼繩亦曰溥前仁。」反映了乾隆皇帝參加溥仁寺活動時仍然關心農事。

溥善寺在溥仁寺後百步許，南向，門內是天王殿，乾隆皇帝題聯是：總攝三摩資善果，普函萬象護祥輪。

普寧寺，在避暑山莊東北五里獅子溝，仿西藏三摩耶廟。寺南向，聯額都是乾隆皇帝御筆。門外樹牌樓三座，門內正中有一碑亭，碑上刻著乾隆皇帝寫的碑文。左右是鐘鼓樓。正殿供三世佛，大乘閣內供千手千眼菩薩像。閣樓建築奇特宏偉，四周還有根據佛教宇宙觀修建的日殿、月殿、四大部州、四小部洲，以及白塔數座。閣東有精舍五楹，是乾隆皇帝臨時休息的地方。乾隆皇帝在《普寧寺觀佛事》一詩的序文中寫道：「蒙古等皆敬宗喀巴黃教，故於山莊之北建此梵刹，

■避暑山莊外八廟

聚黃衣者流，而唪梵唄。這說出了普寧寺修建的目的和作用。

普佑寺，在避暑山莊東北六里許，南向。寺額是乾隆皇帝題寫。正殿是天王殿，其後是法輪殿，最後是經樓。寺中諸佛都是依照西藏塑像。

安遠廟，在避暑山莊東北山麓，距普寧寺東南二里許，仿伊犁固爾扎廟式。廟西南向，繚垣正方四面各有門，中間是三層的普度殿，周有迴廊。迴廊前有大石，上面刻著乾隆皇帝寫的詩，用滿、漢、藏、蒙古四種文字書寫。普度殿最上層貯藏著乾隆皇帝用過的甲仗。乾隆皇帝寫有《安遠廟》詩，其中談到「新疆底定後，安遠建祇林。」說明安遠廟的修建和清朝統一新疆有關。

普樂寺，在避暑山莊東北二里許，寺東向，乾隆皇帝御書門額「普樂寺」。該寺所有殿額都用滿、漢、蒙古、藏四種文字書寫，都是乾隆皇帝御筆。正殿內供藥王佛。正殿西爲經壇，又名闍城。通往經壇的門內有一塊巨碑，上面刻著乾隆皇帝書寫的《普樂寺文》。闍城四面有門，上有圓亭，名「旭光閣」。

普陀宗乘廟，在避暑山莊北里許，仿西藏布達拉宮樣式建成。乾隆皇帝題寫廟額「普陀宗乘之廟」。有前殿、中殿和後殿。廟的主體建築是大紅臺。乾隆皇帝寫有《普陀宗乘之廟碑文》，還寫有普陀宗乘廟即景詩、即事詩多首。詩中有「普陀本以撫遐爲」句，說明了這座廟在懷柔少數民族王公貴族中的作用。

殊像寺，在普陀宗乘廟的西邊，仿山西五臺山殊像寺。乾隆皇帝曾陪同他的母親去山西五臺山燒香。五臺山殊像寺內有文殊像。回北京後，乾隆皇帝命人按樣刻石像，並仿照殊像寺，在北京香山建寶相寺，寺內供奉文殊像。後來，乾隆皇帝又在避暑山莊北面修建了殊像寺。寺南向，寺額「殊像寺」三字是乾隆皇帝御筆。左右鐘鼓樓，內爲天王殿，東西有配殿。再裡面是會乘殿，又有東西配殿。殿後建有八方亭，名「寶香閣」。再裡面是清涼樓，以及東西配殿等。寶香閣座落在競秀爭奇的假山上，裡面有高十二米的騎獅文殊像，兩旁還有侍者像。有人說，這個巨大的文殊像，是乾隆皇帝的化身。乾隆皇帝寫有《殊像寺》詩：

殊像亦非殊，堂堂如是乎？
雙峯恒並峙，半里弗多紆。
法爾現童子，巍然具丈夫。
丹書過情頌，笑豈是真吾。

看來，乾隆皇帝也相信自己是文殊菩薩轉世了，只不過話說得有些模棱兩可。

廣安寺，在普陀宗乘廟西，南向，乾隆皇帝題寫寺額「持勝門」。他還寫有《廣安寺》詩，其中有「蒙古尊黃敎，其來已久時。以神道而設，因俗習爲治」句，表明了該寺的修建是爲了懷柔蒙古等少數民族。

須彌福壽廟，在普陀宗乘廟的東邊。乾隆四十五年（一七八〇年），六世班禪從後藏來到承德，爲乾隆皇帝慶祝七十歲生日。班禪在日喀則住扎什倫布寺。藏語「扎什」即「福壽」意，「倫布」即須彌山。乾隆皇帝便諭令在承德修建須彌福壽廟，作爲六世班禪來承德居住處所。廟門南向，寺額「須彌福壽之廟」爲乾隆皇帝題寫，用滿、漢、蒙古、藏四種文字刻成。東西有二山門，山門內有碑亭和寶坊。再裡面是三重都綱殿樓和二重佛樓。乾隆皇帝寫有《須彌福壽之廟碑記》一文，對藏傳佛教中的格魯派即黃教的起源和發展，論述極爲詳細，反映了乾隆皇帝廣博的佛學知識。

## ㈣打開莊門迎遠人

美麗的熱河行宮，吸引著乾隆皇帝多次前往巡幸。龐大的避暑山莊，在乾隆皇帝諭令下，也多次打開莊門，歡迎來自遠方的客人。

乾隆十九年（一七五四年）五月十二日，避暑山莊迎來了三位杜爾伯特蒙古首領，他們是車凌、車凌烏巴什、車凌蒙克，人稱三車凌。也剛剛抵達山莊的乾隆皇帝，立即降旨加封車凌爲親王，車凌烏巴什爲郡王，車凌蒙克爲貝勒。十三日，乾隆皇帝就在澹泊敬誠殿召見了三車凌，並設宴賞賚。親王車凌賞銀五千兩，郡王車凌烏巴什四千兩，貝勒車凌蒙克三千兩。乾隆皇帝為什麼對三車凌又封爵又宴賞，他們是什麼人呢？

原來，三車凌是我國西部蒙古杜爾伯特部的三個首領，最初依附於西蒙古的準噶爾部。乾隆十年（一七四五年），準噶爾部首領噶爾丹策凌死後，準噶爾王公貴族之間展開了爭奪權位的鬥爭，西蒙古各部由此陷於內亂，杜爾伯特部也捲入了這場紛爭。西蒙古各部內亂延續了許多年，到乾隆十八年（一七五三年）夏天，準噶爾部的達瓦齊取得了汗位。三車凌原來是反對達瓦齊的，這樣，達瓦齊就在哈薩克汗幫助下，出兵大舉進攻杜爾伯特部。在交戰中，杜爾伯特許多王公的領地被摧毀，大片牧場遭破壞，數千名人口被掠奪。杜爾伯特蒙古部面臨著被達瓦齊兼併的危險。在這種情況下，杜爾伯特蒙古首領三車凌為了維護本部落的生存，決定內徙，歸附清朝中央政府。這年冬天，三車凌率領杜爾伯特蒙古部三千七百戶部衆，離開了額爾齊斯河，向東遷移。當時正值隆冬季節，天氣嚴寒，風雪瀰漫，杜爾伯特蒙古部衆在三車凌率領下，牽著駝車，趕著牛羊，在極為艱苦的環境中跋涉了十九天，最後終於到達了清政府控制的地區。清政府定邊左副將軍聞訊後，立即上奏朝廷。乾隆皇帝得知了這一情況，立即諭示定邊左副將軍成袞扎布讓杜爾伯特蒙古部暫駐烏里雅蘇臺，然後再妥為安置。

乾隆皇帝非常重視杜爾伯特蒙古三車凌的來歸，認為這是解決準噶爾蒙古割據勢力的一個極好時機，由此也可以完成從康熙皇帝就開始了的幾十年未竟之業。乾隆皇帝諭令，接濟三車淩杜爾伯特蒙古各部羊一萬六千隻，馬牛五百，糧食四千餘石。定於乾隆十九年五月，三車淩到熱河朝覲。

乾隆皇帝在避暑山莊多次筵宴三車淩，特別是萬樹園的夜宴，更是別具特色。在筵宴的那一天，在萬樹園的草坪上，搭好了一座座蒙古包。乾隆皇帝的蒙古包正面居中，也稱御幄，占地面積最大。御幄內鋪香色五彩勾蓮紋地氈，後面設寶座。幄前是三楹廡殿頂黃布帳殿，和御幄連為一體。帳殿前邊鋪葦席，兩邊設宴桌各兩排，每排六桌，共二十四桌。中和韶樂設在兩側。此外，東邊還有廡殿頂帳蓬三楹，內設十四桌。幄殿筵宴，最多可容納千人。筵宴開始前，乾隆皇帝乘坐紫檀雕花步輦來到御幄，樂隊奏樂。已經在這裡準備接駕的文武官員，各少數民族王公，一律排列跪迎。乾隆皇帝進入御幄落座後，鴻臚寺官員、理藩院大臣再導引官員王公等人分別入座。筵宴開始，乾隆皇帝賜酒。三車淩作為遠鄉的來客，國家的功臣，座位和乾隆皇帝御座相鄰。他們身著乾隆皇帝賞賜的行龍補服，回答乾隆皇帝的問話，氣氛非常和諧。乾隆皇帝寫有接見三車淩的詩，其中寫道：

路在傾城候屬車，未歸憐遠自員渠。
識時稱傑惟嘉爾，敷德賓遐有何予。

錫爵都教加袞服，賜饗還擬賦嘉魚。
一家中外歡言暢，底事周官藕象胥。

詩中把三車凌爲維護國家統一而「傾城」「來歸」的義舉看做是「識時稱傑」，反映了乾隆皇帝對三車凌歸附的高度重視。

日宴結束以後，隨著夕陽西下，夜色降臨，萬樹園點燃了燈火。火樹銀花，色彩繽紛。盞盞高懸的掛燈和天上的星月爭輝，避暑山莊沉浸在一片歡樂之中。三車凌第一次置身於這種燈火輝煌的壯闊場面，彷彿來到了美麗的月宮。夜宴的主要內容除歡宴外，就是觀燈和欣賞歌舞以及雜技表演。觀燈本是民間習俗，多在每年正月裡進行。避暑山莊萬樹園觀燈，則不局限於正月十五日前後，每月夜宴，都要張掛各式各樣的燈籠。這些燈籠的形狀，有的是獸形，有的是花形，五顏六色，非常好看。除張掛的燈籠外，還有人手持燈籠邊歌邊舞，或進或退，或左或右，甚至組成「萬壽無疆」等字樣，用來頌揚乾隆皇帝。表演的歌舞多是少數民族舞蹈，節奏緊張歡快。雜技表演內容豐富，有走繩、跳板、爬桿、吞刀、吐火、翻跟斗等，在夜宴的高潮時刻，突然一陣隆隆聲，千姿百態的焰火騰空而起，刹那間夜空亮如白晝。避暑山莊的夜宴給三車凌留下了終生難忘的印象，乾隆皇帝的撫慰更增加了他們對清朝中央政府的向心力。後來，他們一直堅守在西北邊疆，爲維護國家的統一做出了貢獻。乾隆皇帝寫了許多首詩，記述了夜宴三車湊的情景，其中有一首這樣寫道：

黃幕穹廬向遠開，燈光月色共徘徊。
今霄未馳金吾禁，都道居然度上元。

還有一首，描繪了熱烈歡快的夜宴環境：

巖風入夕覺輕寒，五月煙花快意看。
更向幔城舉首望，錘峯早掛玉輪圓。

乾隆三十六年（一七七一年）九月十八日，避暑山莊又迎來了我國西蒙古土爾扈特部的一位王公，他的名字叫渥巴錫，被人們稱爲漂落異域的民族的首領。說起渥巴錫率領土爾扈特蒙古回歸祖國，還需要回顧一下他們歷盡艱辛的途程。

土爾扈特蒙古原是我國西蒙古的一部，由於各種原因，他們在明末清初離開了原來的牧地雅爾地區，來到了當時俄國政府還沒有控制的伏爾加河流域。土爾扈特蒙古雖然遷居到了異地，可是和故土的聯繫一直沒有中斷，清朝中央政府也曾派遣使團前往伏爾加河流域看望土爾扈特蒙古。乾隆二十六年（一七六一年），年僅十九歲的渥巴錫成爲土爾扈特蒙古新的大汗。而這時，俄國政府採取了種種措施，企圖限制汗國的權力，完全征服土爾扈特蒙古。尤其是俄國政府無限制地從土爾扈特蒙古征兵，更給土爾扈特蒙古民族帶來了巨大的災難。就是在這種情況下，土爾扈特蒙古的首領們爲了反抗俄國政府的奴役和壓迫，維護民族獨立，決定發動武裝起義，返回故土。乾隆三十五年十一月二十日（一七七一年一月五日），在伏爾加河流域生活了一百四十年之久的土爾扈特蒙古人民，在渥巴錫等人率領下，開始了返回故土的征程。當時正是隆冬時節，天氣嚴寒，又有俄國政府派兵圍追堵截，三萬三千六百餘戶，十六萬八千餘人的土爾扈特蒙古東返隊伍，旅程的艱難可想而知。乾隆三十六年五月二十六日（一七七一年七月八日），土爾扈特蒙古的先鋒部隊在伊犁河流域的察林河畔和前來迎接的清軍相遇。當大隊土爾扈特蒙古人到達的時候，總計只有八萬餘人了。

乾隆皇帝得到土爾扈特蒙古回歸的消息以後，立即諭令有關部門做好準備，給以賑濟。自乾隆三十六年六月至九月，在三個月的時間裡，清政府調撥馬牛羊二十七萬頭，茶二萬餘封，米麥四萬一千餘石，羊裘五萬一千餘張，布六萬一千餘匹，安置土爾扈特蒙古部衆。乾隆皇帝還諭示，在當年秋天，在避暑山莊接見渥巴錫等土爾扈特蒙古王公。

乾隆三十六年九月初，渥巴錫等人從伊犂來到了木蘭圍場，九月初八日，受到了乾隆皇帝的召見。在行幄中，渥巴錫等土爾特蒙古王公向乾隆皇帝行三跪九叩禮，獻上了刀、弓箭、鐘錶等禮品。乾隆皇帝賜座，賞茶，用蒙古語和他們交談。九月十七日，乾隆皇帝來到避暑山莊以後，諭令封渥巴錫等人爵位。結果，渥巴錫被封爲烏納恩蘇珠克圖舊土爾扈特部落卓里克圖汗，和渥巴錫同歸的土爾扈特蒙古其他首領，有的被封爲親王，有的被封爲郡王，還有的被封爲貝勒。土爾扈特蒙古的游牧地也得到了確定。

九月十八日，乾隆皇帝在避暑山莊的澹泊敬誠殿接見了土爾扈特蒙古各部王公。隨後，又在四知書屋和卷阿勝境殿個別召見了渥巴錫。渥巴錫獻上了明朝永樂二十二年（一四二四年）銀印一顆，並向乾隆皇帝敍述了土爾扈特蒙古在伏爾加河流域一百多年的生活情況，以及這次回歸的艱辛歷程。乾隆皇帝深表同情和讚許。在此後的半個月時間裡，在萬樹園和溥仁寺，乾隆皇帝又多次宴請渥巴錫等人，有關方面還安排了火戲等歌舞活動。乾隆皇帝寫有《萬樹園燈詞》詩多首，從一個側面反映了宴請渥巴錫等人的情況：

西陲平定已多年，宴賚頻施結後先。
敦意新歸額濟勒，山莊重看設燈筵。
程途萬里不辭遙，嘉與優恩詠蓼蕭。
自是勞徠志遠部，非關尋兵借元霄。

夕峯漸隱夕陽暉，萬樹須臾萬燭輝。
望後漫嫌無月色，上元景物豈其非。

九月二十日，恰逢普陀宗乘廟落成典禮。渥巴錫等人率領土爾扈特蒙古回歸，來到避暑山莊覲見乾隆皇帝。這兩件事的巧合使乾隆皇帝感到十分欣慰。他親自撰寫了《土爾扈特全部歸順記》和《優恤土爾扈特部衆記》兩篇碑文，用滿、漢、藏、蒙古四種文字刻在兩塊巨型石碑上，石碑矗立在普陀宗乘廟前的方形重檐歇山頂式的碑亭內。在這兩篇碑文中，乾隆皇帝追述了土爾扈特蒙古的歷史，回歸的歷程，以及清政府接納土爾扈特蒙古各部的情況。在碑文中有這樣的話：夫此山莊，乃我皇祖所建以柔遠人之地。乾隆皇帝在避暑山莊筵宴渥巴錫等人，正符合了也的祖父康熙皇帝建立山莊的目的。

乾隆四十五年（一七八〇年），乾隆皇帝七十大壽，祝壽大典在避暑山莊舉行。六世班禪喇嘛也前來祝壽，從而使避暑山莊迎來了第一個從西藏前來的客人。

班禪是清朝中央政府尊崇的四大活佛之一。班禪活佛系統以藏傳佛教黃教派創始者宗喀巴大弟子凱朱結格雷貝（一三八五至一四三八年）爲一世班禪。六世班禪法名巴丹益喜，生於乾隆三年（一七三八年）十一月。乾隆五年（一七四〇年），乾隆皇帝批准了五世班禪轉世靈童的認定手續。乾隆六年（一七四一年），乾隆皇帝派人從北京到西藏扎什倫布寺主持了六世班禪喇嘛的坐牀典禮。乾隆二十七年（一七六二年）由於八世達賴喇嘛年幼，按照慣例，由六世班禪喇嘛主持西藏事務。乾隆三十一年（一七六六年），乾隆皇帝册封六世班禪爲班禪額爾德尼，掌管扎什倫布政教事務。封册用純金製成，以滿、漢、藏三種文字書寫。除金册外，乾隆皇帝還賞賜六世班禪金印一顆，印文是「敕封班禪額爾德尼之印」，也是用滿、漢、藏三種文字製成。

六世班禪對乾隆皇帝的敕封非常感激，表示希望覲見乾隆皇帝。因此，當他聽說乾隆皇帝要舉行七十大壽的消息後，便要求參加乾隆皇帝的祝壽活動。乾隆皇帝也早就想邀請六世班禪進京朝覲，以借此鞏固清朝在西藏的統治，可是六世班禪沒有出過天花，京城氣候炎熱，恐有不便，這次在熱河舉行祝壽活動，氣候、地點都很合適。這樣，乾隆皇帝便諭示六世班禪直接到熱河參加祝壽活動。乾隆皇帝諭令在承德修建須彌福壽廟，作爲六世班禪前來熱河時的住所。該廟規模宏大，僅用一年多的時間即已修成。

乾隆四十四年六月十七日，六世班禪從後藏日喀則啓行，前往承德，護送人員多達二千餘名。清朝駐藏大臣留保住率領官員、兵丁三十多名，在拉薩迎接六世班禪，然後陪護其東行。八世達賴喇嘛也在羊八井爲六世班禪送行，並舉行了盛大的講法論經會，會上還演出了歌舞。乾隆皇帝對班禪東來非常關心。在班禪啓程的當天，承德外八廟和京城雍和宮分別誦經祈禱一天，以祝禱班禪額爾德尼一路平安。乾隆皇帝還頒布諭旨，問班禪是否安吉，表示要以前代歡迎五世達賴同樣隆重的儀式歡迎班禪。乾隆皇帝命人帶給六世班禪一幅自己的畫像，說明這幅畫像什麼時候和班禪相遇，相遇的地點就代表乾隆皇帝在那裡迎接班禪了。當六世班禪抵達青海境內時，乾隆皇帝諭令當地官員準備馬匹、牛羊、帳篷供六世班禪一行使用。乾隆皇帝還把外國人進獻的精美時鐘轉送給了六世班禪。六世班禪到達塔爾寺以後，青海僧眾舉行了盛大的歡迎儀式。乾隆皇帝也送六世班禪御馬、馬鞍、朝珠、緞匹、白銀茶桶等。乾隆皇帝還送六世班禪乘轎、轎夫、馱騾等，以便六世班禪乘轎前行。六世班禪對乾隆皇帝的關照十分感動，上折表示重謝浩蕩皇恩，並把如意白祐主佛像一尊，紅白念珠、藏香、藏呢等物敬獻給乾隆皇帝。六世班禪在青海塔爾寺度過冬天。這期間，乾隆皇帝派人送來了御用豹袍、貂尾帽等，以供六世班禪禦寒。乾隆四十五年三月十三日，六世班禪一行從塔爾寺啓行，繼續向承德進發。五月十一日，到達呼和浩特。五月二十六日，抵達岱海，乾隆皇帝派皇子和領侍衛內大臣等前來迎接。途經多倫諾爾時，舉行了有十餘萬人參加的大法會。

七月二十一日，經過萬里跋涉、克服了無數艱難險阻的六世班禪一行，終於到達了承德避暑山莊。這一天，承德地區晴空碧藍，陽光燦爛。清朝中央政府的官員，蒙古各部王公貴族，以及各寺廟的喇嘛，都來迎接六世班禪。就在這一天，乾隆皇帝在避暑山莊依清曠殿會見了六世班禪。他們倆人用藏語交談，互致問候。六世班禪把一尊紫銅主瑪佛像和一串珍珠念珠敬獻給乾隆皇帝，乾隆皇帝則還禮一條哈達。乾隆皇帝請六世班禪用茶，並帶領他到煙波致爽、雲山勝地等佛堂拈香拜佛，做開光善住宗教儀式。隨後，六世班禪乘坐乾隆皇帝賞賜的黃蓋肩輿，在內務府大臣及章嘉活佛等陪同下，回須彌福壽廟。乾隆皇帝和六世班禪初次見面，他們互贈的禮物還有：班禪奉獻鎏金帶寶牀宗喀巴大師塑像一尊，鑲嵌各種寶石菩提大樂佛像一尊，紫銅釋迦牟尼佛像八尊，黃金一千兩，備鞍馬一千匹等。乾隆皇帝回賜三十兩黃金所鑄曼扎，金碗、盂、瓶、盤、香爐等，黃金五百兩，哈達五百束，黃紅緞二十六匹，水獺皮、玄狐皮共十八張，百狸皮一千張，灰鼠皮一千張，紫羔皮一千張。

六世班禪回到須彌福壽廟以後，乾隆皇帝早已命人準備了佳餚。菜八品是：燕窩鍋燒鴨子，奶子西爾扎，山藥葱椒羊肉，托湯雞，豆豉荔枝面，松子羊肉，攢絲冬瓜，口蘑肥雞。餑餑四品是：象眼棋餅小饅首，糜子米面糕，羊肉餡包子，果餡魯酥。攢盤一品是：蒸雞燒羊肉。此外還有蒸鴨、糊羊，奶皮、奶茶、奶子等。

六世班禪到達承德避暑山莊的第四天，乾隆皇帝就在萬樹園舉行了盛大的筵宴。參加的有蒙古王公、回部伯克、四川土司，文武大臣以及一些高僧喇嘛也都參加，共計六十桌。六世班禪坐在乾隆皇帝旁邊，享用銀餐具，僅比乾隆皇帝低一格，而其他入宴者則都用磁器。幾天以後，乾隆皇帝又在萬樹園第二次宴請六世班禪。他們同坐在大幄內寶座牀上，使用的都是金製餐具，美味佳餚竟有上百種之多。筵宴間，在悠揚的樂曲聲中，他們還觀看了角斗、雜技、魔術、歌舞等表演。

六世班禪主持的須彌福壽廟的開光大典，把乾隆皇帝的祝壽活動推向了高潮。原來，開光是佛教的一種宗教儀式。佛像塑成後，選擇吉日致禮供奉，稱爲開光。須彌福壽廟開光典禮的這一天，六世班禪主持誦經，大小喇嘛二百多人參加念經。香煙裊裊，鐘鼓齊鳴，金壁輝煌的須彌福壽廟裡別是一種氣氛。喇嘛們誦的經文中說：

恩賜無量壽與明，三寶護法諸空行。
真實不誑加持力，喇嘛長壽佛法興。

乾隆皇帝還在須彌福壽廟爲六世班禪舉行了熬茶這一佛事活動。西藏的喇嘛有一種習慣，就是飯前要熬製一鍋酥油茶，以便吃飯時食用。因此，凡是到寺廟中布施的人，都必須熬茶，並在僧衆吃茶時布施。須彌福壽廟的熬茶場面非常宏大、壯觀，六世班禪端坐在大殿正中，其餘喇嘛僧坐在兩側。乾隆皇帝緩緩入席後，僧人誦經，衆喇嘛分別得到酥油茶。清朝皇室成員和蒙古王公紛紛布施，並請求六世班禪摩頂賜福。最後，六世班禪向乾隆皇帝敬獻哈達。在六世班禪講經時，乾隆皇帝聽的非常專心。他後來還曾三次親到須彌福壽廟聽六世班禪講經，並和六世班禪進行認眞的討論。

八月十三日，是乾隆皇帝七十壽辰日，祝壽大典在澹泊敬誠殿舉行。六世班禪和乾隆皇帝同登寶座。六世班禪首先向乾隆皇帝敬獻祝壽禮，其中包括長壽佛畫像八十一幅，以及哈達、銀塔、金字無量壽經等。六世班禪還率領衆僧爲乾隆皇帝唱贊無量壽經。與此同時，樂隊奏中和韶樂，祝壽大典的氣氛隆重而熱烈。

六世班禪在承德避暑山莊停留了一個多月，之後，又尊奉乾隆皇帝諭旨，前往北京進行各種佛事活動。在六世班禪停留避暑山莊的日子裡，乾隆皇帝寫了許多首詩，禮贊班禪的佛事活動和一片誠心，其中有一首是這樣寫的：

祝厘遠至裀宗風，三接欣於避暑宫。
敬一人而千萬悅，垂名册亦乃予同。
雪山青海胥增忭，色罽精金許獻衷。
初見宛然舊相識，本來如是匪神通。

「敬一人而千萬悅」，這道出了六世班禪在喇嘛教中的地位和影響，這也正是乾隆皇帝邀請六世班禪前來承德避暑山莊參加祝壽活動的原因，而其本意則在於利用喇嘛教加强和鞏固清朝政府對於蒙藏地區的統治。

乾隆五十八年（一七九三年）八月初十日，避暑山莊迎來了第一個踏進山莊大門的西洋人，他就是英國正使馬戛爾尼。隨同馬戛爾尼走進山莊的，還有他的副使斯當東，以及使團的其他成員。這些西洋人到避暑山莊來幹什麼？

原來，隨著英國資本主義經濟的發展，英國政府及其商人總想在中國開闢更廣大的市場，於是，便想和當時中國最有權力的乾隆皇帝直接進行談判。乾隆五十八年正值乾隆皇帝八十三歲壽辰，馬戛爾尼使團便打著爲乾隆皇帝祝壽的旗號，帶著六百箱貴重禮物，前來中國。乾隆五十七年秋，馬戛爾尼一行人乘軍艦前來中國。乾隆皇帝從廣東官員的奏報中了解到英國貢使前來中國的消息以後，一度非常高興。他認爲這是英國第一個觀光天朝大國的使團，又是前來祝壽貢獻禮品，因此必須好好接待，官兵列營站隊也要旗幟鮮明，甲仗精良，讓西洋人看看天朝的威嚴。爲了把接待英國貢使的場面搞的更有氣派，乾隆皇帝決定馬戛爾尼使團一行人參加乾隆五十八年秋在避暑山莊進行的祝壽活動。對於英使的覲見禮儀問題，乾隆皇帝沒有深入考慮，他覺得按照慣例，行三跪九叩禮就行了。

不料，事情的發展和乾隆皇帝想像的不一樣。乾隆皇帝沒有了解英使來華的眞正動機，也不了解馬戛爾尼在覲見時不會行三跪九叩禮，因爲這種禮節在英國人看來是對他們國家的恥辱。乾隆五十八年六月十八日，馬戛爾尼乘坐的軍艦到達大沽，乾隆皇帝按照原先預想的那樣，諭令有關官員給以熱烈歡迎。但是在覲見禮儀上中英雙方還是發生了分歧。中國官員堅持英使必須行三跪九叩禮，英使則表示只能行「單腿跪地，一手輕輕握著皇帝的手以嘴吻之」這種禮節。最後雙方妥協的結果，決定馬戛爾尼行單腿跪地禮，而免去吻乾隆皇帝手這一項。乾隆皇帝了解到這些情況後，感到非常不快。他說：朕於外夷入覲，如果誠心恭順，必加恩待，用示懷柔；若稍涉驕矜，則是其無福承受恩典，同時即減其接待之禮，以示天朝體制。乾隆皇帝密諭：撤掉對英使團的所有格外賞賜；萬壽節過後，即令該使回京；京城不必準備招待英使的戲劇演出；留京五大臣接見英使時，不必起立，只須預備幾凳令其坐在一旁。

八月初十日，乾隆皇帝在避暑山莊萬樹園大御幄接見了英使馬戛爾尼一行人。儘管乾隆皇帝對英使的到來已不太感興趣，但是在表面上他還是保持了寬宏的氣度。馬戛爾尼在禮部尚書的導引下，雙手恭捧裝在鑲著珠寶的金屬盒子裡面的英王書信於頭頂，到乾隆皇帝寶座旁拾級而上，單腿下跪，簡單致詞，把書信呈遞到乾隆皇帝手中。乾隆皇帝親手接過，並不啓閱，隨手放在旁邊。乾隆皇帝仁慈地對馬戛爾尼說：貴國君主派遣使臣攜帶書信和貴重禮物前來致敬和友好訪問，我非常高興。我願意向貴國君主表示同樣的心意，願兩國臣民永遠友好。馬戛爾尼還把副使斯當東十三歲的兒子介紹給了乾隆皇帝。乾隆皇帝讓小斯當東來到御座前，聽他講了幾句漢語，並欣然從自己的腰帶上解下一個檳榔荷包親自賞賜給了小斯當東。

八月十一日和十二日兩天裡，在大學士和珅的親自陪同下，馬戛爾尼英國使團一行人遊覽了避暑山莊。十三日，是乾隆皇帝的八十三歲生日，慶賀典禮在澹泊敬誠殿舉行。馬戛爾尼一行人也參加了慶賀禮，他們向乾隆皇帝行深鞠躬禮，隨後，參加了在卷阿勝境舉行的宴會。慶壽典禮結束後，馬戛爾尼英國使團一行人就離開了避暑山莊，前往北京。在接見英國使臣的日子裡，乾隆皇帝曾寫下這樣一首詩：

博都雅昔修職貢，英吉利今效蓋誠。
豎亥橫章輸近步，祖功宗德逮遙瀛。
視如常卻心嘉篤，不貴異聽物詡精。
懷遠薄來而厚往，衷深保泰以持盈。

詩中的博都雅，即葡萄牙。乾隆皇帝的一種矛盾心情，在詩中流露出來。

## (五)木蘭行圍

木蘭圍場和避暑山莊的情況完全不同。離開波羅和屯以後，繼續北行，走東道有崖口地方。崖口是一個狹窄的山口，四周連綿起伏的山巒，到這裡一刀兩斷，形成壁立陡峻的懸崖。在兩崖相對的峽谷裡，伊遜河從山口奔騰湧出，流向開闊的平川。崖口俗名石片子。在面對山崖的高地上，矗立著一座巨大的石碑，上面用滿、漢、蒙、藏四種文字刻寫著乾隆皇帝的《入崖口詩》，詩中有「朝家重習武」句，反映了清朝對習武的重視。進了崖口，就是著名的木蘭圍場。

木蘭是滿語哨鹿的意思，圍場是哨鹿的場所，所以叫木蘭圍場。木蘭圍場位於塞外蒙古高原，南至燕山山脈，北接壩上草原，在蒙古各部落之中，周圍一千三百餘裡，東西三百餘里，南北二百餘里，比今天河北省圍場縣還要大。這裡山巒綿亙，雨量充足，森林茂密，水草豐美，河流縱橫，清泉縈繞，因此，適宜在北溫帶大陸生長的動物應有盡有。這些種類繁多的飛禽走獸，給清軍行圍習武提供了取之不盡的活靶子，而錯綜複雜的地形，也適合訓練滿蒙騎兵的騎射技術。總之，木蘭圍場是行圍習武的好地方。

木蘭圍場建於乾隆皇帝的祖父康熙皇帝在位期間。圍場四面樹柵界，名爲柳條邊，以別內外。圍場四周設立了四十個卡倫，即巡邏哨所，來阻止一般百姓進入。在木蘭圍場範圍內，根據地形的變化和禽獸的分布，又劃分六十七個小型圍場。在圍場的東北界，名叫岳樂的小圍場裡，樹立著一塊高大的石碑，碑上刻著乾隆皇帝寫的《御制虎神槍記》一文。文中繪聲繪色地描述了乾隆皇帝打死一隻老虎的經過。在圍場的東界，有達顏德爾吉分圍場，在這個分圍場的北面，也立著一塊石碑，上面刻著乾隆皇帝寫的《御製古長城說》一文。在圍場的南界，在卜克分圍場內矗立的一塊石碑上，刻著乾隆皇帝寫的《御製於木蘭作詩九首》。在圍場的北界，有都呼岱分圍場。都呼岱分圍場的北面，就是興安大嶺，高聳入雲，迤邐遠去。乾隆皇帝在乾隆十四年（一七四九年）八月七日，曾到都呼岱分圍場打獵，八日，登上了興安大嶺，並且寫下了著名的《登興安大嶺歌》。詩中有這樣的句子：「隆崇乎！興安之高高極天」，「邇來三萬六千歲，未許塵世知津源」，「北顧蒼茫乃無際，邊防久什心籌旃。興安之高高極天，非我作歌其誰傳」，歌頌了興安大嶺的雄偉巍峨，表現了對國家邊防安全的關注。

木蘭圍場設總管、左右翼長、章京、驍騎校等官員管轄，統領駐防官兵八旗滿洲、蒙古總共八百名。乾隆皇帝木蘭秋獮規模很大，隨從的官員有宗人府、內閣六部以及各院的辦事人，還有八旗官兵，各種夫役，以及蒙古各部王公，新疆維吾爾族、哈薩克族、柯爾克孜族等上層人士，最多時竟達三萬人。乾隆皇帝進入木蘭圍場以後要安設大營，也稱御營。御營內方外圓，占地縱二十丈六尺，横十七丈四尺。正中建黃幔城，黃幔城正中又建黃幄，也稱御幄，高二丈，直徑三丈四尺，上面是穹廬頂，前後有門。幄正中設御座，也就是乾隆皇帝的寶座。幄內左右懸掛著各種武器，有佩刀、鳥槍等。幔城外面是網城，用黃色繩結網而成。周圍又設連帳一百七十五座，稱爲內城。內城外面稱外城，有連帳二百五十四座。在外城的周圍，設九個宿衞帳，即內閣六部、都察院、提督衙門等機構的宿帳。在宿衞帳的四周，又設警蹕帳四十座，每帳樹護軍旗一面。上述嚴密的御營規制，從一個側面反映了對乾隆皇帝的保護措施。乾隆皇帝寫有《御行營詩》，描述了御營情況以及他自己的心情：

萬幕拱黃城，千山繞御營。
朝家修武備，藩部輸忠誠。
遠向郊蕪色，靜聞牧馬聲。
氈廬亦排几，復覺引吟情。

乾隆皇帝木蘭行圍一般是在中秋以後，行圍方式大致有四種，即行圍、試圍、圍獵和哨鹿。行圍，是乾隆皇帝只帶領數百人，分翼入山，圍而不合，邊走邊射獵。試圍，是乾隆皇帝先率百餘騎進入崖口，在平甸地區行獵，也稱小圍或甸獵。第二天才進行大圍即圍獵。圍獵規模浩大，分撒圍、合圍、待圍、罷圍幾個階段。進入圍場後，御行營護軍統領率領官兵先行前往度地，立行營，扈從官兵等依次安設帳篷。屆時內蒙古科爾沁等部照例出虞卒一千二百五十人，謂之圍牆，供合圍之用。喀喇沁、土默特、翁牛特、巴林、敖漢等部旗扎薩克要提供管圍官兵、趕車人、射槍手一千九百餘名。第二天五更時分，管圍大臣率蒙古布圍官兵，繞過嚮導大臣選定的圍場，由遠及近，在看城附近完成合圍。看城是乾隆皇帝在合圍過程中稍事休息的地方，待合圍完畢，他便入圍首先引弓射矢，以此顯示皇帝的無限權威和至高無上的尊嚴。隨後，乾隆皇帝命皇子皇孫和王公大臣們射獸，自己回看城觀戰。這時，滿蒙王公貴族和各部落的射手們大顯身手，如同急風驟雨般的馬蹄聲、喊殺聲立刻震動山野。如果有的野獸衝出圍圈，還有布置在外面的官兵追殺。如有猛獸出現，則管圍大臣要派遣侍衞馳報乾隆皇帝，乾隆皇帝便親到那個地方，命虎槍官兵掩殺，或御神槍及弓矢親殪之。猛獸如果負傷逃跑，乾隆皇帝則命令侍衞追殺，不管是跨越巖谷，還是舍馬步行，都要捕獲。圍中射鹿的先割掉尾巴獻給皇帝，用車運到幔城，等候乾隆皇帝賞賜。蒙古王公臺吉獲得野獸，二品以上的官員在乾隆皇帝面前跪獻，三品以下的交有關管理機構。大臣侍衞射中的要記入檔册，以備乾隆皇帝獎賞。在圍獵中，如有隊形不整齊，以及不奮勇追殺的，要給予嚴厲懲處。對於勇敢不怕死傷的人，則給以提拔或優卹。射獵完畢，乾隆皇帝回到大營，名爲散圍，各部落也按隊歸營。一天的行圍到這裡就結束了。

哨鹿的場面和圍獵截然不同。哨鹿的那一天，乾隆皇帝在五更出營，侍衞及各種備差人分爲三隊相隨。出營十餘里停第三隊，又四五里停第二隊，將至哨鹿處停第一隊，最後跟隨的只有乾隆皇帝的侍從和護衞十餘騎。他們頭頂製做的鹿角，吹著木製的長哨，模仿雄鹿求偶的聲音。在深山密林之中，漸聞清角聲揚，遠林呦呦，低昂應和，突然間，槍聲一響，被吸引而來的雌鹿已被擊中。乾隆皇帝和侍從們取鹿血食飲，據說鹿血能使人延年益壽。乾隆皇帝寫有許多描寫木蘭哨鹿的詩，其中有一首這樣寫道：

曉蟾駐魄碧光流，哨鹿時惟八月秋。
邃谷試呼來得得，虞人真解鹿呦呦。
耽盤媒翳嗤剛掛，聞放綸竿任釣舟。
朱鳥旋升開曉色，塞中隨意作清遊。

詩中描寫的完全是乾隆皇帝「清遊」的閒適心情。不過，在一首題爲《獮》的詩中，氣氛則與此迥然不同：

奇花異草總含芬，少坐岡巒亦可欣。
幾樹濃青幾樹赤，半峯晴靄半峯雲。
獸驚避箭甌叢伙，人語呼圍障嶂聞。
倩涿鴻絧原有度，即茲深寓教三軍。

詩中描繪了木蘭圍場美麗的景色，以及「獸驚避箭」、「人語呼圍」的壯觀場面，而這一切，乾隆皇帝認爲都是爲了鍛鍊三軍。

木蘭行圍時間一般是二十天。行圍結束後，乾隆皇帝要到張三營行宮，和滿族大臣、蒙古王公聚集一堂。屆時設蒙古包六座，備有白駱駝十八隻，鞍馬十八匹，騸馬一百六十二匹，牛十八頭，羊一百六十二隻，酒八十一罐，食品二十七席。此外，還有什榜（蒙古樂名）九十人，騎生駒二十人，生駒無定數，呈技馬二百五十匹。內蒙古卓索圖，昭烏達二盟長按例進宴。宴會期間，由蒙古族歌手演奏蒙古音樂，藝人陳相撲之戲，蒙古王公子弟也表演騎生駒技藝。乾隆皇帝寫有塞宴四事詩，描述了詐馬、什榜、相撲、教跳的熱烈場面。

詐馬是蒙古舊俗，漢語的意思就是賽馬，也稱跑馬。元朝人所說的詐馬，實際上是「咱馬」之誤。蒙古語把掌食的人稱爲咱馬，是在演完戲之後，設宴賜食款待。表演賽馬時，要選擇名馬數百匹，列隊二十里以外，由幼童當騎手，以便輕捷，馬能跑遠。槍聲響後，賽馬開始。衆馬馳騁，各個爭先，不一會兒就跑完了二十里全程，先到者三十六人成爲優勝，獲得不同程度的獎勵。乾隆皇帝的《詐馬》詩，記述的正是這種比賽活動。

什榜是蒙古樂名，用於飲宴過程中，給飲食的人們起助興作用，有的地方稱作「十番」的，可能指的就是這種情況。宋朝詩人楊萬里詩中有「全番長笛橫腰鼓，一曲春風出塞聲」句，說明樂曲名番本是塞外語，後來幾經變動，稱爲什榜。奏這種樂的樂器有笳、管、箏、琵琶、弦阮、火不思等。在人們飲酒的時候，樂隊在筵前鳴奏，演員放聲高歌，很有古代遺風。乾隆皇帝的《什榜》詩，其中有「四裔之樂舞於庭」句，記述的正是這種歡快的場面。

相撲這種遊戲，是蒙古人最重視的，每當筵宴時候，一定要進行表演。清朝政府也通過這種形式鍛鍊士兵，名叫「布庫」，蒙古語稱爲「布克」。表演者脫帽短褲，兩人一對，以把對方摔倒在地決定勝負。獲勝的人獎賞一巵酒。厄魯特蒙古人相撲時脫掉上衣，即使倒了也不鬆手，一定要按住腦袋和肩膀，讓肩膀著地才算勝利。勝利的人被獎賞一塊羊肉，吃的時候還拱手鞠躬，顧盼左右，發出叫聲，表現出一付歡快的樣子。他們的習俗就是這樣。乾隆皇帝寫有《相撲》詩，詩中有「健兒揎袖短後衣，席前相撲呈雄嬉」句，記錄的就是相撲的情況。

教跳攻駒，在《周禮》中有記載，後來人們只知道攻駒，而不能教跳。蒙古人則非常熟悉教跳的方法，稱作騎額爾敏達騍。馬三歲以上叫達騍，額爾敏是沒有配鞍勒的意思。每年蒙古各部旗長都把許多生馬趕到舉行筵宴的地方，讓它們在原野上奔跑。王公子弟中雄傑的，手執長竿追趕套馬，套住以後加上羈韝。開始的時候馬還發怒跑跳，極力掙脫繮繩，但是，在套馬人的控制下，不一會兒就被調教好了，而成爲一匹名馬。乾隆皇帝寫有《教跳》詩，描述的就是這一過程。

各種表演活動結束以後，乾隆皇帝對參加木蘭行圍的蒙古王公和士兵給以隆重賞賜。王公們賞綿龍緞袍、鍍金環佩帶、氈襪、皮靴、腰刀、撒袋、弓矢等，士兵們則賞銀，自六兩至一兩五錢不等。

乾隆皇帝木蘭行圍，有許多趣事，當時的人就有記載。一個是殺虎的故事。那是乾隆二十二年（一七五七年）秋，有一天停圍，乾隆皇帝宴請蒙古各部王公。正在演劇的時候，兩個蒙古王公相互耳語。乾隆皇帝看見他們在悄悄說話，便召他們過來問怎麼回事。兩個蒙古王公回奏說，剛才有家人來報，他們營地白天有老虎來傷馬，所以才小聲耳語。乾隆皇帝立即諭令停止演劇，騎馬出大營，侍衛們沒有準備，倉猝跟隨。虎槍營的士兵聽到消息，也急速地騎馬前來，偵察到虎窩裡僅有兩隻小老虎在。乾隆皇帝命一個侍衛把這兩隻小虎抱出窩來。誰知這個侍衛剛要舉手，一個小虎突然站了起來，侍衛沒有準備，身體向後躲了躲，乾隆皇帝立即拔去了他帽子上的花翎。正巧這時有一個蒙古青年趕上前來，只見他到虎窩裡，分別把兩隻小虎挾在左右腋下。乾隆皇帝看到後非常高興，隨手把拔下的那個侍衛的花翎插到了這個蒙古青年的帽子上。這時公虎已經跑遠，只有母虎因戀其子，還在前山回顧，虎槍營的士兵盡力追趕，跨過了幾座山梁，幾條河川。乾隆皇帝騎在馬上等待，一個時辰以後老虎才被擡了回來。虎槍營有三個士兵受了傷，其中一個較重的，乾隆皇帝賞孔雀翎一枝，白銀二百兩，另外二人各賞銀一百兩。那隻老虎已死，放在幔城裡，從頭到尾長八九尺，毛呈淺紅色，虎蹄極粗，可能是最大的老虎了。

還有一個是狗咬死老虎的故事。老虎咬死狗，本是常事，但是，在木蘭行圍中，狗卻能咬死老虎。木蘭行圍中的狗，牙齒尖銳，腿高，身細而長。侍衞追趕老虎追不上的時候，就放出狗去追。一般情況下要同時放出三隻狗，老虎才無力咬狗。具體情況是，一隻狗向前咬老虎的後腿，老虎掙脫出，另一隻狗又咬老虎的另一條後腿，老虎又掙脫出，在老虎兩次掙脫之間，第三隻狗從後面竄出直咬老虎的下頷，老虎就倒下了。不過，狗是依仗人勢才這樣威風的，如果沒有人在，這些狗也不敢前去咬老虎。

另外一個是兔子蹬死鷹的故事，具體情況是，鷹見到兔子以後，必定追逐博擊，兔子料想躲避不過，便仰面倒下而把四足收縮在腹部，等到鷹追趕上來以後，兔子猛然把腿一蹬，就把鷹擊倒了。

## ㈥編書、辦案和懲處權臣

乾隆皇帝巡幸避暑山莊和木蘭行圍期間，除聯絡蒙古等少數民族王公貴族，以及訓練八旗軍隊外，還要處理其他許多事情，主要是組織編書、辦理案件、懲治權臣和確立制度等。

**組織編書**。乾隆三十八年（一七七三年）六月十六日，乾隆皇帝在避暑山莊，命對《日下舊聞》一書詳加考證，悉作補充，編爲《日下舊聞考》。《日下舊聞考》由大學士于敏中、英廉任總裁，竇光鼐、朱筠等根據《日下舊聞》加以增補、考證而成，是以往最大最完全關於北京歷史、地理、城坊、宮殿、名勝等的資料選輯。全書一百六十卷，仍沿用《日下舊聞》的編次目錄，但是其中二十卷的國朝宮室、兩卷的京城總記、四卷的皇城、十四卷的國朝苑囿，則都是新增加的。此外，官署十二卷，從城市門內獨立了出來。效坰原六卷增爲二十卷。京畿也從十卷增加到三十七卷。《日下舊聞考》一書在乾隆五十年至五十二年刻版出書，離乾隆皇帝最初在避暑山莊諭令始編，已經過去十二年多了。

乾隆四十四年（一七七九年），乾隆皇帝在避暑山莊主持編輯了《蒙古王公表傳》和《回部王公表傳》兩書。乾隆皇帝認爲，國家開基定鼎，統一寰宇，蒙古四十九旗，以及外扎薩克、喀爾喀各部，咸備藩衞，世篤忠貞，其抒誠效順、建立豐功者，不乏其人，宣奠奏績，著有崇勳者，也指不勝屈。於是，爲了獎勵猷而昭未來，八月初一日，乾隆皇帝命國史館會同理藩院，將蒙古各扎薩克事迹譜系，詳悉採訂，以一部落爲一表傳，其有事實顯著的王公，在部落表傳之後，再每人立一傳，這樣，則建功端委，傳派親疏，都可按籍而稽，昭垂奕世。受命後，國史館總裁大臣等，即選派纂修各員，詳愼編輯，以滿、漢、蒙古字三體合繕成帙，陸續進呈乾隆皇帝。成書後，同宗室王公功績表傳一樣，以漢字錄入四庫全書。與此同時，各部落也將所部表傳、專傳，以三體合書，編輯一册，以使其子孫更知觀感奮勵。《回部王公表傳》在當年九月初二日開始編輯。乾隆皇帝認爲，各城回人自投誠以來，宣力軍前，封授王公者不乏其人，應同內外扎薩克一樣一體加恩，編纂表傳。這樣，理藩院便會同國史館，照蒙古王公編纂表傳例，將回人內實心效力、立有軍功的，也編纂成表傳，用以表示乾隆皇帝一體矜恤回部臣僕之意。

諭令編輯《河源紀略》一書，是乾隆皇帝在乾隆四十七年（一七八二年）巡幸避暑山莊和木蘭行圍期間做出的一個重要決定。這年春天，因河南省青龍岡漫口，合龍未成，乾隆皇帝乃派乾清門侍衛阿彌達前往青海，探查黃河源。事竣，阿彌達返回復命，並據按定南針繪圖具總呈覽。乾隆皇帝覽奏後，認爲所奏河源非常明晰，糾正了以前關於河源即星宿海的說法。七月十四日，乾隆皇帝命館臣編輯《河源紀略》一書，並錄入四庫全書。乾隆四十九年（一七八四年），《河源紀略》編成，共三十六卷，繪圖列表，考古證今，雜錄沿河所見風俗、物產、古蹟、軼事。不過，該書以星宿海西南天池爲黃河源，仍然有誤。

**審理案件**。乾隆六年（一七四一年），乾隆皇帝首次巡幸避暑山莊和木蘭行圍期間，京城發生了戶部寶泉局工匠罷工事件。七月二十七日，戶部寶泉局四廠工匠擧行罷工，抗議清政府減發工資，停爐不再鼓鑄。後經寶泉局監督及各廠大使安置匠役，並嚴飭爐頭照常辦理，西、北、南三廠工匠按數支領工價後，才開爐鼓錢。但是，東廠內翻沙工童光榮仍指使諸匠不領工價，並砸死了不聽指使的磨錢匠張文倉，監督把童光榮拿交大興縣審訊，其餘工匠照常支領工價後，方才開爐鼓鑄。八月初七日，北廠匠役突然又停爐，聲言要算本年秋季新賬，並要找算兩年舊賬，每爐每卯俱要工錢二十八串。雖經寶泉局監督指示開導，衆匠役仍然喧鬧，一定要算賬後開爐。十八日，西廠匠役也突然上房吶喊，抛擲磚瓦，要求照北廠那樣重新和爐頭找算舊賬。隨即南廠、東廠也都停爐觀望，要算舊賬，找給工價。清政府戶部官員以若不給銀，勢必喧鬧，難於安置，決定採取息事寧人政策，暫將存局冬季工料銀兩，借給爐頭，令其按數發給，以使各工匠帖然心服，照舊開爐鼓鑄，以後再於爐頭名下，分年按季扣還，以清帑項。並在開爐後，密訪爲首者，查交刑部，從重治罪。乾隆皇帝在木蘭圍場知道這一情況後諭示：此等廠風甚屬可惡！京師之地尚且如此，怎麼能夠宣示四方？他命令兵部尚書辦理步軍統領事務舒赫德等人嚴密訪查爲首者，查出後務必重處，以儆他人。

乾隆十七年（一七五二年）八月十四日，乾隆皇帝在避暑山莊處理了著名的順天鄉試案。當年八月，順天鄉試，主考官入簾時，在內簾監試御史蔡時田行李內搜出關節二紙，外簾監試御史曹秀先辨認，係其侄舉人曹詠祖筆迹。乾隆皇帝以爲即位以來，留意整飭，應當諸弊盡除，人知畏法，不料尚有愍不畏死、藐法行私、潛通關節的人，實在出於情理之外。蔡時田身爲御史，以監試爲職，竟然受帶關節，尤屬不法，實在可惡，命將蔡時田革職，曹詠祖革去舉人，曹秀先解任，案內有關人犯交在京總理事務王大臣會同刑部嚴加訊問，切實審擬定罪。十四日，乾隆皇帝又了解到蔡時田所帶關節二紙，原擬入簾時遇有相識之人，相機轉託，並非實有其人，於是以蔡時田身爲御史，奉命監試，反倒收受關節，串通囑託，曹詠祖奔竟寅緣，藐法營私，情罪俱爲重大，遂命把二人處以斬刑。

乾隆四十七年（一七八二年）八月，乾隆皇帝在避暑山莊處理了新疆官員多報糧價侵蝕帑銀案。原來，烏魯木齊各州縣官，自乾隆三十九年以後，就不照市場賣糧的實際價格報銷，而是浮開多報。比如，小麥每京石用銀不過八九錢至一兩零九分不等，州縣卻以每石一兩八九錢具報。據各州縣官供認，每石多報銀三四錢或五六錢，通計各官歷年侵冒銀兩一萬兩至數百兩不等。各官還供認，通同舞弊，饋送都統索諾木策凌銀兩自一千兩至數千兩不等。乾隆皇帝聽到上述情況奏報後做出裁定：收受饋贈銀一萬兩的原烏魯木齊都統索諾木策凌令其自盡，原奇臺縣知縣窩什深侵用帑銀四萬餘兩，立即正法，侵蝕銀一萬兩以上的德平、伍彩雯等人立即處斬，索諾木策凌管家王老虎等即行處絞，其他有關人犯四人發往煙瘴地方及黑龍江充當苦差，雖遇大赦，不得省釋。

**懲處權臣**。乾隆三十四年（一七六九年），乾隆皇帝巡幸避暑山莊期間，懲處了權臣良卿。良卿是貴州巡撫，他庇護貴州威寧州知州劉標積年虧帑銀二十八萬兩事件，他自己長期在布政使處支養廉銀。當乾隆皇帝命人調查時，良卿不行察究，敷衍了事。結果，乾隆皇帝以負恩欺君、違法婪贓罪，將良卿斬首，其子富多、富永二人也削去滿洲正白旗旗籍，發往伊犁，賞給厄魯特人爲奴。

乾隆三十七年（一七七二年）七月二十六日，乾隆皇帝在避暑山莊，諭令將雲南布政使錢度押赴刑場斬首。原來，錢度是個貪官，他任職期間，雲南解北京的銅歷年短欠。錢度則利用貪汚得來的錢，共二千二百餘萬兩，購買玉器古玩，金銀器皿。剩餘的錢則藏在老家的地窖或夾壁牆中。乾隆皇帝處死錢度，也是對所有大臣的警告。

乾隆四十七年（一七八二年）七月初八日，乾隆皇帝在避暑山莊諭令山東巡撫國泰在獄中自盡。原來，該年春天，御史錢灃上疏彈劾山東巡撫國泰與布政使于易簡說，國泰貪縱營私，勒索屬員，遇有升調，惟視行賄多寡，以致歷城等州縣虧空或八九萬或六七萬之多。布政使于易簡也縱情攫賄，與國泰相同。乾隆皇帝看過奏疏後，立即派人調查，發現國泰、于易簡虧庫銀二百餘萬兩，便命先把他們逮捕入獄，後又賜死。

**確定制度**。乾隆五十二年（一七八七年）六月初九日，乾隆皇帝在避暑山莊，經刑部奏請，決定准許漢人娶蒙古婦女爲妻。乾隆皇帝在對軍機大臣的諭示中說：國家休養生息，中外一家，本無畛域之分。從前定例內地民人不准娶蒙古婦女，或因民人等暫時出口謀生，在彼婚娶，易滋事端，是以沒有明禁。近年生齒日繁，內地民人才身出口貿易種地的不可勝計，伊等相處日久，往來婚娶，勢難禁止。於是，「民人不得娶蒙古婦女」一條，便在有關法律中删去。

乾隆五十七年（一七九二年）八月二十六日，乾隆皇帝啓蹕自避暑山莊回鑾的第二天，第一次提出以金奔巴瓶抽簽法方式，確定達賴、班禪等大喇嘛的化身呼畢勒罕。後來，正式頒布了金奔巴瓶制。其具體做法是：設金奔巴瓶於拉薩大昭寺，內裝象牙簽數枚，遇有呼畢勒罕出世互報差異時，將報出孩童數名的出生年月日及名姓，各寫一簽，放入瓶內，焚香誦經七日，由駐藏大臣會同大喇嘛等在衆人面前抽簽決定。蒙古地方各旗部落供奉的呼圖克圖很多，大小不等，則在京城雍和宮內設一金奔巴瓶，如蒙古地方某旗某部落出有呼畢勒罕，即報明理藩院，將其有關小孩年月姓名繕寫簽上，入於瓶內，交掌印扎薩克大喇嘛等，在佛前念經，由理藩院大臣公同制簽。金奔巴瓶制的頒定，不僅達賴、班禪和西藏的呼圖克圖，就是青海、蒙古的呼圖克圖，擇定呼畢勒罕之權，實際上都已歸屬清政府。這對加強清朝中央政府對蒙藏地區的管轄起了重大作用。

乾隆六十年（一七九五年）五月初六日至八月二十七日，乾隆皇帝在自己當政的最後一年，又巡幸了避暑山莊。他當了太上皇以後，還分別在嘉慶元年（一七九六年）、二年（一七九七年）、三年（一七九八年）三次巡幸避暑山莊，和蒙古王公、外藩使臣歡聚一堂，處理有關國家大事，尤其是制裁貪官污吏，以期整頓朝政。不過，這時白蓮教起義已經爆發，社會問題更加嚴重。嘉慶四年（一七九九年）正月初三日，八十九歲的乾隆太上皇病死在紫禁城中乾清宮養心殿，這離他最後一次巡幸避暑山莊歸來的日子僅有四個月零一天！

# 六、六下江南

乾隆皇帝六次巡幸江南，是他一生中的重要活動之一。他曾說：予一生中有兩件大事，一是西師，二是南巡。乾隆皇帝把南巡和平定準噶爾並列，可見他是多麼重視南巡這一活動。

## (一)到江南去

乾隆十四年（一七四九年），乾隆皇帝認爲東巡盛京謁祖，巡幸避署山莊和木蘭秋獮聯絡蒙古上層人士，平定西南苗民起義，降服大小金川土司首領，這些鞏固皇權和國家統一的事情都已經做了，輔政大臣鄂爾泰已經去世，張廷玉也已退休，南巡江南的條件已經具備，大臣中不會有人進行阻攔，於是，便提出乾隆十六年（一七五一年）巡幸江南。

那麼，乾隆皇帝爲什麼六下江南呢？他曾對別人講：朕恭讀聖祖康熙皇帝實錄，上面詳細記載著祖父侍候皇太后南巡的歷史。當時百姓扶老攜幼，夾道歡迎，齊聲贊頌皇家的孝順美德，朕心裡眞是羨慕極了，後來乾隆皇帝就把自己的南巡叫做「法祖省鄉」，也就是效法祖宗，視察地方，而且也是恭奉皇太后六次巡幸江南。這樣看來，乾隆皇帝六下江南是效法康熙皇帝。其實，這只是表面的現象。從更深的層次考慮乾隆六下江南有著複雜的社會背景。

**江南地區經濟發展，當時處於全國前列，是清政府的糧倉**。江南地區土地肥沃，氣候宜人，水利資源豐富，適宜農作物生長，一般單位面積產量很高，民間早有「蘇湖熟，天下足」的諺語。乾隆年間，江蘇的蘇州、松江，浙江的嘉興、湖州，竟有一縣額徵比其他地方一省還多。再加上江南地區生齒日繁，人口密集，商業發達，所以成爲全國的財富中心。乾隆皇帝說過：「惟念大江南北，土沃人稠，重以百年休養，戶口益增。」因此，乾隆皇帝知道，經濟發達、錢糧豐盈的江南地區，是維持清朝統治的命脈。

江南地區的反清思潮也在全國居於首位。清初，江南地主階級不滿清軍南下屠城和剃髮政策，曾進行大規模的反抗，有的還和農民軍餘部合作。到了乾隆年間，江南地區的反清勢力仍很活躍。爲了監視江南地主階級的動向，從清初起，清政府就專門派了大量皇帝密探前往江浙一帶，防止他們的越軌行爲。杭州、江寧、蘇州等地設有織造署，表面上他們專門監造皇室的衣飾用品，實際任務卻是報告各地見聞，察看在鄉大臣生活動靜，偵刺地方官言行以及公衆輿論。乾隆皇帝每次南巡，都要前往江南各地織造家中，也說明了這一情況。由於江南地區的反清思潮，江浙地區屢屢發生文字獄。乾隆年間，江南地區因文字獲罪的人更多，所以乾隆皇帝搜尋遺書，就以江南地區爲重點。他說：「明季末造，野史甚多，其間毀譽任意，傳聞異詞，必有詆觸本朝之語，正當及此一番查辦，盡行銷毀，杜遏邪言，以正人心而厚風俗。」他還特別强調：「此等筆墨妄議之事，大率以江浙兩省居多。」在乾隆皇帝搜尋遺書的上諭中，多次點到江蘇、浙江，充分說明了乾隆皇帝對江南反清思潮的重視。

**爲了勘察水情，解決水患。**乾隆皇帝說過：「南巡之事，莫大於河工。」乾隆年間，從直隸經山東、江蘇、安徽，直至浙江，水災多有發生。乾隆七年（一七四二年），夏秋雨水過量，黃河在銅山、石林決口。乾隆十年（一七四五年），黃河決口陳家鋪。除黃河水患外，還有浙江海潮之災。杭州灣一帶地理環境特殊，海潮一至，洶湧澎湃，形成强大的潮汐流，對沿海地區有極大的破壞力。到底應當怎樣做，才能免除水患，這是乾隆皇帝不得不考慮的問題。

**爲了穩定江南，清除危機。**乾隆年間，清朝雖然還是處於盛世，但是深刻的社會危機已經孕育。乾隆皇帝即位後，江南地區農民起義和各種形式的反抗鬥爭接連不斷。馬朝柱領導農民在安徽、湖北等省起義。混元教等祕密組織在河南等省廣泛活動。農民抗租、爭田、反克扣工錢、奪糧、抗糧鬥爭時有發生。奴婢逃亡、贖身、嚴懲奴主的鬥爭接連不斷。手工業工人罷工罷市，水手罷工，鹽販抗官罷市等鬥爭，在江南地區表現得尤其激烈。應當怎樣做，才能緩和日益深刻的社會矛盾，這也是乾隆皇帝必須認眞考慮的問題。

**爲了遊山玩水**。江南地區的美麗山水深深地吸引著乾隆皇帝。江南向以水鄉見稱，以水景爲主的園林比比皆是。例如小巧的蘇州網師園。此外，還有以山石見勝的上海豫園，南京瞻園，揚州個園，蘇州滄浪亭、獅子林等。乾隆皇帝說過：「江南名勝甲天下」。因此，他希望「眺覽山川之佳秀，民物之豐美。」

**乾隆皇帝南巡作爲聲勢和規模都很大的活動，需要進行認眞的準備**。一般說來，南巡前一年，要指定親王一人擔任總理行營事務王大臣，負責全面的籌劃安排。要派嚮導勘察沿途道路，制定巡幸計劃。巡幸所經過的地方，各級官員要提前修橋鋪路，建築行宮，準備器玩，安排迎鑾。穩定社會秩序、美化環境的工作也要做，包括訓練士卒，通緝盜匪，清理刑獄，安撫窮苦百姓，修繕城郭，治理河渠等等。

乾隆皇帝六次南巡的基本情況怎樣呢？我們這裡先做一個簡要的概述。

乾隆十六年（一七五一年）正月十三日，以省方問俗、考察戎政、閱視河工海防、了解民間疾苦、奉母遊覽爲由，乾隆皇帝奉皇太后離京，首次南巡江浙。沿途蠲免應徵地丁錢糧不等。二月初八日，渡過黃河。由運河乘船到杭州，已是三月。回鑾時繞道江寧（今南京）。四月，從陸路至泰安，祀岱廟拈香。五月初四日還京。首次南巡往返行程水陸共計五千八百里，歷時三月餘。

乾隆二十二年（一七五七年）正月十一日，乾隆皇帝奉皇太后啓鑾出京師，開始第二次南巡。二月初五日渡過黃河。二十七日到達杭州。三月十八日至江寧。回鑾時，四月初十日到曲阜謁孔林，親祭孔子。二十六日，還京師圓明園。

乾隆二十七年（一七六二年）正月十二日，乾隆皇帝奉皇太后從京師出發，開始第三次南巡。二月初八日渡過黃河。三月初一日到杭州。二十六日至南京，祭明太祖陵。回鑾時到鄒縣祭孟子廟，再至孔廟行禮，謁孔林，登泰山，至玉皇頂拈香。五月初四日，回京住圓明園。

乾隆三十年（一七六五年）正月十六日，乾隆皇帝奉皇太后從京師出發，開始第四次南巡。閏二月初七日到杭州。回鑾時親至明太祖陵奠酒。四月二十一日，回京居暢春園。

乾隆四十五年（一七八〇年）正月十二日，乾隆皇帝從京師出發，開始第五次南巡。經過山東時，他派遣官員至曲阜祭祀了先師孔子。他還在杭州、江寧等地閱兵。在江寧拜謁了明太祖陵，頒布了移風易俗的諭示。五月初九日，乾隆皇帝返回京師。

乾隆四十九年（一七八四年）正月二十一日，乾隆皇帝從京師出發，開始第六次南巡。

在曲阜謁見了孔子廟。三月，進入浙江境內。二十四日，他撰寫了《南巡記》一文，總結性地敍述了六次南巡的原因、目的及成效。閏三月，到達江寧，接見了安南國（今越南）使臣黃仲政等，並遣官祭祀明太祖陵。四月二十三日，乾隆皇帝一行返回京師。

## (二)南巡路上

乾隆皇帝南巡準備充分，沿途駐宿多建行宮或大營，行程固定。下面，讓我們沿著乾隆皇帝當年南巡經過的道路，比較詳細地了解一下他六次南巡途程的有關情況吧。

乾隆皇帝南巡，要經過直隸、山東、江南（江蘇）、浙江四省。在直隸，首先經過的名勝和地方有盧溝橋。橋在京城西南三十里，橋側有碑亭，石碑上刻著乾隆皇帝御書「盧溝曉月」四字。乾隆皇帝還寫有《盧溝橋》詩，詩中描寫了盧溝河（永定河）洪水造成的危害，闡述了治水重防護的道理。過了盧溝橋，進入良鄉縣，這裡建有黃新莊行宮。離行宮不遠的地方有效勞臺，是爲紀念將軍兆惠平定準噶爾和大小和卓後振旅凱旋而築。在良鄉縣南，有弘恩寺。該寺層樓傑閣，崇棟飛簷，門臨古道，周垣環繞叢木，蒼翠蔭涼，是遊人休息的好地方。乾隆皇帝寫有《弘恩寺雜詠》詩多首，其中一首這樣寫道：

丈室紙窗明，依然昨景情。
卻憐枝上鳥，解報曉春生。

讀過這首小詩，弘恩寺清幽的環境確實令人流連忘返，難怪乾隆皇帝幾次南巡，都認爲這裡是塊福地。進入涿州境地，在涿州城北，巨馬河上，有一橋名永濟橋，是乾隆皇帝敕建的。該橋地處要津。橋南表以坊宇，輔以樓欄。橋附近榆柳垂陂，蒲葦夾岸。橋西高處有碑亭，碑上刻著乾隆皇帝寫的碑文。永濟橋碑亭和盧溝橋碑亭在百里之內相互輝映，成爲京城南邊著名的建築物。在涿州城南，有涿州行宮。行宮建在一個平岡上，石徑曲折，亭館周通飛閣。憑高遠眺，雲連萬室，塔影浮空，一派雄奇景象。乾隆皇帝寫有《涿州行宮作》詩，其中有「軒楹無藻飾，幾席有餘清」句，還有「輿與對春發，心依古月明」句，寫出了行宮的不事雕琢，以及乾隆皇帝的恬淡心情。過了涿州，到達新城縣，這裡建有紫泉行宮。行宮位於新城縣西南，因有紫泉而得名。行宮畫舫風亭，清幽颯爽，埭旁種竹，拳石秀峙，道路迂迴，樹木婆娑。乾隆皇帝寫有《紫泉行宮十景》詩，描述了敞軒、屏山、鏡湖、舫室、樓亭、虹橋、魚罾、石徑、竹埭、箭廳的美麗景色。在任丘縣北，建有趙北口行宮。這裡湖光煙靄，帆影雲飛，水檻風廊，環映於蓮泊莎塘之際，晴空一碧，彷彿江南圖畫。乾隆皇帝寫有《趙北口行宮作》詩，其中有「初歲臨行館，開韶景已妍」，「簾捲和風細，窗含嫩日明」

句，讀後令人心情舒暢，深切感受到了趙北口行宮的優美環境。在任丘縣南十里，是思賢村行宮，思賢村原名四善村，是漢代太傅韓嬰故居。韓嬰在孝文帝時任博士，善寫詩。乾隆皇帝即景懷古，改四善村名思賢村。行宮垣牆簡樸，欄檻清曠，和運垌雲樹相映，別是一番景色。戰國時代著名的醫學家扁鵲，姓秦名越人，家居任丘縣。乾隆皇帝南巡途經任丘縣時，寫有《題扁鵲墓》詩多首，其中有一首這樣寫道：

渤海名醫術有神，功同岐伯世無倫。
庸醫嫉妒加殘害，活得人多轉殺身。

詩中表現出乾隆皇帝對一代名醫扁鵲的尊崇和同情。過了任丘縣，是河間縣。在河間縣南，有太平莊行宮。這裡原是漢代大儒毛萇的故居。太平莊行宮不事雕文藻繢，軒窗蕭灑，別具風雅。在獻縣南三十里，是紅杏園行宮。這裡以環植紅杏數百株而得名，有亭翼然，有池泓然，月橋形似半規，曲通臺榭，是漢、明兩朝大臣的別墅。乾隆皇帝寫有《紅杏園》詩，其中「渤海經古邑，芳園駐翠輦。徘徊尋故迹，云昔日華館」，講得就是這種情況。絳河行宮在景州城西北。斜抱村墟，環罨煙樹，中構行館，修廊作檻，曲通邃室，虹橋宛轉漾碧，澄虛月影風光，隨時延入亭榭，景色十分優美。乾隆皇帝爲絳河行宮題有頤志堂、展義齋、澹懷堂、四照亭、延月臺、涵虛舫、葆光洞、通淥橋等八處景點，並題有「半扉愛日虛而朗，一水護門湛且清」聯。在景州西北還有開福寺，是明朝舊刹。刹前有古塔，是隋朝建築。乾隆皇帝南巡，多次經過這裡，寫有《過景州》和《開福寺》詩。詩中的「城上遙看塔影孤，輕塵不動雪微鋪」，「法雲垂四界，花雨散諸天。韶秀春光闌，崇隆塔影懸」等句，描寫了古塔初春的美麗景色。

　　過了景州，乾隆皇帝的南巡車隊便離開了直隸轄境，而進入山東省。進入山東境內，首先要駐蹕德州行宮。行宮在德州南門外，是漢代大儒董仲舒的故里。這裡平原開闊，樹木叢茂。乾隆皇帝寫有《入山東境》詩，其中「不爭十里度平川，民俗全分齊與燕」句，道出了直隸和山東民俗的不同。在齊河縣西北，有晏子祠行宮。晏子即春秋時齊國大臣晏嬰，後人建祠祭祀。行宮建於祠的兩邊，供乾隆皇帝南巡經過這裡時休息。在長清縣東南靈巖山有靈巖行宮。靈巖山原有靈巖寺，峯巒秀美，是謁泰山必經之地，後來寺廟移建他處，便在寺的舊址修建了行宮。這裡山色溪光，別有情趣，是理想的休息地。在泰安縣北是泰山，泰山上有紅門、玉皇廟、朝陽洞、岱頂行宮等建築，是乾隆皇帝南巡途中拜謁泰山休息的地方。在泰安府治西有岱廟，岱廟旁有行宮一處。乾隆皇帝寫有《望岱廟》詩，其中「敬仰崇祠一念馳」句，反映了他的心情。在泰安縣西南魏家莊有四賢祠行宮。四賢是指宋朝大臣胡瑗、孫復、石介、孔道輔。行宮建在平原上，樹木蔥鬱，環境優美。行宮不侈雕鏤，不崇彩飾。在曲阜縣城中有孔廟，廟中有杏壇，有孔子親手栽種的檜樹遺迹。乾隆皇帝南巡回鑾途中，紆道過魯，多次到這裡謁廟瞻拜，表示奠崇之情。古泮池行宮在曲阜縣東南，該地舊有泮宮臺。乾隆皇帝寫有《古泮池證疑》一文，引經據典，詳加考證，敍述了該地的歷史沿革，風土人情。孔林在曲阜縣城北，這裡檜柏森茂，黛色參天，廣袤數十里，中有子貢親手種植的楷樹。乾隆皇帝南巡回鑾途中，迂道幸魯，到孔林奠酒，以表示尊師重道。孟廟在鄒縣城南，右臨大道，此去孟子故宅三十餘里。乾隆皇帝南巡回鑾經過鄒縣，曾親自到這裡拈香。泉林行宮在泗水縣東五十里，這裡有泉數十，互相灌輸，合而成流，所以名泉林。相傳「子在川上曰：逝者如斯夫，不舍晝夜」中的川，即指此處。乾隆皇帝駐蹕這裡，曾給八處景點命名，分別稱近聖居、在川處、鏡瀾榭、橫雲館、九曲杓、柳煙波、古蔭堂、紅雨亭，並且每處景點都寫詩讚美。在題名《紅雨亭》的詩中，乾隆皇帝寫道：

> 春曉緋枝苞尚含，趲程巡蹕指江南。
> 慢言佳景成孤負，看到霏霏轉不堪。

景色雖好，不是久駐之地，乾隆皇帝南巡趕路的急切心情，在詩裡充分地表露出來了。

萬松山行宮在貴縣東北十里，這裡松柏成林，蒼翠一片。乾隆皇帝寫有《萬松山小憩》詩，詩中有「小憩登程去，帖毫興已償」句。郯子花園行宮在郯城縣城外里許，這裡林木蒼鬱，相傳是春秋時郯子花園。行宮規模儉樸，沒有臺沼觀遊之勝。乾隆皇帝寫有《郯子園六韻》詩，其中有「觀民指吳會，按頓莅郯墟」句，點明了江南才是南巡的目的地，郯子花園只是途經之所。實際上，乾隆皇帝在郯子花園也只是休息一夜，次日天明就又匆匆趕路了。南池在濟寧州南門外，依城面河，林木蒼鬱，饒有雅致。唐朝大詩人杜甫曾雲遊到此，後人爲了紀念他，建有少陵祠。乾隆皇帝南巡，由水道回鑾，曾經過這裡。太白樓在濟寧州南城，南城古時也稱任城。唐朝大詩人李白客遊任城，任城縣令賀知章設宴款待，後來就在此處建樓。太白樓形勢雄傑，俯臨運河，南北帆檣往來如織。乾隆皇帝南巡曾到達這裡。分水口在汶上縣界，汶水在這裡流入運河，七分北流，至臨清合漳、衞入海，三分南流，接濟漕運。這裡有大禹廟、龍王廟、宋公祠。修建分水口行宮，是爲了乾隆皇帝南巡，御舟到這裡以便觀看分水形勢。光岳樓在東昌府城中，傑構入雲，高下在目，可以遠望岱岳。乾隆皇帝南巡，由水道回鑾經過此處，曾登樓遠眺。無爲觀在臨清州境內，運河南岸，這裡原有玉皇閣。乾隆皇帝南巡曾在這裡休息。四女寺在恩縣境界，運河滾水壩旁邊，是運河減水分入老黃河的要道。乾隆皇帝南巡由水路回鑾，曾在這裡停留，視察水勢，並作短暫休息。

乾隆皇帝南巡進入江南以後，第一個行宮是順河集行宮。該行宮在宿遷縣運河東遙堤旁邊，進入江南將近百里的地方。行宮有便殿數重，附近山光水色，美不勝收。乾隆皇帝寫有

《入江南境》詩：

裊裊東風拂面春，乘春鑾輅舉時巡。
江南至矣猶江北，我地同予總我民。
祗廑觀方懷保切，豈難解澤惠鮮頻。
更欣余事尋天翰，秀麗山河發藻新。

春風拂面，山河秀麗，江南江北，同是子民，乾隆皇帝的心情非常愉快。在一首題爲《暖》的詩中，也表達了這一心情：

才入江南半日程，溫暾暖氣面前迎。
絲鞭不裊東風軟，檐帽輕掀曉日明。
千里征人忘栗烈，一時景物報芳榮。
省方本欲知民事，疾苦應須諮老吏。

在美好的心情中，乾隆皇帝沒有忘記省鄉觀俗的南巡目的。陳家莊行宮在桃源縣。原來，乾隆皇帝南巡駐蹕魯家莊營盤，後來，因爲陳家莊地勢較高，且和魯家莊相去不遠，便在陳家莊修建了行宮，作爲乾隆皇帝南巡駐蹕所在。惠濟祠在淮安府淸河縣，臨近大堤。祠前黃淮合流，是形勝之地。乾隆皇帝南巡，多次到這裡拈香供奉。他還寫有《惠濟祠》詩，其中「夢雨飄初逢曉霽，靈風恬不致波興。漕艘來往稱庥應，爭奉馨椒潔享蒸」句，反映了往來河上的人們求得平安的心情。從淸河開始，乾隆皇帝南巡改走運河水路。天寧寺行宮，在揚州府拱宸門外，原爲晋朝太傅謝安別墅，僧人曾在這裡翻譯華嚴經，後來便改爲寺廟。行宮建在寺的右邊，乾隆皇帝南巡駐蹕這裡，天寧寺也廣爲人知。慧因寺原爲舍利禪院，乾隆皇帝首次南巡經過這裡，賜名慧因寺。寺旁有小園，樹木蔥蘢，園中有悟番亭。每當寺廟鐘聲響起，僧人同聲念經，靜中有動，極有神趣。園內又有曲廊水榭和芍園，也別有興味。倚虹園，原爲元朝崔伯亨的園址。這裡煙樓月榭，竹檻松廊，踠地垂楊，明湖若鏡，人稱柳湖春泛。乾隆皇帝南巡曾到這裡遊玩，寫有匾聯。淨香園，內有茂竹千竿，峯石矗立，還有西洋式建築，景色十分秀美。乾隆皇帝寫有《淨香園》詩，其中有「窗含話畫船，吹笙橋那畔」句，使人感到彷彿身在畫圖之中。趣園，舊稱四橋煙雨。四橋即南爲春波，北爲長春，西爲玉版，又西爲蓮花。乾隆皇帝南巡至這裡，改名趣園。這裡每當春水方生之時，千頃一碧，而層軒洞豁，曲檻透迤，高下掩映。又當雲煙空濛，小雨霏霏之際，環望四橋，如彩虹蜿蜒，出沒浪波之中，極盡水雲縹緲之趣。水竹居，原名石壁流漂，乾隆皇帝南巡途經這裡，賜名水竹居。這裡山石壁立，屈曲若展畫屏，中有花潭竹嶼，又有玉蘭數十株，開花時清輝照人，彷彿在瑤林瓊樹中間。水由石罅落入池中，冬夏不斷。又有亭臺樓閣，萬竿淨綠，水竹幽奇。乾隆皇帝題有匾聯，匾爲「水竹居」、「靜照軒」，聯爲「水色清依榻，竹聲涼入窗」。功德山，又名觀音山，山上有觀音寺。山頭有小池，養魚數百條。池旁築屋。乾隆皇帝南巡到這裡，寫有《題天池》詩，其中有「林中功德池，迴自半天披。淥水入澄照，青山猶古姿」句，讚揚了這裡的優美景色。小香雪，在蜀岡平衍地方，東接萬松亭。這裡古梅繞屋，疏影寒花，實在是清涼香界。乾隆皇帝寫有《題小香雪居》詩，其中有「竹裡尋幽徑，梅間卜野居」句，表現了這一名勝的特點。法淨寺，古名棲靈寺，又名大明寺，乾隆皇帝南巡經過這裡，賜名法淨寺。平山堂，在法淨寺的右邊，宋代大詩人歐陽修當郡守時修建。梅堯臣、王安石、蘇軾、秦觀等宋代名人都曾寫詩讚美平山堂。這裡有樓閣池臺，頗具特色。乾隆皇帝南巡，寫有《詠平山堂》詩多首，其中一首這樣寫道：

梅花才放爲春寒，果見淮東第一觀。
馥馥清風來月窗，枝枝畫意入雲欄。
蜀岡可是希吳苑，永叔何曾遜謝安。
更喜翠峯餘積雪，平章香色助清歡。

詩中稱平山堂是淮東第一觀，實在是很適合的。乾隆皇帝還寫有《詠平山堂梅花》詩，讚頌了「平山萬樹發新花」、「未許歌鶯語燕譁」的美麗景色。高詠樓，相傳是宋朝大詩人蘇軾題寫《西江月》詞的地方，後來人們在此地建樓，以示紀念。乾隆皇帝南巡經過此地，賜名高詠樓。這裡軒堂相連，臺榭蕭疏，園內外縈迴一水，繚以長垣。列置太湖石，種植名花嘉樹，春夏之交，別有一番特色。高旻寺行宮，在揚州城南十五里的茱萸灣，寺中有塔。乾隆皇帝南巡，多次在此駐蹕。他還寫有《塔灣行宮》詩多首。

乾隆皇帝的南巡船隊經過揚州和瓜州以後，渡過長江，進入鎮江府轄境。乾隆皇帝首先駐蹕的地方是金山。金山在鎮江府西北七里大江中。這裡隨山勢建造房屋，金碧交輝，和長江水色相互輝映，別具特色。過了金山是焦山。焦山在鎮江府東北九里大江中，與金山對峙。乾隆皇帝南巡，多次登臨焦山。他寫有《遊焦山作歌》詩，其中的「輕舟減從聊攬勝，不教警蹕呼紛紜」句，反映了他希望自由自在遊焦山的心情。錢家港行宮，在鎮江府西門外，傍臨小港，可達大江，是乾隆皇帝御舟渡江駐蹕之地。甘露寺，在鎮江府北固山，山三面臨江，巖壑陡絕。山上有巨石，形狀似羊，相傳是諸葛亮和孫權坐在一起商議破曹兵的地方。乾隆皇帝寫有《甘露寺和蘇軾韻》詩，讚美了這裡的「小閣冠峯頂，拂拂天風寒。長煙一空碧，騁目窮江乾」的奇麗風光。

乾隆皇帝的船隊過了鎮江府，進入常州府境內。在常州府東門外有艤舟亭，宋朝大詩人蘇軾常在這裡繫舟，後人爲了紀念此事，便修建了園亭。這裡古木參天，土丘蜿蜒，雜種花竹。乾隆皇帝南巡，御舟經過這裡，下船稍事休息。這裡還有蘇軾洗硯池，形如半圭，水檻風廊，淥波半畝，給人天光雲影共徘徊的感覺。惠山，在無錫縣錫山之西，因爲山有九隴蜿蜒如龍，所以又名九龍山。山上有泉，泉旁建寺，名惠山寺。乾隆皇帝南巡經過惠山，曾以泉水沖茶，又作《惠山寺》詩多首，描繪了這裡的「暗竇名亭相掩映，天花潤草自婆娑」的美麗景色。寄暢園，在惠山左邊，這裡環以清流，植以嘉木，遂成勝景。乾隆皇帝南巡過此，題有「竹淨梅芬」匾額。

過了常州府，乾隆皇帝的南巡船隊進入蘇州府境內。乾隆皇帝首先駐蹕蘇州府行宮。該行宮在府城內，原爲織造官府，乾隆皇帝南巡後改爲行宮。乾隆皇帝寫有多首有關蘇州的詩，其中一首這樣寫道：

牙檣春日駐姑蘇，爲向民風豈自娛。
艷舞新歌翻覺鬧，老扶幼挈喜相趨。
周諮歲計雲秋有，旋察官方道弊無。
入耳信疑還各半，可誠萬衆慶恬愉。

從詩中可以看出，乾隆皇帝對蘇州的民風吏治非常滿意，盡管他自己也還認爲「信疑各半」。獅子林，在蘇州城東北角，中多怪石，猶如狻猊，因以得名。乾隆皇帝南巡多次到這裡遊玩。他爲獅子林寫有匾額「眞趣」，並寫有《遊獅子林》詩多首，其中一首有這樣的句子：「寧論龍井煙霞表，卻愛獅林城市間。古樹春來亦芳樹，假山歲也似眞山」，反映了乾隆皇帝對獅子林景致的喜愛。虎邱在蘇州府西北九里，原是晋朝司徒王珣別墅，後改爲寺。這裡兩崖劈分，中有劍池，石泉清冷，相傳春秋時吳王闔閭試劍即在此處。還有千人石、說法臺等景點。乾隆皇帝爲虎邱行宮題有匾聯，匾有「海湧嵐浮」等，聯有「翠竹蒼松全壽相，清泉白石養天和」等。靈巖山在蘇州府西三十里，又名石鼓山、硯山。山上有靈巖寺，還有琴臺、吳王井等景點。山頂有月池、硯池、玩華池，氣候多旱，也不乾涸。乾隆皇帝寫有《靈巖雜詠》詩，其中有「竹蔌蕭蕭喧處靜，梅花漠漠白邊紅。太湖萬頃軒窗下，坐辨洞庭西與東」句，描繪了靈巖山的美麗景色。鄧尉山在蘇州府西南七十里，又名光福山。這裡山勢綿亙，岡巒起伏。瀕湖有閣，東望太湖洞庭，漁洋掩映，是著名的風景勝地。香雪海又名吾家山，是鄧尉山的支峯。居住在這裡的人們以種樹爲業，滿嶺梅花，望之如雲，香飄數十里。乾隆皇帝南巡到這裡遊玩，寫有《遊鄧尉山觀梅花》詩多首，其中一首爲五言絕句：

香雪舊曾聞，真逢意所欣。

南華爲篇二，大小漫區分。

支硎山在蘇州府西二十五里，山多平石如硎，因以得名。山上有石室、寒泉、放鶴亭等古蹟。山的南面有三塊巨石屹立，如同大門一樣。下面有觀音寺，所以此山又名觀音山。這裡巖石清幽，煙霞映發。乾隆皇帝南巡到此，寫有《遊支硎》詩，其中有「如斯佳境安能盡，不及歡情慢久停」句，既反映了支硎山的秀麗風景，也表現出了乾隆皇帝的歡快心情。華山在蘇州府西三十里，上有石屋二間，四壁都鑿佛像，還有石虎跑泉、蒼玉洞、洗心泉、秀屏、鳥道等景點。山上有寺名華山寺，這裡長松夾道，非常幽靜。乾隆皇帝南巡遊華山，寫有《華山鳥道》等詩。寒山別墅在支硎山西邊，明朝趙宧光在此隱居，構築屋室，後來成爲寺廟。屋前有老梅樹，旁邊有芙蓉泉，寒山上還有千尺雪景點。因爲寒山石壁峭立，趙宧光鑿山引泉，緣石壁而下，飛瀑如雪。寒山上還有法螺寺，因爲山路如旋螺狀，因以得名。寺中有精舍四間，四面環山，一片翠綠。寺院中有大石一塊。乾隆皇帝寫有《寒山曉鐘》詩，其中有「姑蘇城北夜泊船，寒山鐘聲淸曉傳」句，令人讀後感到十分清新。高義園在蘇州府西天平山中，這裡有宋代文豪和忠臣范仲淹的祖墓，以及范氏的莊園，還有望湖臺、照湖鏡等景點。乾隆皇帝南巡到此，賜名高義園。穹窿山在蘇州府西南六十里，山頂寬廣有百畝，赤松子煉丹臺、升仙臺等是著名的景點。乾隆皇帝寫有《穹窿仙觀》詩，以「陽山高抵穹窿半，拔地千仞參霄漢」起筆，很有氣勢。石湖在蘇州府西南十八里，是太湖的支流。這裡有千巖觀、天鏡閣、王雪坡、盟鷗亭等古蹟。又有石佛寺，寺外長橋臥波，風帆沙鳥出沒其間。一片空濛，諸山映帶如畫。乾隆皇帝到這裡遊覽後，曾發出「仁知之性，山水效深」的感嘆。上方山距石佛寺二里許，山勢綿亙，北望吳王郊臺，東睇茶磨石湖，煙波掩映，綿渺無際。上方山東邊是治平寺，寺旁有井，深不可測。寺前翠竹一片，寺後山泉噴流。乾隆皇帝南巡到這裡遊玩，寫有《遊上方山》詩。

龍潭行宮在江寧府句容縣西北八十里，背倚大江。行宮前樹木葱蘢，外面巖巒蒼翠。寶華山在句容縣北，山上建寺，寺廟中有銅殿。寶華山是秦淮水的發源地，山上還有虎山、觀音洞、疊石塔、楊柳泉等名勝。乾隆皇帝南巡，每次都到這裡遊覽。棲霞寺在江寧府東北棲霞山上，山上多草藥，寺中有明月臺、白鹿泉等景點。棲霞行宮在棲霞山中峯左邊與東峯相接的地方。這裡秀石嵯峨，茂林蒙密。白鹿泉下面，有春雨山房、太古堂、武夷一曲精廬等建築，泉上面有話山亭、有凌雲意等景點。玲峯池在棲霞山中峯側面，在羣山萬壑之中，一池清水可以照出毫髮。紫峯閣在棲霞山中峯山腳處，四周羣巒環繞，附近山上雕琢大佛像，神態莊嚴。又有雲根泉，清徹可鑒。更有石壁間飛出一泉，形成瀑布，從空而降。萬松山房在棲霞山中峯半山腰處，這裡松林蓊蔚，山風過處，有如萬壑鳴濤，崇樓高臺掩映在一片蒼翠之中，別具特色。天開巖在棲霞山中峯的右邊，石壁奇峭，中通一線可以看到藍天。有大石一塊，名爲「醒石」，上面刻滿了六朝文人的詩作。醒石後面是迎賓石，大禹碑就在石的背面。棲霞山中峯右邊和西峯相接處，是幽居庵，竹木環繞，奇石衆多。庵下流泉泠泠，如奏琴聲。拾級而上，崇欄曲徑，可以直達禹碑。疊浪崖在棲霞山西峯側面，亂石錯落，高低起伏，有如大海潮汐，波瀾萬疊。崖下是見山樓，前後疏窗，兩翼爲迴廊。憑高遠眺，松林蒼翠。德雲庵在棲霞山西峯腳下，幽篁繞屋，奇石玲瓏，瀑布高懸。乾隆皇帝南巡，遊遍了棲霞山的各個景點，並留下大量詩篇和匾額。《棲霞行館作》一詩，反映了乾隆皇帝遊棲霞山所看到的美麗風景，表現了他的歡快心情：

行館樸而幽，依然前度修。
軒窗無俗韻，林壑有神投。
鳥語花間出，泉聲竹裡流。
玲峯院牆內，趁暇一登遊。

燕子磯在江寧府城觀音門外，爲觀音山的餘支。一峯特起，三面陡絕，江中望之形如飛燕。峯頂有俯江亭，曠覽長江，極目千里，檣帆樓櫓，出沒煙濤雲浪之間。乾隆皇帝寫有《燕子磯》詩，詩中有「峭壁插長江，孤騫似飛燕」，「南朝凡幾更，臨流發浩嘆」句，表現了乾隆皇帝觸景生情、回顧歷史的感慨。江寧行宮在江寧城中，原爲織造廨署，乾隆皇帝南巡，改建行殿數重，作爲休息處所。報恩寺在江寧城聚寶門外，寺中有舍利塔，用五色琉璃造成。塔分九級，乾隆皇帝南巡至此，給每級塔都題有塔額。他還寫有《大報恩寺》詩，稱此寺是「城南最古寺」。雨花臺在江寧府聚寶山東麓，據岡阜之巔，俯矚城闉，煙火萬家，和遠近雲峯相間，大江如帶，千頃微茫，風景別具特色。朝天宮，相傳春秋時期吳王夫差曾在這個地方鑄劍。乾隆皇帝南巡來到這裡加以改建，前爲三清殿，後是大通明殿。殿棟崇深，規制巨麗，石室丹臺，是江寧最大的道觀。清涼山，在江寧府西北，山據石頭城，下臨大江，被稱爲金陵雄觀。山上有清涼寺，山頂有翠微亭。雞鳴山，在江寧府城東北，因形似雞籠，故名。靈谷寺，在鍾山東南，舊爲道林寺，後改爲靈谷寺。進入山門之後，松徑五里，才看到殿廡，寺廟規制十分壯麗，其中有無梁殿，不用一根木頭。牛首山，在江寧城南三十里，雙峯角立，取其形象牛首以命名。由山麓起石磴數百級，路兩旁杉樹檜樹成行，景色十分幽致。山上有虎跑泉、芙蓉峯、梅雪嶺等景點。還有石洞，深不可測。祖堂山在牛首山的南面十里地方，山上有石窟，極深廣，唐朝名僧法融曾在這裡居住，有百鳥獻花之異，所以又名獻花巖。乾隆皇帝南巡，寫有《雞鳴山》、《遊清涼寺》、《題雨花石》、《牛首山》等詩多首。在《駐蹕江寧》詩中，有「寰中可數建邦區，觀勝應教翠蹕紆」句，表現了乾隆皇帝對江寧地區名勝的嚮往之情。

乾隆皇帝南巡到浙江省，第一個名勝是煙雨樓。煙雨樓在嘉興府城外，南湖中湖的洲上。這裡澄湖如鏡，萬瓦鱗次，雉堞周遭，晨煙暮雨，杳靄空濛，漁唱菱歌，相間有聲，是晴天雨天都適宜遊覽的環境。乾隆皇帝寫有《煙雨樓即景》詩：

春雲欲泮旋濛濛，百頃南湖一棹通。
回望還迷堤柳綠，到來才辨謝梅紅。
不殊圖畫倪黃境，真是樓臺煙雨中。
欲倩李牟攜鐵笛，月明度曲水晶宮。

遊煙雨樓，眞彷彿人在畫圖中。船過嘉興，不知不覺到了杭州府行宮。該行宮在湧金門內太平坊，原爲織造公廨，後改建爲行宮。乾隆皇帝寫有《至杭州行宮駐蹕八韻》詩，表現了「幾閑擬暢遊」的心情。西湖行宮在孤山南面，羣山環拱，萬堞平連，在這裡西湖全景一覽無餘。乾隆皇帝爲西湖行宮題有宮聯：雲嵐靜對自高秀，城郭遠映餘青蒼。杭州的名勝古蹟很多，只西湖就有十景：

蘇堤春曉。宋朝元祐年間，蘇軾當臨安太守時，築堤湖上，從南山至北山，夾道植柳，人稱蘇公堤。乾隆皇帝祖父康熙皇帝南巡時，御書「蘇堤春曉」，是西湖十景之首。每當春天晨光初啓，宿霧未散，雜花生樹，飛英蘸波，紛披掩映，彷彿列錦鋪繡。一年四季，遊覽的人們都認爲這裡很美，而尤以春曉更爲突出。

柳浪聞鶯。宋時豐豫門外，沿堤植柳，地名柳州，上有柳浪橋。豐豫門即湧金門。康熙皇帝南巡時，御書「柳浪聞鶯」，並建亭構舫，平臨湖曲，架石梁於堤上。這裡柳絲垂地，輕風搖颺，如翠浪翻空。春天到來時，黃鳥睍睆其間，流連傾聽，和畫舫笙歌，相互應答。

花港觀魚。蘇堤第三橋名望山，和西岸第四橋斜對，水通花家山，故名花港。宋代廢園鑿池，引湖水養魚幾十種，並在花港南面建樓。池清見底，遊魚畢現。康熙皇帝南巡，御書「花港觀魚」。

曲院風荷。宋代取金沙澗水造麴以釀官酒，名曲院。院中多荷花，稱曲院荷花。清朝建立後，在其舊址平陵湖面，環植芙蕖，引流疊石，爲盤曲之勢。康熙皇帝南巡時，改爲曲院風荷。每當春天開花季節，這裡香風四起，水波不興，綠蓋紅衣，紛披掩映。

雙峯插雲。在九里松行春橋湖上。諸山層巒疊嶂，蜿蜒蟠結，列峙爭雄，而兩峯獨高出衆山。每當雲氣蓊鬱之時，露出雙尖，望去如插，所以名兩峯插雲。康熙皇帝南巡，易兩峯爲雙峯，並建亭臺。春秋佳日，憑欄四望，儼如天門雙闕，拔地撐天，白雲靉靆，隨風舒卷。

雷峯夕照。在淨慈寺北峯，峯頂有塔，爲吳越時所建。康熙皇帝南巡時，曾改夕照爲西照。每當日輪西映，亭臺金碧和山光互耀，彷彿寶鑑初開，火珠半墜。

三潭印月。西湖中有三塔鼎立，相傳湖中有三潭，深不可測，所以建三塔鎮之。塔影如瓶，浮漾水中，月光印潭，影分為三。康熙皇帝南巡，御書三潭印月匾額，並建碑亭。

平湖秋月。宋代有水仙王廟在蘇堤三橋南，明朝末年移建在孤山路口，名望湖亭。康熙皇帝南巡到西湖，御書平湖秋月匾額，並建亭臺。這裡三面臨水，每當清秋氣爽之時，皓月中天，玻璃澄徹，宛如瓊樓玉宇。

南屏晚鐘。在清波門外南屏山，正對孤山。層巒聳列，翠嶺橫披，宛若屏嶂凌空。其下有淨慈寺。每當雲歸穴暝，萬籟俱靜，寺鐘一鳴，山谷皆應。康熙皇帝南巡，御書南屏晚鐘匾額。

斷橋殘雪。出錢塘門沿湖行，入白沙堤，第一橋名斷橋。橋界於前後兩湖之間，水光瀲灎，橋影倒浸，如同玉腰金背。康熙皇帝南巡，御書斷橋殘雪匾額，並在橋上建亭。每當春雪初消之時，寒巖深谷，塔頂峯頭尚有餘雪。

對於上述西湖十景，乾隆皇帝南巡時，看到祖父康熙皇帝題寫的匾額，無限思念。他對十景中的每一景，也都寫詩讚美。其中，《三潭印月》一首是這樣寫的：

塔影雖三月一輪，是三是一是金身。

誰能織得金身幻，可向潭前悟淨因。

詩中的內容還有一些佛教的哲理，這也可能是三塔鎮三潭引起的吧。在杭州的風景點還有：

湖心平眺。在西湖中央，遠望南北兩峯左右對峙，羣山遙列如屏障。前築石臺，後啓舫軒，中構層樓，周圍雜植花柳，雕欄畫檻，金碧掩映。乾隆皇帝南巡，御題「天然圖畫」匾額，並寫詩讚頌。

吳山大觀。在紫陽山山頂，建有高臺，左江右湖，近在幾席，而環城三十里，煙火萬家，與山光雲影互相映射。乾隆皇帝寫有《登吳山作》詩，詩中稱「吳山暢大觀」，「遊目心因遠」。

湖山春社。在金沙澗北，泉水自棲霞山涓涓流出，兩旁多桃花，稱爲桃溪。後來創建祠宇，祭祀湖山之神。又在溪流屈曲環繞的地方建流觴亭、臨花舫、水月亭、觀瀑軒和泉香室等。

浙江秋濤。浙江又名曲江，潮汐自海入江，爲龕、赭二山約束，激成而濤，以秋八月爲最盛。

梅林歸鶴。在孤山的背面，宋朝人林逋曾在這裡隱居，植梅樹成林，養放仙鶴。後人在這裡建亭。每年早春微寒，梅花盛開之時，都有白鶴到這裡翩翩翔舞。

玉泉魚躍。在清漣寺內，由泉水匯積成池，清澈見底，池內養五色魚，魚鱗斑斑可見，投以香餌，則揚鰭而來，呑後則去，有相忘江湖之樂。泉上有亭，名洗心亭。亭旁有小池，水色翠綠，投以白粉，白粉也都變成綠色。

玉帶晴虹。在金沙堤上，堤上有橋，名玉帶橋，橋有三洞，通達裡湖。橋南是丁家山，隔湖眺望，林壑深邃，彷彿蓬闕浮漾海上。橋西飛閣撐空，迴廊繞水，朱欄畫拱，金碧澄鱗。橋畔花柳夾映，彎環如帶，好像長虹臥波，橫亙霄漢。

天竺香市。在乳竇峯北，白雲峯南，夾道溪流，松竹茂密。有下竺、中竺、上竺三山寺。所在多村市野店，春天遠近鄉民絡繹不絕前來焚香頂禮，以祈豐年。

以上所述湖山春社至天竺香市等景點，乾隆皇帝南巡時都前往觀賞。他曾臨摹董其昌《舞鶴賦》一文，刻在梅林歸鶴的石碑上，還曾賜天竺香市中的上竺寺名法喜寺，中竺寺名法淨寺，下竺寺名法鏡寺，並寫有《天竺寺》詩：

屈曲流泉繞石林，到來竺宇暢幽尋。
了知説法無多子，且喜入山不厭深。
七佛總空身語意，三生誰話去來今。

未能習靜催歸轡，已聽鐘聲雲外音。

詩中有景有思，最後兩句，道出了乾隆皇帝的眞實心態。

雲棲寺在錢江上，五雲山西，以舊傳山上時有五色瑞雲飛集而名。乾隆皇帝寫有《雲棲寺》詩，詩中「一碧萬竿翠，雙流百折澄。竹泉行盡處，門徑得來登」兩句，寫出了雲棲寺有竹有泉的特色。蕉石鳴琴在丁家山當湖西邊，這裡奇石林立，狀類芭蕉，又有泉水從石縫中流出，彷佛彈琴聲。冷泉猿嘯在雲林寺山門外飛來峯下，峯下有呼猿洞。相傳六朝時智一和尚善口哨，聲響林木間，猿猴就集中到他那裡。此外，這裡還有清瑩的泉水，寒涼沁人心脾。乾隆皇帝南巡，這兩處景點也是他喜歡的地方。敷文書院在鳳凰山萬松嶺，因爲松樹很多，所以原名爲萬松書院。康熙皇帝南巡，改名爲敷文書院。乾隆皇帝南巡多次到這裡，爲敷文書院題有院聯：正其誼不謀其利，明其道不計其功，還寫有《敷文書院六韻》詩，詩中强調了「崇儒因廣學」的道理。

浙江的名勝還有很多，乾隆皇帝南巡時都一一遊覽。這些名勝主要是：

韜光觀海。從雲林寺往西走，山徑曲折，兩旁多松竹，草樹茂密，彷佛行走在深谷中。大約走三四里，就到了韜光庵。韜光庵建在懸崖上，如同半空中，盛夏時節也沒有暑氣。寺頂有石樓，正對錢江，遠遠望去雲濤浩渺。乾隆皇帝寫有《韜光觀海》詩，內有「雲中鏡已幽，韜光幽更極。蜿蜒盤雲徑，仰視天一隙」等句，幽深的景況如在眼前。

北高峯。在雲林寺後，是湖上諸山最高的一峯，石磴數百級，曲折三十六灣。登上峯頂，憑高俯視，羣山像土堆，湖似杯中水。雲光倒垂，氣象萬千。遠望浙江，如一匹白練橫放在那裡，使人胸懷開闊，超脫塵世。乾隆皇帝在《登北高峯極頂》詩中，有「江海一杯水」、「滌盡萬慮塵」等句，寫出了北高峯的特點。

雲林寺。在靈隱山背後，北高峯下面，也就是古靈隱寺。從晋朝到明朝，屢建屢毀。清朝建立後，重修大雄殿和堂宇樓閣。康熙皇帝南巡，賜名雲林寺。乾隆皇帝南巡，多次前來寺中，寫下了無數詩篇，其中尤以《雲林寺二十韻》著名。詩中稱「靈隱古禪林，佳稱乃自今」，歌頌了康熙皇帝。此外，對雲林寺周圍的景物也多有描繪，彷彿一幅美麗的風景畫。

六和塔。在龍山輪峯開化寺中，建於宋朝開寶三年（九七〇年），建塔的目的是鎮江潮。乾隆皇帝南巡，因爲修建海塘，前來開化寺，登上六和塔頂，江流曲折，一覽無餘。他還寫有《登六和塔作》詩，其中有「造極朱欄扶，曠覽供仰俯。於己可忘憂，於民那忘苦」等句，一定程度上反映了乾隆皇帝想著百姓疾苦。

理安寺。在南山十八澗，舊名法雨寺。這裡綠嶂百重，清泉萬轉，草木一年四季茂盛。寺內有松巔閣、法雨泉等景點。乾隆皇帝寫有《理安寺》詩，描繪了「一徑入深秀，萬峯森簇攢」的景色，講述了「禪寧與儒異，惟欲理之安」的道理。

虎跑泉。在大悲山上，泉水清冽甘甜。相傳唐朝元和年間（八〇六年至八二〇年），僧人性空棲禪此山，因爲找不到水，想到別的地方去。忽然有二虎在山上奔跑，跑過的地方就流出了泉水，因此名爲虎跑泉。乾隆皇帝南巡，寫有《戲題虎跑泉》詩，詩中有「一帶崖懸鐘乳滴，千年藤綴石華疏」等句，描繪了虎跑泉的奇異景色。

水樂洞。在煙霞嶺下面，這裡山巒起伏，林木茂密，巖洞深邃，夏涼冬暖，清泉從洞底流出，奔向山谷，聲音如同金石相擊，美妙無比。

宗陽宮。在闞山東北，原爲宋高宗德壽宮，鑿池引水，壘石爲山，規制宏麗。乾隆皇帝南巡，多次到達這裡，並寫有文章，糾正了宮內石刻中的一些錯誤，反映了乾隆皇帝從政之餘，對一些學術問題也很感興趣。

小有天園。在淨慈寺西慧日峯下，舊名壑庵，遊人稱爲賽西湖，後闢爲園。這裡有南山亭、幽居洞、歡喜巖、琴臺等景點。乾隆皇帝南巡，賜名「小有天園」。他還寫有《遊小有天園登絕頂》詩，開始兩句是：「最愛南屏小有天，登峯原攬大天邊」，一小一大，極有意境。

法雲寺。在赤山。舊名慧因禪院。宋朝元豐年間（一〇七八年至一〇八五年），僧人靜源居住此地，疏釋經義，傳播到高麗國。高麗國王子以金書《華嚴經》三百部進貢，因而此寺又稱高麗寺。乾隆皇帝南巡到此，賜名法雲寺。

瑞石洞。在瑞石山麓，洞頂有飛來石，附近有丁仙閣，是元朝道士丁野鶴棄俗棲眞處所。這裡秀石玲瓏，淸幽徹骨，別有境地。乾隆皇帝南巡，寫有《遊瑞石洞覽古》詩。

黃山積翠。在棲霞嶺後，建有禪院。院前層崖聳峙，長松修竹，互相掩映，望去蒼翠欲滴。洞中鑿石爲佛。乾隆皇帝南巡，曾經寫詩讚頌黃山積翠的奇異景色。

留余山居。在南高峯背面，這裡奇石峭拔，泉水淙淙，如奏琴聲。下雨時則飛瀑如注，如同一匹白練，下瀦爲池，澄澈可鑑毛髮。有流觀亭等景點。乾隆皇帝南巡，御題「留余山居」四字。

漪園。在雷峯夕照亭下面，原有白雲庵，相傳建於明朝。乾隆皇帝南巡，重加修葺，建有長廊亭閣等。這裡雲山入畫，丘壑之勝，更增加了湖山秀色。乾隆皇帝南巡到此賜名「漪園」。他還寫有《題漪園》詩，其中「峯分南屏峯，水占西湖水。竹閣與柏堂，或自蘇詩擬。明聖景無邊，左右逢源取」等句，寫出了漪園的特色。

吟香別業。在孤山放鶴亭南，舊稱句留處。這裡塘水淸瑩如鑑，栽種荷花，開花時風來四面，到處飄香。乾隆皇帝寫有《吟香別業》詩：

亭臺勝蹟號句留，義取樂天戀此州。
固惜湖山聽荒廢，也嫌官吏太搜求。

設鮮民瘼皆如是，斯慰吾心又底憂。
小坐不因賞煙景，題詩用戒保釐儔。

從詩中可以看出，乾隆皇帝對過多地修建園林並不十分滿意，因爲這會導致對民脂民膏的過度搜求，引起百姓不滿，進而影響他對全國的統治。

龍井。本名龍泓。泉從山崖腹部流出，傳說那裡有龍。泉旁屹立一塊大石，上面刻著許多字，大都模糊不清。唐朝乾封二年（六六七年），在井上建寺，名報國看經院。宋朝元豐年間，僧人辨才在此養老，和著名的詩人蘇軾、秦觀等相交，據說過溪橋就是以辨才送蘇軾而得名。這裡還有片石青潤玲瓏，好像神工鏤琢，舊稱一片雲。一片雲旁邊有歸雲洞，前邊有滌心沼，長竹夾道，林壑幽深，煙霞繚繞，氣象萬千。山中產茶，名龍井茶。乾隆皇帝南巡，曾到龍井遊玩品茶。

鳳凰山。在正陽門外，山形如鳳，因以得名。山右有勝果寺，寺旁多秀石，翠靄層疊，如雲中有巨石矗起。乾隆皇帝南巡到此，御書賜名爲澄觀臺。

六一泉。在孤山西南，舊名孤山寺，又名廣化寺。蘇軾爲杭州太守時，將其改名爲六一泉。後來這個地方的建築有毀有建，多不可考，唯獨六一泉水涓涓不涸。明朝時作石屋覆泉上。乾隆皇帝南巡，題寫匾額「六一泉」，還作有《題六一泉》詩，詩中有「花竹誠翳然，奇石貯天池，清冷如鏡園」等句，描繪了這一景點的特色。

大佛寺。在錢塘門外石佛山，以巨石得名。大佛鑿於宋朝宣和年間（一一一九年至一一二五年），後來建宮殿覆蓋，遂名大佛寺。乾隆皇帝南巡，寫有「大佛寺」匾額，以及《大佛寺題句》詩。詩中有「昔圖黃龍佛，已謂大無比。今遊石佛山，大佛實在是。一面露堂，滿月光如洗」等句，描繪了大佛之大，給人以豐富的想像。

安瀾園。在海寧縣拱宸門內，初名隅園，是大學士陳元龍的別業。這裡鏡水淪漣，樓臺掩映，奇石靈秀，古木修竹，蒼翠茂密。乾隆皇帝南巡，視察海塘，駐蹕這裡，賜名「安瀾園」。

鎮海塔院。在海寧縣春熙門外，瀕臨大海。明朝萬曆年間（一五七三年至一六一九年）修建，舊名占鰲塔。圍廊翼欄階以石磴盤旋穿繞，通達七級頂端。左有平臺一座，拾級而上，滿目滄溟。每逢潮汐，銀濤雪浪，排空而至，非常壯觀。乾隆皇帝題有匾聯，匾是「海闊天空」，聯爲「臺臨上下空無際，舟織往來波不興」。

禹陵。在會稽山，陵前有禹井、禹池、禹碑，陵左爲廟，廟裡有梅梁、石船、鐵履、水劍等物。乾隆皇帝南巡，親自到這裡祭祀，並寫有《謁大禹廟》詩，詩中有「勤儉鳴稱永，儀型聖度崇」句，反映了乾隆皇帝對大禹的尊崇。

南鎮。在會稽縣城南，相傳禹登茅山以朝諸侯，遂名會稽，又名鎮山。唐朝開元年間

（七一三年至七四一年），封會稽山神爲永興公，號南鎭，在山坡立廟祭祀。清朝建立後，直到乾隆皇帝即位，有大慶典，都派遣官員前往祭祀。

蘭亭。在山陰縣城西，蘭渚上有亭，名蘭亭。晉朝王羲之等四十一人在此修禊，人各賦詩，描寫這裡的修竹、瓮池、流觴曲水，王羲之寫序，稱蘭亭集序。康熙皇帝南巡，對這裡重加修葺，御書大字「蘭亭序」，刻在石上。乾隆皇帝南巡，寫有《蘭亭雜詠》等詩，其中一首這樣寫道：

竹徑延緣勝賞探，流觴曲水淥波涵。
何妨修禊日過五，且喜行春月正三。

詩中流露了乾隆皇帝對當年蘭亭集會的嚮往之情。歲月流逝，蘭亭還在，「向慕山陰鏡裡行，清遊得勝愜平生」。遊覽了蘭亭，乾隆皇帝了結了一樁心願。

## ㈢治理黃河與修建浙江海塘

乾隆皇帝南巡，一路上駐蹕行宮，遊覽名勝，吟詩作歌，終於到了江南。乾隆皇帝南巡的目的之一是治理黃河和修建浙江海塘，這些具體情況怎樣呢？

首先是治河。原來，黃河自古以來就多次沖決泛濫，遺害無窮。歷史上黃河不斷改道，距清朝最近的一次是宋光宗紹熙五年（一一九四年），黃河在陽武決口，隨即南下，經開封附近的黃陵崗折向東南進入江蘇，經過邳縣、徐州、宿遷至清口，匯合淮河入海。這樣一來，黃河一河的禍患連及三河，使被奪入海口的淮河以及經過徐州、淮安、揚州的大運河都受到牽連。因此，黃河中下游一帶地區的形勢極爲嚴峻。清朝建立後，順治一朝十八年，就有十次河決。康熙皇帝即位後的前二十三年，平均一年決口一次。後來，經過康熙皇帝組織人力認眞治理，黃河水患逐漸減少。雍正一朝十三年，有四次河決，但是每次都很快堵住了。乾隆皇帝即位初年，黃河處於相對穩定時期。即使這樣，乾隆皇帝也沒有放鬆對河防的關注。他多次强調：「河工關係國計民生，最爲緊要。河臣必須小心從事。」他比較積極地展開了一些有關河務的預防工程，制定了選用河工官員的措施，挑選培養治河的人才。乾隆七年（一七四二年），夏秋雨水過量，黃河又在銅山、石林決口，乾隆皇帝降旨撥帑堵決，加修江南清河縣惠濟大閘以及高郵、邵伯各壩工。後來了解到，發生這次河災的主要原因，是淮水下流不能迅速入海，洪澤湖天然二壩以及高郵南關五里車邏等壩永閉不開，水無宣泄之所。乾隆皇帝聽到這一情況後，極爲震驚，深深感到河務重大，若非諳練之才，即使目睹情形，也不能深入了解，何況消息來自於傳聞呢？他還檢討了自己，認爲雖然依據河臣呈覽的河圖，多方指示河工的修築事宜，也不過是紙上談兵。因此，他要求河臣，對於他的一時之見，不一定非要執行。乾隆十年（一七四五年），黃河決口陳家鋪，乾隆皇帝在給軍機大臣的諭旨中，一連串提出了許多問題。這時乾隆皇帝已經認識到，要了解河工的實地情況，必須親自前往考察。南巡正是提供了這種機會。

乾隆十六年，乾隆皇帝首次南巡，渡過黃河，先視察了天妃閘和高家堰。因爲他明白，江南河工，淸口爲黃淮交匯，是河防第一要區。當他看到高家堰堤壩上樹木稀少，就命在堤坡上多種柳樹，這樣既可以用柳樹護堤防浪，也可以用柳木當修堤工料，一舉兩得。到了淮安，乾隆皇帝看到城北一帶內外都是水，只有土堤防禦，想到淮安是人煙稠密的地方，一旦漲水，這樣的土堤決不管用，便命主管官員及時確勘，改建石堤。到蔣家壩閱視堤工時，乾隆皇帝訓諭河臣們說：「洪澤湖上承淸、淮、汝、潁諸水，江爲巨浸，所特爲保障的，只有高堰一堤，天然壩及其尾閭，秋天盛漲。就開此壩泄水，而下游諸縣均受其患，冬天淸水勢弱，不能刷黃，往往濁流倒灌。下遊居民深以開壩爲懼，而河臣卻以此爲防險秘鑰。」乾隆皇帝在視察高家堰時，親自沿堤向南過三滾壩直到蔣家閘。經過實地考察，他得出了「天然壩斷不可開」的結論。於是，乾隆皇帝命在天然壩立石，「永禁開放以杜絕妄見」。當河臣高斌提出請在三滾壩之外增建石滾壩以資宣泄時，乾隆皇帝想得更周密。他命增築兩座滾水壩，加上原有的三座，形成了石面高下維均，依次稱爲仁、義、禮、智、信的五座滾壩羣體，同時籌定了五南水志，規定以名次爲序，漸次宣泄。仁、義、禮三壩過水三尺五寸以後，還是不足以減輕水勢時，才可依次將智、信二壩石面上所加的封土開啓，調節水速流量，以便提高堤防和下游河道的安全系數。即使遇到較大洪水，雖然不能絕對保證下游不被淹沒，但是比潰決泛濫要好得多了。另外，高家堰石堤到南滾壩以南原爲土堤，乾隆皇帝認爲這樣有頭無尾，和全堤總體形勢不相符合，便命自新建壩北雁翅以北，一律改建石工，南雁翅以南至蔣家閘一段，水勢較爲平穩，堤工可用石基磚砌。

乾隆二十二年，乾隆皇帝第二次南巡，先後閱視了天妃閘木龍以及清黃交匯處和高堰工程，並部署了一系列河工事務。乾隆皇帝認爲，六塘河以下爲沂、沭渚水下游，屢次受澇，桃源、宿遷等縣阻黃臨運，又被堤堰所隔，以致積水不能宣洩，窪地多成巨浸，農民失業，十分可憐，於是便命修築減水壩，酌情建涵洞，加開溝渠，以便水有所歸，水減一分則民間受益一分。下河高、寶等湖水入江入海，因小港支渠或淤或淺，以致水無所歸。沿海興化、鹽城等七縣遭受水患。高、寶更是首當其衝。乾隆皇帝便採納河道總督嵇璜的建議，在高郵昭關設立一座滾壩，酌定水則，並在滾壩之下開一支河，使高、寶諸湖水，有秩序的各歸江海，水流暢達，不致泛濫田畝，從而減輕了這一地區的水患威脅。

乾隆皇帝南巡治河，除親臨實地勘察，因地制宜治水外，還抓重點地段工程，統籌規劃，綜合治理。徐州地處要衝，爲臨黃的重鎮。乾隆皇帝二次南巡，把治河的主要力量放在淮、徐湖河各工。當時，白鍾山、張師載等河臣上奏淮、徐河湖疏築事宜。乾隆皇帝認爲，河身淤淺地方，很難挑渠，增築堤工及堵築北岸支河，用來防衞沖刷奪溜，實在是第一要工，應當抓緊籌辦。於是，他諭示：「淮、徐湖河各工，關係億萬生民，也是朕時常牽念的。清黃交匯地方以及高堰石工，雖已親臨閱看，而徐州一郡，地處上游，南北兩岸相距甚近，遠承陝、豫諸水，一遇盛漲，便有潰決之患。朕巡省所至，首在勤民，而湖河要工。關係尤其巨大，一切應浚、應築奏牘批簽，自不如親臨勘察，得以隨時指示。回鑾的時候，乾隆皇帝再次到徐州閱視，並召河臣赴行在籌辦徐州河工。當他抵達徐州，看到城北有石堤而城東城西都是土堤，便命在有石堤的地方加幫以培其勢，在土堤地方加築石堤以重其防。這樣，接修徐州石堤總計一千五百六十五丈，修築時加添汁未石灰、鐵屑並磚石後築打灰土，堅固異常，足資捍禦。

乾隆皇帝第三次南巡時，再次到徐州巡視堤工，查看徐州北門外的志樁水勢。爲了解決由於黃河淤墊漸增，洪水一到，各閘壩宣泄無約，下游頗受水患的憂慮，乾隆皇帝命除蔣家壩、傅家窪等處不宜節宣應當堅閉外，毛城鋪迄東之唐家灣引河，必依徐州水志長到一丈一尺五寸時，才可開放。同時規定，一俟水落即行堵閉。隨後，乾隆皇帝又到高堰檢查武家墩迄北磚堤。他看到從濟運壩到運口還有五百餘丈舊土堤，便命一體改築磚堤。還再三囑咐，要把磚燒得比以前寬厚，以期堅固，俾全湖均籍安瀾。以後乾隆皇帝幾次南巡，都親到徐州檢查河工。在這裡修築石堤七十多里，都用石塊砌成十七層，很是壯觀。乾隆四十五年（一七八〇年），乾隆皇帝最後一次閱示河工時，他命河臣嵇璜等人會同勘察徐州堤防，把砌石不足十七層的一律加高到十七層。

在抓重點施工的同時，乾隆皇帝還做了其他一些有關河工的籌劃，綜合整治，把有關河工事務分派各大臣專管。他命劉統勳負責修築徐州近城東西石壩，尹繼善籌集工料，夢麟專管六塘河以下諸工，嵇璜負責高、寶諸湖的入江入海事宜，張師載、高晋分辦徐州南北石壩的加厚培高各工。其中需要河南、山東兩省協濟的，命圖爾炳阿、鶴年兩位巡撫隨時撥運。乾隆皇帝還降旨告誡各位大臣，要他們諸事共同商酌，和衷共濟，聯為一體，不要分幫結派各持己見。

乾隆皇帝南巡治河過程中，注意集思廣議，然後再做出決策。江南瀕臨湖河的「高寶甘泉宿清海沭」各屬，一遇伏秋大汛，即使不決口，也是水窪一片。這都是因為向東一遇湖河漲水，河臣便下令開河，這一帶便常年受水患。乾隆皇帝非常重視這一嚴重問題，而大臣們對這個問題的看法又很不一致。乾隆皇帝在聽取了大臣們的意見之後，決定親自視察以後再做決策，同時統一大臣們的意見。於是，他在南巡駐蹕蘇州時，就先命一些督撫河臣將歸江歸海各路詳勘標誌，回鑾時他就親往視察。經過實地勘察，加以集思廣議，乾隆皇帝最後做出決策：高寶一帶金灣滾南新挑引河僅寬十五丈，底寬八丈，不能使水暢泄，命將河底加寬至十丈爲率。以下地勢稍仰並一律挑浚深通，使成建瓴之勢，水自然暢導無阻。把西灣壩落低四尺，使平常就可有尺水入江，如此循序而進，便可預減暴漲之勢，對河頭也挑寬、挖深，以便利導。拆去金灣六閘，添建石壩接築土堤，並量挑引渠用以防備河水暴漲。乾隆皇帝認爲上述措施就可以使河湖之水免於壅塞禍患。不過，要達到徹底根除，還必須廣疏清口。於是，他又定清口水志以衞下河。根據清口口寬二十丈爲準繩，酌定成標，規定：西壩水再增三尺，清口則不必議展，仍存其蓄清之說。如果水增四尺，即將清口折寬十丈。湖水以次遞長，則清口以欠遞寬。總之，以上壩增加一尺長，下口加開十丈門爲準。如果春汎過後，夏季水勢一時不漲，或時漲時落，則不必以口門既展而忙於堵塞，等秋汎過後爲定，逐漸收束清口仍至二十丈或數十丈。河臣們依照乾隆皇帝親自規定的清口水志執行，結果使下河各州縣在很長時間裡都沒有發生水災。

其次是浙江海塘工程。浙江海塘一般是指從平湖到杭州的一段，長約三百里，歷史上亦稱浙西海塘。由於浙江海塘地區特殊的地理環境，形成了江流海潮的衝擊，形成潮災。潮災的表現，一是潮水浸嚙海岸，沖塌陸地；二是每次江溢海嘯，總要決潰堤岸，淹人畜，漂沒廬舍；三是每次海溢沖決堤岸，鹵潮隨之湧入，敗壞田地禾稼，嚴重妨害農業生產；四是海潮漲沒鹽灶，妨害鹽產。正因爲潮災嚴重，所以海塘的修築便成爲該地人民與海潮抗爭的主要手段。浙江海塘的修築有著悠久的歷史，從唐代就已經有記載。清朝建立後，特別是康熙四年（一七〇一年）以後，由於潮水北趨，海寧等地吃緊，海潮漸迫塘根，甚至風潮陡發，海塘坍陷至數千餘丈，直接威脅著嘉興、松江一帶，甚至江南運河也有被切斷的危險。所以，康熙皇帝執政晚年，曾耗銀十五萬多兩，築海寧石塘。雍正皇帝在位期間，對浙江海塘進行了大規模的興建，只是由於有些官員不熟悉塘務，以致雍正十三年（一七三五年）六月，風潮大作，仁和、海寧、海鹽等縣草土石塘，塌坍一萬二千二百多丈，以往之功毀於一旦。

乾隆皇帝即位後，對修築浙江海塘非常重視。他委派嵇曾筠總理浙江塘務。嵇曾筠到任後，在乾隆元年（一七三六年）即用銀二十一萬六千兩，修石塘一千餘丈，坦水八千四百餘丈。乾隆二年，海寧長達五千九百餘丈的永固性魚鱗大石塘正式興工修建。同年五月，海寧南門外繞城魚鱗石塘完工，長五百餘丈。乾隆四年以後，浙江潮勢南移，海寧一帶漲沙綿亙數十里，刮鹵煮鹽，已成原野，爲修築石塘創造了有利條件。於是，從乾隆五年起，便重新開始修築尖山水口石壩，重新開浚備塘河。到乾隆八年（一七四三年）六月，在耗銀一百一十二萬兩之後，終於建成了海寧魚鱗大石塘六千多丈。

乾隆十五年（一七五〇年），閩浙總督喀爾吉善、浙江巡撫永貴奏請乾隆皇帝南巡時閱視海塘。乾隆皇帝命兵部尚書舒赫德前往浙江查勘準備。舒赫德在復奏中說，浙江海塘工程穩固，現在情形可以不必親臨閱視。這樣，乾隆皇帝第一次南巡時，只是登上了杭州開化寺六和塔視察錢塘江流勢，沒有做更多的工作。當時，他在塔上東望潮頭，十分感慨地說：「浙江的海潮，人人都知道雄渾巨大，浙江的海塘，也是人人都知道是要害所在，但都只是聽說，並非親眼所見。」可見，這一帶的情勢給乾隆皇帝留下了深刻的印象。

乾隆二十二年（一七五七年），乾隆皇帝第二次南巡到浙江，了解到大溜直趨中小門，兩岸沙灘自為捍御，濱海諸邑得慶安瀾，利及民生，非常高興，乘興吟詩一首，題為《閱海塘作》：

騎度錢塘閱海塘，閭閻本計聖謨良。
長江已輯風兼浪，萬戶都安耕與桑。
南北田中賴神佑，生靈永莫為民慶。
漲沙百事誠無事，莫頌惟增敬不遑。

從詩中可以看出乾隆皇帝對海塘的關注。由於這時潮流南趨，浙江沿海相對穩定，所以，在前兩次南巡中，乾隆皇帝並未親至海寧，對如何長期保持浙江海塘的鞏固還沒有做出具體的部署。

乾隆二十七年，乾隆皇帝第三次南巡時，浙江沿海的形勢發生了新的變化。大約乾隆二十四年以後，潮勢北趨，海寧一帶吃緊。這引起了乾隆皇帝的關注。與此同時，是建石塘還是修柴塘，主管修築的官員意見不一，爭執不下。因此，乾隆皇帝第三次南巡時，親自到海寧巡視海塘，籌劃方略。他命劉統勳、高晋、莊有恭等大臣前往工地簽試樁木，他本人則親赴老鹽倉尖山簡從臨勘。經過他親試排樁，見到二百多斤重的硪，雖然可以勉强打下去，但是由於沙散無法穩固，如果採取內移塘基打樁的建議，又將會使田廬聚落，大多拆毁，這實際上是欲衞民而先殃民，等於剜肉補瘡。經過再三考慮，乾隆皇帝決定先修柴塘以捍海潮。他還命行在戶部會同該地督撫，調整柴薪價格，解決了柴塘的工料供應問題。乾隆皇帝第三次南巡閲視塘工，雖然沒能徹底解決浙江海塘的修築問題，但是他所採取的先以修柴塘治標，待日後沙漲，塘基堅固再改築石塘的辦法，在當時來說還是比較穩妥的。

乾隆三十年，乾隆皇帝第四次南巡到浙江。這時的浙江海塘連年潮汎安瀾，各工俱屬穩固，改建石塘的事宜也正在籌備之中。乾隆皇帝到達浙江的當天，就到海塘視察。他看到捍衞海寧的繞石塘下面坦水只有兩層，在潮勢頂沖、外沙漸刷的情况下，不足以捍衞石塘，便命將坦水在二層之外，一律增築三層，還把內有樁殘石缺的地方，查明更換，以便有益於護城保塘。乾隆皇帝還一再聲稱，即使多費帑金，爲民間承遠禦災捍患，也是值得。

乾隆四十五年，乾隆皇帝第五次南巡，又專程來到海寧視察塘務。他見到繞城石塘由於年代已久，再加上潮汐沖刷，不少地段底樁已經微朽，出現了裂縫和塌陷，感到十多年前解決柴塘和石塘之爭時的折中辦法已經難以維持，而當時改建老鹽倉一帶石塘的條件也已經基本具備，於是，乾隆皇帝親自布置了改建石塘的巨大工程。老鹽倉一帶四千二百餘丈的柴塘，除個別難以下樁的地段外，一律改築石塘，並添建坦水，以便維持長久。乾隆皇帝還告誡主持施工的官員們說：「海塘工程關係重大，必須集思廣議，才能經理妥善。」在回鑾途中，乾隆皇帝還放心不下，想到石塘未建成之前，如果潮水驟漲，柴塘損壞，怎能抵禦？這豈不是開門揖盜？於是，他立即傳諭地方督撫大臣，要求他們嚴飭地方文武官員，見有柴塘，仍和以前那樣加意保固，不得任居民拆損竊用。乾隆皇帝還警告說：將來石工完成，幾年以後，朕也許親臨閱視，那時如果柴工有損壞，將唯該督撫是問。在乾隆皇帝的督促下，三年以後，海寧老鹽倉魚鱗大石塘終於修築完畢。

乾隆四十九年，乾隆皇帝第六次南巡，再一次巡視海塘。他看到老鹽倉魚鱗大石塘雖然已經全部完工，但是漏洞很多，沒有坦水保護塘根，石塘前、柴塘後有一道溝槽，裡面存了不少積水，無法排出，如此日積月累，必定要淹浸滲漏。在這種情況下，乾隆皇帝考慮到，如果再砌坦水，時間上來不及，還要添加耗費，於是決定將石塘上爲觀光而堆積的無用土牛，都填入積水槽之內，把柴塘後的土順坡斜作，只須露出石塘三四層即可，並在上面栽種柳樹，通過蟠結的樹根，來加固石塘。這樣，石塘，柴塘連爲一體，而柴塘成爲石塘的坦水，既能省工時，又能加固石塘。到此，整個海塘工程基本完工。乾隆皇帝最後又再三斟酌，認爲從長遠考慮，浙江海塘老鹽倉一帶魚鱗石塘雖已完工，而章家庵以西，只是籍范公土堤一道衞護，形勢單薄，不足以資捍禦。浙江巡撫福崧請用船沈石法保護，乾隆皇帝認爲這不是一勞永逸之計，便命撥給該督撫部庫銀五百萬兩，再加上以前發給的各項帑銀，還有兩省的商捐，限在五年之內，按輕重緩急，依次一律接建石工。當年年底，便修築了二千九百多丈。接築石塘的工程竣工後，浙江海塘系統也最後完成。它和從金山到常熟的江南海塘相連接，全長八百餘里，彷佛一道雄偉的長城，屹立在東海之濱，捍衞著長江三角洲一帶全國最繁富的經濟區。

## ㈣穩定江南和遊山玩水

乾隆皇帝六巡江南，還有穩定江南、消除危機、鞏固統治的目的。在這方面，他做了大量的工作。

**一是祭祀，包括孔廟、著名帝王陵墓、歷代名人名臣的祠廟和墳墓等**。孔子是我國春秋時期的思想家、教育家，儒家學派創始人，清朝帝王尊他爲「至聖先師」。在山東曲阜縣城內，有孔廟，是歷代祭祀孔子的祠廟。曲阜縣城北有孔林，也稱至聖林，是孔子及其家族的墓地。乾隆皇帝南巡，多次謁孔林、孔廟，親祭孔子，表現出對儒家學說「欽崇至道，仰止遺風」，對宣傳滿漢一體，拉攏漢族地主階級以及江南地區的知識分子，起了重要作用。

明太祖即朱元璋，是明朝的開國皇帝。他的陵寢稱明孝陵，位於江寧東郊鍾山南麓獨龍阜玩珠峯下。明孝陵是漢族士人的精神寄託，對它的態度影響著清政權和江南士人的民族感情。乾隆皇帝南巡，四次親自謁陵，兩次遣官致祭。他在謁陵時曾說：「本朝受命以來，百有餘年，勝國故陵，寢殿依然，松楸無恙，皆我祖宗盛德保全之所致也。」乾隆皇帝的這番話，確實使一些漢族官員和知識分子十分感動。不僅如此，乾隆皇帝還爲明孝陵題寫匾聯，匾爲「開基定制」四字，聯是「戡亂安民得統正還符漢祖，立綱陳紀遺模遠更勝唐宗」。乾隆皇帝南巡祭祀明孝陵，對於維繫江南地區漢族士民的向心力起了一定作用。

御道三十里以內的歷代名人名臣的祠廟和墳墓，乾隆皇帝南巡時或親往祭祀，或派專人致祭。祭祀名單由沿途各省分別提出，條件是此人或配享歷代帝王廟，或從祀賢良祠，或忠義卓著於史冊，或有功斯民，或盡節茲土，或歸葬此鄉。受這類祭祀的人物非常多，有周朝的周公，唐朝的陸贄、錢鏐，宋朝的韓世忠、范仲淹、宗澤、岳飛，明朝的于謙、李文忠等。清朝的一些大臣，如趙申喬、張玉書、湯斌、齊蘇勒、張伯行、陳鵬年等，也享受這類祭祀。岳飛是宋朝名將，抗金英雄，爲奸臣秦檜所害，他的事跡在民間廣爲流傳，有很大影響。乾隆皇帝南巡，爲岳飛祠題匾「偉烈純忠」，還寫有一首《岳武穆墓》詩：

讀史常思忠孝誠，重瞻宰樹拱佳城。
莫須有獄何須恨，義所重人死所輕。
梓里秋風還憶昨，石門古月鎮如生。
夜臺猶切偏安憤，想對餘杭氣未平。

詩中頌揚了岳飛的忠孝品德。山東沂州境內有五賢祠。這裡是三國時期諸葛亮的故里，晋朝王祥、王覽，唐朝顏杲卿、顏眞卿也都出生此地。當地人民爲了表彰他們的忠孝節烈，建五賢祠合祀。乾隆皇帝南巡經過這裡，認爲這五人的純忠至孝節烈彪炳，足以表範人倫，於是不僅遣官致際，還寫有《五賢祠》詩一首：

王祥王覽能全孝，真卿杲卿均致身。
所遇由來殊出處，要推諸葛是全人。

乾隆皇帝賜原任大學士張玉書的祠匾是「風度端凝」，賜原任戶部尙書趙申喬的祠匾是「素絲亮節」。乾隆皇帝南巡，對歷代和本朝的名人名臣致祭，賜祠匾，以及寫詩讚揚，對籠絡江南地區的士人，倡導對國家盡忠盡義起了一定作用。

**二是開科取士，籠絡鄉紳。**江南是人文重地，讀書人多。乾隆皇帝利用南巡之機，大沛恩澤，給予種種優惠。他常以「三吳兩浙爲人文所萃，民多俊秀，加以百年教澤，比戶書聲，應試之人日多，而入學則有定額」爲由，命增加江蘇、安徽、浙江三省錄取名額。乾隆皇帝第一次南巡，就決定所有江浙皖三省當年歲試文童府學及州縣大學各增取五名，中學增四名，小學增三名，而且成爲經常之典，每次南巡，都照此辦理。乾隆皇帝還不時舉行各種考試，以擴選江南士子。他召試江浙諸生，選拔貢生，予以破格擢用，光錄取一等的進士舉人就多達八十三人。其中進士授爲內閣中書，舉人授爲內閣中書學習行走，候補人員挨次補用，二等者給予厚賞。清朝文壇上曾經顯露身手的錢大昕、褚寅亮、蔣雍植等人，都是乾隆皇帝首次南巡時錄取的進士。乾隆皇帝第四次南巡時，在浙江的一次會試中，陸費墀由一個舉人被授爲內閣中書，後來曾擔任四庫全書總校官、副總裁官。

乾隆皇帝南巡過程中，竭力表現出優禮學人、尊重讀書的態度。他首次南巡，曾諭示內閣：「經史，學問之根底。會城書院，士子中優秀者集中之地，相互砥礪，尤其應當示以正學。」於是，乾隆皇帝命將武英殿所刊《十三經》、《二十二史》各發一部給江寧鍾山書院、蘇州紫陽書院和杭州敷文書院。乾隆四十七年，《四庫全書》告成。乾隆四十九年，乾隆皇帝第六次南巡，便以「江浙人文最盛，士子願讀中秘者不乏」爲由，特命費銀百萬繕寫三部，於揚州文匯閣、鎮江文宗閣、杭州文瀾閣各貯一部，俾士子得就近觀摩，並且可以借出傳抄，使更多的讀書人殫見洽聞。

毫無疑問，乾隆皇帝南巡時的上述做法，使一批有才華的讀書人以文獲進，這不僅選拔了清朝政府需要的人才，也擴大了清朝政權的統治基礎。此外，還進一步加强了江南士人對清政府的向心力。

鄉紳，實際上是致仕後的官僚文人，他們在家鄉和政府中都有潛在的影響力。乾隆皇帝南巡對他們優禮有加，以便他們安心家居，不惹事生非。這方面最典型的例子，是沈德潛和錢陳羣。

沈德潛，江南長州人，六十七歲中進士。因爲他是江南老名士，爲人又誠實謹厚，特別是與乾隆皇帝唱和詩得體，所以升遷很快。乾隆十四年（一七四九年），他以年老多病退休，乾隆皇帝命他有所著述就寄到京城呈覽。沈德潛回家後著有《歸愚集》、《西湖志纂》等書，乾隆皇帝都親自給作序。乾隆皇帝首次南巡，沈德潛接駕，君臣相見分外親切，乾隆皇帝當即作詩一首：

水碧山明吳下春，三年契闊喜相親。
玉皇案吏今煙客，天子門生更故人。
別後詩裁經細檢，當前民瘼聽頻陳。

老來底越精神健，刼外胎禽雪裡筠。

乾隆皇帝在詩中稱沈德潛是案吏、門生，君臣相見有如故人相逢。以後乾隆皇帝幾次南巡，沈德潛都前往接駕。沈德潛還替乾隆皇帝改詩，乾隆皇帝命他儘管放心大膽去改，還說什麼古書讀不盡，有些我知道你不知道，有些你知道我不知道。乾隆皇帝經常稱贊沈德潛是老名士、老詩翁、江浙大老，以致於有人說，唐宋以來，詩人中最受皇帝寵幸、福氣最好的數第一的是沈德潛。

錢陳羣，浙江嘉興人。乾隆皇帝當政時曾任吏部侍郎、大清會典館副總裁，江蘇鄉試正考官。乾隆十七年（一七五二年），錢陳羣因病退休，乾隆皇帝親自賜詩表示安慰。乾隆十八年，錢陳羣把沿途詩作寄到京城，乾隆皇帝親自答和。乾隆皇帝第二、三、四次南巡，錢陳羣都前往接駕。乾隆三十五年（一七七〇年），乾隆皇帝六十大壽，錢陳羣已經八十七歲高齡，仍準備進京祝壽，被乾隆皇帝阻止，錢陳羣便把竹根如意進呈。乾隆皇帝非常喜歡，說是「文而有理，把玩艮怡」，並把木蘭圍獵中的鹿肉回賜錢陳羣，讓他服食延年，以便君臣再相聚。乾隆皇帝每年都要寄詩一百餘首給錢陳羣，讓他相和。錢陳羣和詩寫好後，每次都親自用行草書兼並抄寫，裝訂成冊，進呈乾隆皇帝。乾隆皇帝後兩次南巡時，錢陳羣已經去世，乾隆皇帝便派人奠祭。以示眷念舊臣之情。

**三是通過特殊褒賞，籠絡官員和商人**。乾隆皇帝的特殊褒賞種類很多，題字是最爲常見的。他曾書寫許多「福」字分賜給有關官員和商人。乾隆皇帝第五次南巡時，浙江巡撫王亶望的母親年過八十，乾隆皇帝不僅賞賜貂皮四張，大緞二匹，而且親自書寫匾額，以示祝福。乾隆皇帝南巡時，賜閩浙總督喀爾吉善匾「耆臣清德」，賜浙江巡撫楊廷璋匾「澤宣浙水」。除了賜字以外，乾隆皇帝還通過賜坐、賞飯、晋封官銜、賜子孫功名等籠絡有關官員。對於一些罷職回鄉的官員，有的重新錄用，復其原品，有的賞賜新銜。結果，使大批封建官僚感恩戴德，消除了他們對朝廷的怨恨。

乾隆皇帝南巡過程中也採用多種手段籠絡商人。中國傳統社會是一個官本位的社會，有了官，哪怕是榮譽性質的官，也格外受人尊重，甚至給自己帶來許多實際好處。與此相反，商人就不同了。由於中國封建社會實行重農抑商政策，商人地位低下，許多商人財大氣不粗，在社會上受人鄙視。乾隆皇帝在南巡過程中，利用商人希望撈得一官半職提高社會地位的心理，對他們大量授予空頭官銜。乾隆皇帝第一次南巡時，就曾發布上諭指出：兩淮商人踴躍急公，捐輸極效。於是命把他們職銜加頂戴一級。乾隆皇帝第二次南巡時，又以兩淮衆商雖不是當官的人，但承辦差務積極，令將「官秩」在三品以上的，賞給奉宸苑卿銜，未到三品的，各加頂戴一級。乾隆皇帝第五次南巡時，浙江商人姚經進獻漪園玉件，乾隆皇帝賞他四品頂戴，其他辦事商人中被列爲一二等的，也各援「游擊」封典。這些空頭官銜雖然沒有什麼實際意義，但是可以榮耀身份，而這正是商人所希望得到的。正因爲如此，商人們一旦得到封號，便感恩戴德，頌聲如雷。

乾隆皇帝在南巡時，除了賞給商人空頭官銜外，也給他們一些實際好處。乾隆皇帝第五次南巡中，免除兩淮鹽商未繳稅銀一百二十萬兩，緩徵銀二十七萬兩。在第六次南巡中，又免除兩淮未完提引餘利銀一百六十萬二千兩。通過這些應徵課額的減免，乾隆皇帝博得了「聖恩浩蕩」的美名。

**四是減免賦稅，注意兼顧普通百姓的利益**。乾隆皇帝六次巡幸江南，第一次免江蘇元年至十三年稅欠地丁銀二百二十八萬餘兩。第二次免江浙等三省二十一年以前未完地丁銀，免江南十年前積欠漕項銀米及耗羡米，免浙江十八年至二十年未完及蠲剩漕項銀，杭、嘉、湖、紹未完借欽籽本銀，未完屯餉銀，海寧縣公租銀。第三次免江浙等三省二十二年至二十六年未完地丁。第四次免江浙等五年至二十八年欠銀欠米，江蘇二十八年前地丁項雜銀，浙江銀米。第五次免江寧藩司、蘇州藩司欠銀米，歸安欠銀米，仁和等縣米。第六次免江寧藩司、蘇州藩司欠銀米。以上是豁除舊欠，此外還有蠲免當年。乾隆皇帝六下江南，除隨各地普蠲外，第一次南巡免浙江當年地丁三十萬兩。以後五次南巡免經過地方當年地丁十分之三，和江寧、蘇州、杭州三省會附郭縣當年地丁，第六次免杭、嘉、湖三府地丁十分之三。

乾隆皇帝南巡時還豁除了一些零星的稅銀負擔。第一次南巡，將常州武進、陽湖二縣明代的開抵役田新舊租銀概予豁除。第二次南巡，免除浙江坍沒灘場地應徵銀二百五十一兩。吳縣有公田一萬二千五百畝，原係明代嘉靖年間（一五二二年至一五六六年）當地富民捐置，入清後應完租息每年拖欠一千四百餘石追補無著，從乾隆三十二年（一七六七年）至四十年（一七七五年），共欠餘租折色銀一萬零九百八十九兩，經地方奏請，乾隆皇帝豁除，六次南巡更永免征收。

乾隆皇帝南巡減免租稅，雖然好處大多落在富人手中，但是下層百姓也分沾了一些餘潤。此外，乾隆皇帝在確定南巡的時間時，也特別考慮東南的具體情況，盡量做到不影響當地百姓的生產和生活。第二次南巡原定在二十年（一七五五年），因為江蘇秋雨成災，以及蟲害嚴重，乾隆皇帝便諭令改在二十二年，以便督撫專心救濟百姓，恢復生產。第三次南巡也因類似情況往後推遲了一年。乾隆皇帝六次南巡中，除第一次以外，其餘幾次總的來說對百姓騷擾不大。因為乾隆皇帝不提倡督撫等地方官僚親自辦理行宮、御道等具體巡幸差務，而是鼓勵他們放手讓商人操辦。這在客觀上免除了百姓的許多負擔，使他們得以安居樂業，以致於當時有人稱讚乾隆皇帝後幾次南巡「熙熙然民不知徭役而供張亦辦」。以上這些，有利於江南地區社會秩序的穩定。

**五是通過閱兵，顯示力量**。閱兵是乾隆皇帝南巡的重要典禮之一。通過閱兵加強威懾，向廣大人民羣衆，尤其是那些政治上的反對者顯示朝廷的力量。乾隆皇帝當政中期，社會矛盾有所激化，除天地會、小刀會等秘密會黨比較活躍外，在民間一度發生剪辮子案。據說有人用迷魂藥迷人，偷剪別人的辮子。剪辮子運動最早發生在江蘇、浙江一帶，後來漫延到山東、湖北、直隸等省。它的矛頭是直接指向滿族貴族對全國人民的統治的。乾隆皇帝南巡閱兵，不能說沒有一定的針對性。此外，乾隆皇帝在位前期，國內還存在著一些分裂勢力，特別是西北邊境戰火正燒。乾隆皇帝巡幸江南，聲勢浩大，正可以顯示朝廷雄厚的軍事力量和經濟力量。乾隆皇帝第一次南巡期間，在蘇州府行宮召見了準噶爾使臣。第三次南巡時，有回部霍集斯郡王和葉爾羌諸城伯克等同行到江南，在揚州有哈薩克使臣策伯克入覲，在涿州歸程又有哈薩克陪臣阿塔海等覲見迎駕。這一切，無疑有利於乾隆皇帝向西北地區分裂勢力炫耀力量，而最終加速了清政府對西北邊疆地區的統一。

乾隆皇帝南巡閱兵的地點多在江寧、京口和杭州。參加閱武的兵丁從兩三千人到二三百人不等，項目包括騎射、陣式、技藝等內容，水軍主要是陣式、泅水、扒桅等。乾隆皇帝寫有多首關於閱兵的詩，其中一首題爲《閱杭州旗兵》是這樣寫的：

承平世恐軍容弛，文物邦應武備明。
已向會稽陟禹跡，便教浙水結戎兵。
羽林舊將今誰是，七萃材官古莫衡。

四十年重逢盛典，行間踴躍倍常情。

從詩中的內容看，乾隆皇帝最擔心的是國家承平日久，軍隊廢弛，所以要閱兵加强訓練。一些書中記載乾隆皇帝南巡閱兵的情況時寫道：侍衞肅立，將軍前衝，五緯分芒，八風喉響，激火珠而沸海，製金汁以排山，十蕩水決之師，七縱七擒之陣。不能說這不是眞實情況，因爲皇帝前來閱兵，被檢閱的軍隊會有充分準備的。但是也不能說這些都是眞實情況，因爲畢竟天下太平已久，不少文武官員沉醉在腐化享樂之中。就拿淸朝軍隊中最精銳的滿洲八旗來說吧，許多人經常出沒在戲園酒館，以數日之用度供一時之糜費，等到打起仗來，有的還沒有見到敵人蹤影，一聞虛信，就已狼狽逃回。綠營軍的腐敗也很嚴重，平時裝模作樣出出操，等到遇有任務，就顯得特別軟弱無能，尤其是在戰場上，丟盔棄甲，如鳥獸散，謊報軍情，編造戰績。江南地區一些軍隊裡，將軍喜歡坐轎而不騎馬，士兵喜歡吹簫而不習武。有一次乾隆皇帝南巡閱兵，射箭箭虛發，馳馬人墮地，使乾隆皇帝非常惱火，因此還撤消了一些高級將領的職務。又有一次，是閱武較射，有的士兵還沒有開始射箭，弓就先掉在了地上。多虧有的大臣出來解釋，說工兵要受皇上檢閱，昨天練得太累了，把胳膊都練疼了，乾隆皇帝才沒有發作。

**乾隆皇帝六下江南，也是爲了遊覽那裡的名勝古蹟、園林風景。**關於名勝，我們前邊已

■蘇州園林

有介紹，這裡只就園林情況，再作一些補充。

乾隆皇帝喜歡江南園林，這從下面的幾個事實中可以看出。嘉興南湖的煙雨樓，建在浙江省嘉興市南湖湖心島上。每當細雨如織，景色迷人，憑高遠眺，心曠神怡。乾隆皇帝南巡時，曾多次登樓賞景。爲了表示喜愛之情，他還命人把煙雨樓風景繪成圖，於乾隆四十五年（一七八〇年），在避暑山莊仿其製建樓於青蓮島，也題名煙雨樓。蘇州獅子林是著名花園，園中怪石聞名天下。乾隆皇帝南巡時，幾次到這裡遊玩，還寫詩讚美。詩中「卻愛獅林城市間」，「古樹春來亦芳樹，假山歲久似眞山」等句，流露出乾隆皇帝對獅子林的喜愛。也正是因爲這種喜愛之情，乾隆皇帝後來命人參照所繪獅子林圖，在北京長春園，薊縣盤山靜寄山莊，以及承德避暑山莊，仿獅子林樣式，各建小園，都以獅子林命名。各園建成後，乾隆皇帝寫詩，說是「最憶倪家獅子林」，「爲便尋常御苑臨」，顯然也是出於一種喜愛。那麼，江南園林的哪些方面是乾隆皇帝最喜愛的呢？

**首先是山石**。江南園林多以堆土或疊石來象徵山。然而這種假山，都是模擬眞山的特徵，看上去石骨嶙峋，植被蒼翠，使人不由得想起深山老林。江南園林中的山並不突出高，至多不超過一兩層房屋，而是園中地勢些微的起伏變化，與山相聯繫，造成一種峯巒起伏的氣勢，來龍去脈清晰可見。山路盤道迂曲，利用茂樹濃蔭造成一種深山幽谷的山林氣氛，給人以眞實感。另外，江南園林中的山，特別是獨立石峯和成組的疊石，多選用太湖石。這種太湖石，是一種經水溶蝕的石灰岩，主要產於太湖而得名。太湖石洞竅極多，形態奇特，很爲人所喜歡。楊州的南園，就是以九塊峯石，合稱「九峯石」而著稱。乾隆皇帝南巡，因園中有九峯石而賜園名爲「九峯園」。他還選九峯石中特別好的兩塊，運往北京的宮苑中。由此也可以看出乾隆皇帝對江南園林中山石的喜歡。總之，江南園林中山的形態豐富，能夠表現出峯、巒、臺地、崖壁、峽谷、山洞、山澗、磴道等很多形象，加以太湖石自然形態的美，往往是一帶青山，幾座峯石，就可勾畫出大自然的景觀，在江南園林中，造成千姿百態、引人入勝的景象。而這些正是乾隆皇帝喜歡的。

**其次是清流秀水**。江南園林中的水，根據它的風景面貌分成不同類型，有湖泊、池塘、河流、溪澗、濠濮、泉源、淵潭、瀑布等。經過園林藝術加工而造成的不同水型的景象，給人以不同情趣的感受。湖泊型的水，水面廣闊而集中，可以描寫十里風荷，悠悠煙水的湖泊風光。無錫寄暢園的水景就是這樣。乾隆皇帝南巡，多次到這裡遊玩，還寫了很多關於寄暢園的詩，其中「輕棹沿尋曲水灣，秦園寄暢暫偷閒」句，無疑反映了他對江南園林中水景的喜愛。池塘有整形與自然的不同形式，整形形式更容易給人以端方硯臺的聯想。蘇州滄浪亭西部御碑亭下石山坳谷之間，那一岸壁陡峭的淵潭景象，則給人以如臨深淵的感覺。江南園林中的水景，反映了江南水鄉的湖光天色，可以使人聯想到立足浩淼曠遠的太湖之濱，天寬水亦寬；嫵媚的西子湖畔，長堤煙柳一線綠，水底明霞十頃光；河灣水巷深處，一彎虹橋如滿月初升。的確，當人們坐在獅子林中湖心亭裡向西眺望，那層層疊疊的石山上座落的向梅閣，映到湖中的倒影，隨著清風蕩漾，使人看後頓覺清爽宜人。難怪乾隆皇帝南巡中，寫了那麼多有關江南園林中水景的詩歌和匾聯，例如「清泉石上流」，「船泛春波天上坐」等等。

**第三是回廊曲院，亭館軒榭。**這些人工建築，與山水環境相結合，依山逐勢，屈曲迂迴，還有這些建築自身的柔和曲線，都顯示了自然的情趣。其中，軒榭一般體量不大而玲瓏透剔，松、柱之間上有花楣，下有雕欄，極富情趣。樓閣是登高眺遠的最好設施，同時，它的形體高出林梢，也最富有景象構圖的想像力。舫是江南園林中最有特色的建築，一般仿照畫舫樓船的形式創作，有的在水中，有的在水邊。遊人置身畫舫，可以感受到碧波蕩漾。亭，具有瞭望、觀賞的功能，也是憑眺、休息和觀賞的對象。江南園林中的亭，體量較小，體型多是四角、六角攢尖瓦頂或歇山瓦頂，有的接近生活，有的顯得莊重。廊，有空廊、暖廊、半廊、復廊等區別。園林中的建廊，不僅增加了景深層次，豐富了趣味，也起到了似隔非隔地劃分空間的作用。同時，廊本身也具有一定的觀賞價值。橋樑，不僅是江南園林中遊覽通行的設施，也是襯托不同類型水景的必要手段。橋有石板橋、曲橋、石拱橋、廊橋、石梁等幾種形式，有的和路亭結合在一起，有的與山水渾然一體，各具特色。乾隆皇帝南巡，對江南園林中的這些建築，也非常喜歡。他不只一次地寫詩讚美寄暢園中的畫舫，以及聽雪閣、艫鄉亭等建築。

## ㈤功過後人評

乾隆皇帝南巡，陸路的御道非常講究，幫寬三尺，中心正路寬一丈六尺，兩旁馬路各七尺。路面要求堅實、平整。御道還要求筆直。此外，凡是石橋石板，都要用黃土鋪墊。經過的地方，一律清水潑街。水路坐船。乾隆皇帝南巡船隊大小船隻達一千餘艘，浩浩蕩蕩，旌旗蔽空。乾隆皇帝的御舟稱安福艫和翔風艇。乾清門侍衛和御前侍衛的船隻行進在船隊的最前面，內閣官員的船隻隨後，御舟在船隊中間。御舟所用拉縴河兵三千六百人，分爲六班，每班六百人。河兵一般由壯丁和民夫充當，不是正規部隊。御舟經過的港汊地方，以及橋頭村口，有士兵守護，禁止百姓的船隻出入。

乾隆皇帝南巡途中，建有行宮等供住宿。行宮一般由商人出資興建，看上去非常氣派。比如天寧寺行宮，有樓廊房屋五百多間。行宮規模很大，乾隆皇帝起居、聽政、遊樂等各種設施一應俱全。像鹽商修建的揚州高旻寺行宮，有前、中、後三殿，包括茶膳房、西配房、畫房、西套房、橋亭、戲臺、看戲廳、閘口亭、亭廊房、歇山樓、石版房、箭廳、萬字亭、臥碑亭、歇山門、右朝房、垂花門、後照房等，亭臺樓閣幾百間。行宮內部布置得富麗堂皇，陳設古玩珍寶、花木竹石、書籍、字畫、磁器、香爐、掛屏等。

除行宮外，乾隆皇帝南巡沿途許多地方還搭黃布城和蒙古包帳房，用以住宿。有的地方相隔幾十里還建有尖營，是乾隆皇帝暫息之所。御舟停靠的碼頭上，一般鋪陳棕毯，設五十丈的大營供乾隆皇帝住宿。碼頭上還設有四方帳心、圓頂帳房、耳房帳房等，用來備用。這些帳房在乾隆皇帝的船隊出發後就拆掉了。

乾隆皇帝南巡時，沿途的地方官一般都要搭蓋天棚，以備遮陽。最初的時候只是某些地方，在乾隆皇帝回鑾時，臨近五月天氣搭蓋。後來由於相互攀比，就不管地方和季節，一律搭蓋。結果，漫漫御道，彩棚相連，形成了一種特殊的風景。在運河兩岸，有的地方官蓋有辦事草亭，一個個小巧別緻，各具情態。這些小亭實際上無事可辦，只是爲了點綴運河兩岸的風景，專供乾隆皇帝欣賞。

乾隆皇帝南巡途中，生活起居方面的條件和設施並不比宮中差，也沒有太大的變化。每天早晚照例擊鼓奏樂。茶房所用的奶牛多達七十五頭。膳房所用羊一千隻，牛三百頭。這些都是提前從京城運經各地，準備好的。每天的泉水、冰塊也供應不斷。在直隸用京西玉泉山泉水，在山東用濟南珍珠泉水，在江蘇用鎭江金山泉水，到浙江用杭州虎跑泉水。乾隆皇帝有一個特製的艮斗，可以測定泉水的等次。

回避是皇帝巡幸時一般百姓遵守的制度，乾隆皇帝南巡應當也不例外。不過，乾隆皇帝是一個勤政和比較體察民間疾苦的皇帝，他不希望巡幸途中看不見百姓，有損於自己的形象。因此，在首次南巡時，乾隆皇帝就諭示：朕巡幸江浙，聽說士民父老念君情切。現在朕前往南方，到達百姓聚居的地方，前來觀看的百姓完全可以滿足愛君望幸的願望，朕也可以乘機體察民間風俗。朕最擔心的是地方官害怕道路擁擠，發生堵塞，便事先攔阻百姓，與朕隔離，所以特別規定：凡朕經過地區，確實因道路狹窄，或者積水，難以容納多人，可令百姓側處路旁，不得喧擾。如果道路寬闊，不擔心擁擠堵塞，則不許禁止百姓觀看，以免阻塞百姓愛君之意。儘管乾隆皇帝這樣强調，一些臣屬仍然特別講究回避禮儀。乾隆皇帝第三次南巡時，巡漕給事中汪海就曾奏請從通州南下船隻全部回避，這實際上就是禁止千里運河上有商旅往來。乾隆皇帝感到這樣做太不成體統，予以駁回。不過實際上，即使乾隆皇帝允許百姓瞻仰聖顏，百姓也不一定看得見皇帝的面孔。有人記載說，當有的百姓從幾里地以外跑到淮安、蘇州觀看乾隆皇帝南巡盛典時，「只見一片黃旗安流順發而已」。

乾隆皇帝南巡所經過的三十里地以內，地方官員都要穿朝服前往迎接。此前，朝廷要派專員到各地教演迎送儀式。士紳、年老的百姓在開闊地跪伏，八十歲的老人則要身穿黃絹外褂，手捧高香跪迎。乾隆皇帝提倡尊重老人，所以各地接駕的老人很多。據說乾隆皇帝遊暢春園，接駕的九人，年齡加起來有六百歲，最大的已有九十多歲。由於乾隆皇帝希望看到南巡時有更多百姓歡迎的場面，所以只要不是回避的地方，地方官對百姓爭相一睹聖顏並不加以阻止。乾隆皇帝南巡遊揚州上方寺時，寺院周圍聚集了成千上萬的百姓，甚至乾隆皇帝離開以後，人們還在那裡擁擠觀看。

乾隆皇帝南巡過程中，沿途的士人紳商一般都要進獻禮品。進獻者身份不同，禮品的種類也不一樣。讀書的士子們家境一般不富裕，但是社會地位高，受人尊重，他們進獻的禮品都是詩賦、字畫和文集，反映了他們平時飽讀詩書、格調高雅的情況。也有的士子進呈和時事有關的政論文。乾隆皇帝對讀書人的進呈一般都從優回賞。第一次南巡時，生員俞琄進呈《治河方略》，乾隆皇帝賞給他緞一匹，皮三張，大荷包一對。對一般進呈詩賦的士子，乾隆皇帝也都回賞緞與荷包。紳商人家資財雄厚，經濟實力强，進呈的禮品既名貴，種類又多。乾隆皇帝第二次南巡過程中，長蘆鹽政進獻繡緞，值銀三千多兩。第三次南巡過程中，長蘆鹽政官員金輝夫婦進獻香紗、果脯、宮扇、念珠、金錠、手珠、曹扇等物品，價值不下四千兩白銀。第五次南巡時，浙江大商人姚經，進獻猗園玉件，極爲名貴。乾隆皇帝南巡，進呈的禮品中還有文房四寶以及食品等。第二次南巡中，有人進獻南越（今雲南南）人用海苔製成的側理紙，這種紙質堅而膩，世間少有。進獻的食品中有各種小菜、豬羊、海味等。江蘇吳寧有人進獻雞肝一盤，味道鮮美，後來這道菜被稱爲「乾隆雞肝」而名揚四海。對於紳商人家的進獻，以及進獻食品的人，乾隆皇帝也都要給予回賞。

乾隆皇帝南巡，軍機處、各部院都有大臣隨行，處理朝政並不間斷。每次南巡，各地報告、奏章直接送到沿途駐蹕行宮，乾隆皇帝認眞閱讀和批答。第二次南巡時，平準戰爭正在進行。他一邊巡幸，一邊批閱前方奏報，指示方略，發布各種命令。「身此南巡心西海，宵衣寧憚軍書修」，這兩句詩，乾隆皇帝是說身在南巡路上，仍在考慮和處理平定準噶爾的軍務，應當說是符合實際情況的。在南巡過程中，乾隆皇帝利用召見官員的機會，注意考察他們的政績。乾隆皇帝用朱筆寫有「官員記載片」，片中記下了他接見官員時對官員的印象，以便作爲今後任用、升遷這些官員時的參考。官員記載片中的內容十分豐富，語言卻都非常簡潔。有的上面寫著「人明白，也出過力，但局面小，福薄些」，也有的上面記載「老實人，微有商家習氣」，還有的上面寫著「妥當，有良心，而非大器」等。乾隆皇帝最後一次南巡中，江西巡撫郝碩前來接駕。乾隆皇帝通過交談，認爲郝碩對地方政務毫無建樹，對屬員情況也茫然不知，不適合擔任巡撫職務，就罷免了他。

乾隆皇帝巡幸江南，從第一次開始，無論是朝中大臣，還是民間百姓，都有反對的，由此引出了許多政治風波。

首先是盧魯生僞撰孫嘉淦奏稿案。孫嘉淦官至尚書、大學士，以直言敢諫聞名，被乾隆皇帝倚重，上疏言事，多被採納。乾隆十五年（一七五〇年），乾隆皇帝以首舉南巡，令有司預爲準備，兩江總督黃廷桂供辦鋪張，督責嚴苛，屬吏怨苦。於是，有人僞託孫嘉淦之名，撰寫諫止南巡疏一篇，全稿長達萬言，指斥乾隆皇帝失德，並煽劾廷臣鄂爾泰、張廷玉、納親等，暗中流傳，及於內地十七省。後經官方密加緝訪，陸續在各地查出傳抄僞稿案八十多起，涉嫌被拿者千人以上，其中文武官員、貢監、旗員、商人、士庶、僧人、土司無所不有。因查辦不力而受處罰的督撫大吏有十數人之多。直到乾隆十八年（一七五三年）二月；才查清僞稿係撫州衛千總盧魯生所爲。結果，盧魯生被凌遲處死，其二子也被斬監候，秋後處決。

其次是一些大臣、官員因爲反對乾隆皇帝南巡受到了不同程度的懲罰。內閣學士程景伊反對乾隆皇帝巡幸湖州。乾隆皇帝說：朕到湖州不是爲了遊玩，而是去看看那裡種桑養蠶的技術。程景伊反駁說：皇上到湖州將看不見蠶桑了，那裡將因爲辦差幾代都恢復不了元氣。結果，程景伊受到懲治，乾隆皇帝仍然決定前往湖州。浙江巡撫命紹興知府沿河試航，清理障礙，以便乾隆皇帝的御舟通過。紹興知府同樣也反對乾隆皇帝巡幸湖州，於是在試船時，暗中把一些障礙物投入河中，使御舟無法通過。後來，乾隆皇帝巡幸湖州的願望未能實現，便把這位紹興知府革職了。翰林院檢討杭世駿是有名的骨鯁之士，他上疏論時事，說皇上巡幸所至，地方官一味逢迎，百姓大受其苦。乾隆皇帝覽疏後，竟諭令對杭世駿處以重刑。內閣學士尹壯圖上疏言事，談及各省督撫以辦差爲名勒索，屬員、商人、百姓爲此多蹙額興嘆。乾隆皇帝閱後詰問尹壯圖從哪兒聽到的怨言，在何處看到的情況。尹壯圖無奈，只好低頭認罪，乾隆皇帝命將他交刑部懲治。

看到公開反對乾隆皇帝南巡的人受到處理，有些人便採取委婉的方式諷喻。乾隆皇帝第一次南巡時，內大臣博爾奔察隨侍，在蘇州靈巖山，看見一棵梅樹，枝幹挺拔，花朵鮮豔。博爾奔察想叫人把它砍倒，乾隆皇帝問爲什麼，博爾奔察回答說：「我恨它爲什麼不生長在圓明園中，以致於皇上您風塵僕僕，經歷那麼多江湖風險。」江蘇無錫顧棟高精通學問，被地方官員推薦進京受乾隆皇帝召見。乾隆皇帝對他說：「朕看你年紀太大了，身體又不好，所以准許你回家休養。將來朕巡幸江南的時候，我們還可以相見。」顧棟高聽後卻說：「難道皇上還要南巡？」乾隆皇帝見他這種反問的態度，心中不快，不久就封顧棟高一個虛銜，讓他回原籍了。

乾隆皇帝六下江南，無論是當時還是後來，都產生了一定的影響。以浙江海塘爲例，通過乾隆皇帝南巡，大規模的修築，抵御了海潮的侵襲，減少了潮災所帶來的嚴重危害，安定了太湖流域的農業和工商業，使這一地區的城鄉經濟繼續得到繁榮和發展。唐宋以來，由於海潮沖擊，浙西沿海不斷遭受潮災，海岸陸地往往被淹沒沖塌。這不僅對沿海一帶極有危害，而且還嚴重威脅著太湖平原的農業生產。這種特殊的地理形勢，決定了浙江海塘的重要性，特別是海寧更首當其衝。因爲海寧城南門外不多遠即濱大海，全靠塘堤保障，而海寧塘堤又居杭、嘉、湖、蘇、常等府的上游，所以，保海寧就是保嘉、湖七府。而保海寧最有效的辦法就是修築海塘。乾隆皇帝南巡，浙江海塘修築成功，近海州縣多年不再發生水患，海塘內桑麻遍野，農灶安恬。

浙江海塘的修築，還保證了南糧北運的正常進行。海潮災害對漕運影響很大，因爲一旦海潮失去障禦，就會發生運河中絕，有害漕運。清代江南七府是朝廷的主要財賦區，每年都有幾百萬石的漕糧，通過運河運到北京，以供宮廷和百官俸祿之用。正因爲這樣，乾隆皇帝非常重視漕運。而浙江海塘的修築，對保證漕運起了一定作用。因爲從杭州到嘉興，正是江南運河的南部河段，與浙西海塘距離很近，如果海塘失修，潮水氾濫內流，整個江南運河勢必受到侵害，南糧北運就有斷絕的危險。乾隆皇帝南巡修築浙江海塘大有成效，保證了漕運正常進行，使大運河在南北經濟交流中繼續發揮作用。

修築浙江海塘，保證了浙西鹽業生產的正常進行。浙西沿海諸縣是重要的產鹽地，每次海潮氾濫成災，都要把鹽場沖毀，嚴重妨礙鹽業生產，使沿海地區以製鹽爲生的許多灶戶破產，衣食無源。乾隆皇帝南巡視察浙江海塘，特別注意灶戶問題。他曾寫《塘上四首》詩，其中有「葦廬灶戶日煎鹽，辛苦蠅頭覓潤霑。噓歙胼胝耐燥溫，厚資原是富商兼」，「灶戶資生釜海存，劇沙煎滷事件盆。茅棚葦竇何妨覽，欲悉吾民衣食源」等句，反映了對灶戶生活的關切。乾隆皇帝南巡大規模修築浙江海塘，潮災大大減少，沿海一帶的鹽場和灶戶獲得了較爲安定的生產環境，使浙西地區的鹽業生產繼續得到發展。

乾隆皇帝南巡巡治河方面取得的成效也是顯而易見的。他多次親臨各段河工視察，指劃方案，布置河工，盡心盡力。結果，自乾隆二十一年（一七五六年）到三十年（一七六五年）近十年當中，南河一段沒有決口。此外，黃河決口的頻率也大大降低，這在當時黃河上下游植被破壞日益嚴重、水土流失加劇的情況下，取得這樣的成績已屬不易。

乾隆皇帝六下江南，所經過的地方商人雲集，買賣興旺，客觀上促進了江南地區商業經濟的發展。江南百姓利用乾隆皇帝南巡修築的御道，重新整治的河道、港汊等交通之便，加强了江南地區的經濟聯繫。揚州、蘇州、江寧、杭州等城市也日益繁榮起來。乾隆皇帝六下江南，對這些城市的發展，以及江南地區經濟的繁榮，起了推波助瀾的作用。

揚州濱臨大江，居南北大運河的交會點，是東南的一大都會。乾隆皇帝六次南巡，每次都臨幸揚州。爲迎接乾隆皇帝御駕，揚州官商作了充分準備，御道用文磚砌築，其次等用石鋪，再次等用土鋪墊。御碼頭則用棕毯鋪墊。每到夜晚，揚州城內華燈大起，各種彩燈鬥麗爭艷。乾隆皇帝當政年間，是揚州最繁榮的時期。在園林方面，由於乾隆皇帝六次南巡，各鹽商窮極物力以供宸賞，自北門直抵平山，兩岸數十里樓臺相接，無一處重覆。城內園林也有幾十處之多，都是由人工精心設計構築而成。在商業方面，這裡百貨暢銷。無錫布匹運到揚州，一年的交易，不下數十百萬。在揚州城內，聚集了巨額的貨幣資本，其中主要是鹽業資本。揚州城內有山西、安徽商人百數十家，資本達七、八千萬兩白銀。乾隆皇帝南巡對兩淮鹽商實行特殊的優待政策，促進了揚州鹽業的興盛。這種特殊政策主要是增加綱鹽滷耗斤兩，加賞和豁免積欠，提引餘利銀兩等。只乾隆皇帝第五次南巡時，就豁免了兩淮鹽商未交川餉銀一百二十萬兩，緩征銀二十七萬餘兩。

蘇州在乾隆皇帝當政時期也有很大發展，城內居民不下五十萬人口，店鋪二百三十餘家，五十多個行業。在蘇州市場上，除了本鄉本土的產品外，還有四川、廣東、雲南、貴州、福建、江西、浙江、山東等中外馳名的特產，甚至還可以見到一些山海所產的珍奇，外國所通的貨幣，四方往來千萬里的商賈。

江寧很早就是我國絲織業的中心，到清朝前期絲織業更加發展，乾隆皇帝當政時期超過了蘇杭。民間所產都在聚寶門內東西兩邊，不下千數百家。乾隆皇帝六下江南，多次和皇太后臨視織造機房，表現出他們對江寧絲織產品的鍾愛。江寧所產的絲織品，有綢緞紗絹羅等品種，質地優良，不僅供朝廷用，而且絕大部分供應國外市場，享有「江南貢緞甲天下」的盛譽。由於絲織業的發展，作爲織戶附庸的一些工商業也相應發展起來，人口也增多了。乾隆皇帝當政時期，江寧城不下八萬餘戶，有四五十萬人口。

杭州從宋朝開始就是我國三大絲織業中心之一，到清朝乾隆皇帝當政年間，機坊、機匠更加發展，官營的絲織業產品多供應朝廷，民間機戶所織綢緞多運往國外。乾隆皇帝巡幸江南時期，杭州的工商業也十分發達，特別是錫箔業馳名全國。當時杭州城居民達六十餘萬。

乾隆皇帝六下江南，廣聚商人貿易，疏通貨物流通渠道，促進了江南地區商業的繁榮，城市的發展和交換的擴大，客觀上對舊的封建社會的生產方式起到了瓦解的作用，而對資本主義生產方式的萌芽則起了一定的催生作用。正是乾隆皇帝當政時期，中國已經有了一些資本主義生產關係的萌芽。

乾隆皇帝精通漢族封建文化，能詩善畫，重視古籍整理，喜歡和江南文人士子交往，他在南巡途中對士人的懷柔政策，確實感動了一些封建文人。乾隆皇帝在位期間，江南學者的學術成果倍出。應當說，乾隆皇帝六下江南，對乾嘉學派的產生起到了促進作用。

乾隆皇帝退位之後，曾經對有關大臣說過這樣的話：「朕臨御六十年，並無失德，惟六次南巡，勞民傷財，作無益害有益。」看來，乾隆皇帝也認識到，他的六下江南，在產生了積極作用的同時，也給社會帶來了許多消極影響。

乾隆皇帝南巡，御道要求筆直，不得隨意彎曲，結果，許多百姓的房屋被拆毀，墳墓被挖掘，良田遭毀壞。黃廷桂任兩江總督時，爲籌辦乾隆皇帝第一次南巡事宜，嚴催急督，搞得百姓怨氣沖天。丹徒縣令負責修建御道，不忍心損壞百姓的祖墳，把御道繞了一里多路。黃廷桂知道後，說這個縣令犯了「大不敬」罪，要求他重修，否則處以極刑。丹徒縣令不得不辯解說：「難道皇上從京師到丹徒，沿徒一個彎都不拐？他又不是秦始皇，聽到江南有掘人墳墓的事，會不動心嗎？」

乾隆皇帝南巡途中戒備森嚴，有兵部官員帶人清查道路，捉拿嫌疑犯。隨駕兵丁更是凶如虎狼。一次，乾隆皇帝南巡途經揚州，一名女子在城樓燒火煮飯，御前侍衛見有煙火，認爲是有人行凶謀反，便不問青紅皂白，把那女子一箭射死。

爲了籌辦乾隆皇帝南巡，沿途各地官員不惜耗費資財，花樣翻新，討得皇上喜歡，爲自己受寵升遷打開道路。乾隆皇帝第五次南巡時，鎮江的地方官在運河岸上布置一個巨大的仙桃，綠葉映襯，顏色紅翠鮮艷。當乾隆皇帝的御舟臨近時，突然煙火大發，鞭炮齊鳴，巨大的仙桃從中轟然分開，原來桃內是一個可以容納數百人的劇場。一旦乾隆皇帝御舟停靠，劇臺上便開始上演壽山福海戲。也是第五次南巡時，乾隆皇帝從北京出發，正是元宵節前後，所過州縣紛紛進呈煙火雜戲。直隸新城知縣讓人準備了一種功能特別的爆竹，不料燃放時誤動機關，燒傷了人，造成了一起震驚朝野的爆炸事件，以致朝鮮使臣還把這一事件報告了本國國王。蘇州的地方官爲了迎接乾隆皇帝南巡，大肆修建園林。本已荒蕪成爲民居的獅子林，經過當地官府的修復，竟成了一座風景秀麗的江南名園。杭州龍井一帶山水秀麗，風景優美，當地官員爲了迎接乾隆皇帝南巡，竟在那裡修房蓋廟，張燈結彩，結果搞得不倫不類，白白花費了許多錢。兩淮鹽政伊齡阿爲乾隆皇帝第六次南巡作準備，自作主張建造了一艘新的御舟「寶蓮航」，但是乾隆皇帝根本不坐，因爲他有自己的御舟，結果又浪費了許多錢財。地方官就是這樣，爲了迎接乾隆皇帝南巡，置辦差務時不惜巨額資金，鋪張奢華。各地官府和各個官員之間還相互攀比，造成更加奢侈。吉慶擔任兩淮鹽政時，辦理乾隆皇帝南巡差務，遍植奇花異草，非常豪華。普福後來繼任鹽政，爲了準備乾隆皇帝南巡，又大興土木，廣備器玩。高恆是個大貪官，爲了準備乾隆皇帝第三次南巡，更是派人到處搜羅珠寶，營造宮殿。

江南商人爲了準備乾隆皇帝南巡，和地方官比較起來，更是絞盡腦汁，煞費苦心。他們平時依靠官府，利用自己掌握的經濟特權取得的大量錢財，過著極其豪華的生活。由於他們對封建官府存著嚴重的依附關係，所以，每次乾隆皇帝南巡，江南商人都要積極參與籌辦各種工程，爲自己贏得新的榮譽和權勢。一是捐銀子。在乾隆皇帝第三、五、六次南巡中，兩淮鹽商每次都捐銀一百萬兩。在第五次南巡中，兩浙商人捐銀六十萬兩。在第六次南巡中，長蘆鹽商捐銀十萬兩。對於這些捐獻，乾隆皇帝都接受，並把這些錢中的相當部分拿來充作南巡時各地辦差及賞賜用。二是直接辦理接駕事宜。每當乾隆皇帝南巡，長蘆鹽商都在直隸保定府用蘇杭一帶名貴彩緞結成各種布棚，供皇上觀賞。這些布棚形狀各異，有的像寶塔，有的像樓臺，顏色絢麗，光彩照人。商人們還大肆修建行宮，行宮中布置古玩珍寶、花木竹石不計其數。乾隆皇帝第一次南巡時，揚州平山堂行宮本來沒有梅花，商人們覺得景色不好，就捐資植梅一萬株，作爲點綴。結果，平山堂內外梅花盛開，乾隆皇帝非常滿意。大興土木，營造各種園林風景，也是商人們直接辦理接駕事宜之一。爲了乾隆皇帝南巡，揚州有十八家富商出資建造園林亭臺。兩淮鹽商還在揚州城郊數百畝荒地上，仿照杭州西湖風景，建築亭臺樓閣。爲了修建一個湖泊，兩淮八大鹽商之一的汪氏竟獨出數萬金，招集工匠，修造「三仙池」。水池修好的第二天，乾隆皇帝就到了，他看後非常滿意，對汪氏大加讚揚。商人們還聘請名流演員，爲南巡的乾隆皇帝表演各種戲劇。當乾隆皇帝乘船航行時，商人們在御舟前面的兩舟之間搭設戲臺，演員在戲臺上面對御舟演唱。乾隆皇帝對這種別出心裁的戲劇表演非常欣賞。三是供應日常所需。乾隆皇帝南巡隊伍龐大，日常開支數目不小。有的商人負責供應薪炭，材料堆積如山，傾刻無餘。有的商人負責沿途廁所，遍置盆盂，上加木蓋，以備繼夫溺用，每縣竟有千、萬之多。

由於準備乾隆皇帝南巡，地方官和商人不惜耗費資財，結果，使得乾隆皇帝六次南巡，糜費驚人。前四次都是奉皇太后出遊，隨行王公大臣和扈駕人員達二千五百名，陸路用馬五千餘匹，四套騾馬車四百餘輛，駱駝八百餘隻，徵調民工近萬人。水路大小船隻千餘艘，拉縴河兵三千六百人。總計，乾隆皇帝六次南巡，國帑開支達二千多萬兩，再加上其他開支，糜費又達幾千萬兩。正因爲這些，乾隆皇帝退位後身爲太上皇時，對軍機章京吳熊光說：「將來皇帝如南巡，而汝不阻止，必不以對朕。」看來，乾隆皇帝對自己南巡所造成的消極影響，確實是認識到了。

## ㈥歷史的傳說

圍繞著乾隆皇帝六下江南，社會上有許多傳說。有些傳說，涉及到乾隆皇帝的文學活動和文學侍臣的關係。

有一次，乾隆皇帝南巡御舟到達橫塘鎮，該地以出燒酒著名。乾隆皇帝便以「橫塘鎮燒酒」爲上聯，令羣臣對出下聯。結果，大臣們一個個瞠目結舌，都對不出來。因爲這五個字看似簡單，實際上它們的偏傍是按木、土、金、火、水五行排列的，所以對起來很難。

還有一次，乾隆皇帝遊西湖，恰巧天降春雪，風景格外迷人。乾隆皇帝禁不住詩興大發，隨口吟道：「一片一片又一片，三片四片五六片，七片八片九十片。」最後一句怎麼結尾，乾隆皇帝一時沒有想好，怔住了。這時恰巧江南著名詩人沈德潛在一旁，他看到皇上發愣，趕忙走上前去說：「請皇上讓臣下把這首詩續完。」乾隆皇帝正求之不得，立即答應。沈德潛脫口而出：「飛入梅花都不見。」乾隆皇帝聽後非常高興，也很佩服，就把身穿的貂皮大衣脫下，賜給沈德潛。

又有一次，乾隆皇帝南巡駐蹕鎮江金山寺，有人請他題寫匾額。乾隆皇帝苦思暝想，一時竟想不出合適的詞語。幸虧皇上還機靈，他拿起筆，裝作在紙上寫了幾個字，遞給侍候在一旁的紀曉嵐說：「你看看這樣寫可不可以？」紀曉嵐是個大學問家，知道乾隆皇帝的用意，就接過紙，看了看說：「好一個江天一覽」。乾隆皇帝聽後，趕忙揮筆寫下「江天一覽」匾。

有一種傳說涉及到了乾隆皇帝的身世。這種傳說認爲，乾隆皇帝的生父不是海寧陳閣老，而是雍正朝的大臣楊林，說乾隆皇帝出生不久就被雍正皇帝以公主偷偷掉換入宮，而楊林因爲恐懼、悲憤，便裝瘋作傻流落江湖。乾隆皇帝即位以後，知道自己的身世，於是多次南下，尋找自己的生父。當然，這個傳說不是歷史的眞實，其荒誕不稽之處顯而易見。

社會上關於乾隆皇帝南巡的傳說中，有一種認爲乾隆皇帝下江南是爲了訪尋高僧。這個傳說雖歪曲了乾隆皇帝南巡的眞正動機，但是也並非完全虛構。乾隆皇帝每次南巡都要訪問寺院，會見僧人。有的書中記載說：第一次南巡時，乾隆皇帝到達江寧以後，宏濟寺和尚默默迎駕，乾隆皇帝問他多大年紀了，默默回答說有一百零二歲。乾隆皇帝聽後笑著說：「和尚還有二十年壽。」並賜給和尚紫色衣服一件。過了四年，即乾隆二十年的時候，默默果然圓寂了。人們這時才想起乾隆皇帝當年講過的話，個個都驚嘆天語成了讖語。當然，乾隆皇帝的話和默默和尚的去世，完全是一種巧合。況且，二十年壽也並非專指是乾隆二十年，人們也可以理解成是二十年的時間呢。

微服出訪的故事在乾隆皇帝南巡的傳說中占有重要內容。有這樣一種說法：乾隆皇帝在一次遊玩中把錢花完了，萬般無奈，只得當了襯衣。當鋪的掌櫃看見襯衣上鑲著許多珍珠，見財起意，便想方設法把這件襯衣換掉了。乾隆皇帝發現以後，和掌櫃的吵了起來。不料掌櫃的和官府有勾結，把乾隆皇帝關進了監獄，幾次受刑，飽嘗了皮肉之苦。大臣劉墉見皇上多日未歸，派人四下尋找，終於從監獄中把乾隆皇帝救了出來。結果，掌櫃的、當官的以及打手們都被判了死刑。當然，這個傳說不是歷史事實，只是反映了普通老百姓對社會上黑暗勢力的痛恨罷了。

還有一種說法是：有一次，乾隆皇帝南巡微服出訪，路上遇到一個約莫十六七歲的趕車孩子。乾隆皇帝問他：「你年紀這麼小，爲什麼不上學念書？」孩子回答：「還不是因爲乾隆皇帝那個老王八蛋！」乾隆皇帝聽後雖然很生氣，但是表面上沒有發脾氣，繼續詢問，才知道了事情的原委。原來這個孩子的父親當過知府，因爲當地有個告老還鄉的內閣大臣爲非作歹，搶男霸女，弄得民怨沸騰。這個知府不畏權勢，爲民做主，幾次上奏朝廷，揭發那個告老還鄉內閣大臣的罪惡，都被乾隆皇帝駁回了，以致告老還鄉的內閣大臣氣焰更加囂張，竟設計把知府害了。因此趕車的孩子對乾隆皇帝非常痛恨。乾隆皇帝聽完小孩敍述後非常重視，他又進一步深入調查，完全弄清了那個告老還鄉內閣大臣的罪惡情況後，便將其斬首，爲江南百姓除了一大害。而那個趕車的小孩，也被乾隆皇帝提拔到京城當官去了。當然，這個傳說也不是歷史事實，仍然是反映了老百姓的一種美好心願。

有關乾隆皇帝南巡的傳說中，反映他題詩作對、舞文弄墨的故事很多。有一個傳說是：一次，乾隆皇帝南巡路過江蘇通州，突然想起直隸也有個通州，就在京城東邊，便出了個上聯：「南通州，北通州，南北通州通南北」，讓隨侍大臣們對下聯。誰知道隨侍大臣們對出許多下聯，乾隆皇帝沒有一個滿意的。一天，乾隆皇帝和一個小隨從外出遊玩，看到街上有許多當鋪，小隨從靈機一動，竟對出了下聯：「東當鋪，西當鋪，東西當鋪當東西」。乾隆皇帝聽後連連稱讚，把小隨從官升三級。

還有一個傳說是：一次，乾隆皇帝喬裝外出，在鎮江一家酒樓和告老還鄉的大臣張玉書共飲，一個姓倪的歌姬唱曲助興。一曲唱罷，乾隆皇帝口出一聯：「妙人兒倪氏少女。」張玉書知道此聯由「妙」、「倪」二字拆合組成，但不知怎樣對才好，一時愣住了。誰知這位歌姬非常聰明，她也不知道出上聯的竟是當今天子，便隨口答道：「大言者諸葛一人」。乾隆皇帝聽後禁不住拍案稱絕，賞這個歌姬連飲三杯。

又有一個傳說是：乾隆皇帝微服私訪，看見一個小孩正在農家小院裡臨摹字帖，那副樣子極其認眞，便走進院裡和他交談起來。乾隆皇帝問小孩會不會對對聯，小孩回答說會。於是乾隆皇帝出了三個上聯：「冰冷酒一點兩點三點」。小孩想了一會兒對道：「相香花百頭千頭萬頭。」乾隆皇帝誇獎小孩兒說：「小小年紀就這麼聰明，可眞是狀元之才。」誰知小孩聽後立即下跪說：「謝皇上賜狀元之恩。」乾隆皇帝很是驚奇，忙問小孩：「你怎麼知道我是皇上？」小孩回答說：「天底下誰敢點狀元？只有當今皇上才有資格。」乾隆皇帝無可奈何，又覺得小孩兒的話有理，便封這個小孩爲「童狀元」。

另外一個傳說是：一次，乾隆皇帝南巡路過一個村子，看見一戶人家門上貼著這樣一副對聯：「驚天動地事業，數一數二人家。」乾隆皇帝立即被吸引住了。他想，當今天下除了皇家以外，誰敢以這種口氣寫對聯，便派人調查。結果回報說，貼對聯的是一家普通百姓，寫對聯的卻是朝中大臣紀昀。乾隆皇帝便召紀昀責問：「你是大學問家，怎麼能隨意寫對聯呢？」紀昀回答說：「這家人有兩個兒子，一個在集市上量糧食，經常數數，所以臣說「數一數二人家」，一個專爲殯喪人家放三眼槍，因而臣說他是「驚天動地事業」。乾隆皇帝聽後，盡管心中不高興，也無可奈何。

乾隆皇帝六下江南，在民間留下許多傳說，這些傳說大多不是歷史事實。但是，這些傳說不論對乾隆皇帝是褒是貶，都只是反映了普通老百姓的一種心願。而更主要的，這些傳說所反映的乾隆皇帝六下江南這一事實本身，對中國歷史發展產生的影響，則是值得人們深思的。

# 附錄：乾隆皇帝出巡年表

**乾隆元年（一七三六年）** 正月二十五日，啓蹕謁陵。二十八日，謁昭西陵、孝陵、孝東陵、景陵。二月初二日，還京師。

**二年（一七三七年）** 十月初四日，詣東陵。初七日，謁昭西陵、孝陵、孝東陵。十一日，還京師。十一月十八日，詣泰陵。十九日，祭告泰陵。二十二日，還京師。

**三年（一七三八年）** 二月十六日，詣泰陵。十七日，祭泰陵。十九日，幸南苑行圍。二十日，還京師。八月十九日，奉皇太后詣泰陵。二十三日，謁泰陵行三周年祭禮。二十八日，奉皇太后駐蹕南苑，行圍。九月初一日，還宮。

**四年（一七三九年）** 九月十三日，奉皇太后詣陵。十六日，謁昭西陵、孝陵、孝東陵、景陵。十九日，還宮。十月三十日，幸南苑行圍。

**五年（一七四〇年）** 八月二十四日，奉皇太后駐南苑。十月十一日，謁泰陵。十四日，還京師。

**六年（一七四一年）** 七月二十六日，初舉秋獮，奉皇太后幸避暑山莊。九月初八日，回蹕。二十日，還京師。

**七年（一七四二年）** 二月初一日，詣泰陵。初五日，謁泰陵。是日回蹕。初八日，幸南苑行圍。八月十六日，奉皇太后幸南苑行圍。十九日，幸晾鷹臺閱圍。九月十一日，詣東陵。十四日，謁昭西陵、孝陵、孝東陵、景陵。十六日，幸盤山。十九日，幸髻髻山。二十二日，回蹕。

**八年（一七四三年）** 七月初八日，奉皇太后由熱河詣盛京謁陵。十月二十五日，還京師。

**九年（一七四四年）** 正月二十五日，奉皇太后詣泰陵。二十八日，謁泰陵。是日回蹕。二月，奉皇太后幸南苑。八月二十五日，奉皇太后幸南苑行圍。十月十二日，奉皇太后幸湯山。二十日，幸盤山。二十四日，還宮。

**十年（一七四五年）** 二月十七日，謁昭西陵、孝陵、孝東陵、景陵。二十五日，還京師。七月二十八日，奉皇太后幸避暑山莊。九月二十四日，還京師。

**十一年（一七四六年）** 二月初七日，幸南苑行圍。九月十六日，奉皇太后啓蹕詣泰陵，並巡幸五臺山。二十日，謁泰陵。二十八日，駐蹕五臺山。十月初三日，回蹕。二十一日，還京師。

**十二年（一七四七年）** 二月十二日，謁昭西陵、孝陵、孝東陵、景陵。十四日，幸盤山。二十三日，還京師。七月二十日，奉皇太后幸避暑山莊。二十七日，駐避暑山莊。八月初三日，奉皇太后幸木蘭行圍。九月初十日，回蹕。十六日，還京師。

**十三年（一七四八年）** 二月初四日，東巡，奉皇太后率皇后啓鑾。二十四日，駐蹕曲阜縣。二十五日，釋奠禮成，謁孔林。二十八日，駐蹕泰安府。二十九日，祭岱嶽廟，奉皇太后登岱。三月初四日，至濟南府，幸趵突泉。初八日，回蹕。十七日，還京師。八月十九日，詣泰陵。二十三日，謁泰陵。二十七日，還京師。十一月初七日，幸南苑行圍。

**十四年（一七四九年）** 三月十三日，詣東陵。十六日，謁昭西陵、孝陵、孝東陵、景陵。十九日，至南苑行圍。二十五日，謁泰陵。七月十四日，奉皇太后駐避暑山莊。二十一日，幸木蘭行圍。九月初十日，回蹕。十六日，還京師。

**十五年（一七五〇年）** 二月初二日，奉皇太后西巡五臺山。十三日，駐蹕五臺山菩薩頂。三月初六日，還京師。八月十七日，奉皇太后率皇后謁陵，並巡幸嵩洛。二十日，謁昭西陵、孝陵、孝東陵、景陵。九月初三日，奉皇太后率皇后謁泰陵。十月初二日，幸嵩山。初七日，駐蹕開封府。十一月初二日，還京師。

**十六年（一七五一年）** 正月十三日，奉皇太后南巡。三月初一日，幸杭州府。五月初四日，還京師。七月初八日，奉皇太后秋獮木蘭。十四日，駐蹕避暑山莊。十六日，幸木蘭行圍。八月二十四日，還京師。

**十七年（一七五二年）** 二月初三日，詣東陵。二十五日，謁昭西陵、孝陵、孝東陵、景陵。二十六日，駐蹕盤山。三月初九日，還宮。七月十九日，奉皇太后秋獮木蘭。二十五日，駐避暑山莊。八月十六日，幸木蘭行圍。九月二十二日，還京師。十月二十二日，詣東陵。二十五日，謁昭西陵、孝陵、孝東陵、景陵。十一月初三日，還京師。

**十八年（一七五三年）** 二月初十日，詣泰陵。二十四日，幸南苑行圍。八月二十五日，奉皇太后幸木蘭行圍。九月二十一日，駐避暑山莊。十月十三日，還京師。

**十九年（一七五四年）** 五月初六日，奉皇太后巡幸盛京。十二日，駐蹕避暑山莊。七月初五日，詣盛京。九月初五日，謁永陵。初十日，謁昭陵、福陵。十一日，駐蹕盛京。十八日，自盛京回蹕。十月十一日，還宮。十一月初三日，幸南苑。初十日，幸避暑山莊。二十三日，還京師。

**二十年（一七五五年）** 二月十一日，詣東陵。十四日，謁昭西陵、孝陵、孝東陵、景陵。三月初六日，詣泰陵。初九日，謁泰陵。十七日，還京師。八月初六日，奉皇太后巡幸木蘭。十一日，駐蹕避暑山莊，十六日，至木蘭行圍。九月十一日，回駐避暑山莊。十月初八日，自避暑山莊回鑾。十四日，還宮。

**二十一年（一七五六年）** 二月十三日，詣泰陵。十六日，謁泰陵。十七日，幸山東。三月初一日，至曲阜，謁孔廟。初二日，釋奠禮成，謁孔林。二十四日，謁昭西陵、孝陵、景陵。二十九日，還京師。八月十七日，奉皇太后秋獮木蘭。二十四日，幸木蘭行圍。九月二十五日，回駐避暑山莊。閏九月十三日，回蹕。十九日，還京師。

**二十二年（一七五七年）** 正月十一日，奉皇太后南巡。二月二十七日，幸杭州府。四月二十六日，還京師。七月十八日，奉皇太后巡幸木蘭。八月十六日，在木蘭行圍。九月十二日，回駐避暑山莊。二十二日，還京師。十月初三日，幸南苑行圍。

**二十三年（一七五八年）** 三月初四日，詣西陵。初七日，謁昭西陵、孝陵、孝東陵、景陵。十四日，謁泰陵。七月十六日，奉皇太后秋獮木蘭。二十二日，駐避暑山莊。八月十六日，奉皇太后幸木蘭行圍。九月十三日，駐避暑山莊。十一月初二日，回京師。初三日，幸南苑行圍。

**二十四年（一七五九年）** 七月初四日，奉皇太后幸木蘭秋獮。十一日，駐蹕避暑山莊。八月十六日，到木蘭秋獮。九月十九日，還京師。

**二十五年（一七六〇年）** 二月初八日，詣東陵。十一日，謁昭西陵、孝陵、孝東陵、景陵。十八日，還京師。二十一日，詣泰陵。二十四日，謁泰陵。二十八日，還京師。八月十八日，奉皇太后秋獮木蘭。二十五日，駐蹕避暑山莊。二十七日，幸木蘭行圍。十月初一日，回駐避暑山莊。二十日，還京師。

**二十六年（一七六一年）** 二月初十日，奉皇太后西巡五臺。十四日，謁泰陵。二十三日，駐台麓寺。三月十七日，還京師。七月十七日，幸木蘭秋獮從京師啓蹕。二十六日，駐避暑山莊。八月二十五日，幸木蘭。十月初六日，還京師。

**二十七年（一七六二年）** 正月十二日，奉皇太后南巡發京師。三月初一日，臨幸杭州府。五月初八日，還京師。七月初八日，奉皇太后巡幸木蘭。八月初十日，回駐避暑山莊。九月十一日，回蹕。十七日，還京師。

**二十八年（一七六三年）** 二月二十二日，謁昭西陵、孝陵、孝東陵、景陵。是日回蹕。三月初二日，還京師。初十日，謁泰陵。八月十七日，奉皇太后幸木蘭行圍。九月十一日，回駐避暑山莊。十六日，回蹕。二十二日，還京師。

**二十九年（一七六四年）** 二月十二日，謁泰陵。十七日，還京師。七月十七日，奉皇太后秋獮木蘭。二十三日，駐蹕避暑山莊。八月十九日，幸木蘭行圍。九月二十日，回駐避暑山莊。二十四日，回鑾。十月初八日，還京師。

**三十年（一七六五年）** 正月十六日，奉皇太后啓蹕南巡。閏二月初七日，臨幸杭州府。四月二十一日，還京師。七月初八日，奉皇太后秋獮木蘭。八月十六日，幸木蘭行圍。九月十一日，回駐避暑山莊。十六日，回鑾。二十二日，還京師。

**三十一年（一七六六年）** 二月初十日，謁東陵。二十日，還京師。二十二日，謁泰陵。二十八日，還京師。七月初八日，奉皇太后秋獮木蘭。十四日，駐避暑山莊。八月十六日，幸木蘭行圍。十月初三日，還京師。

**三十二年（一七六七年）** 二月二十五日，巡幸天津。三月十六日，還京師。七月二十日，奉皇太后秋獮木蘭。二十六日，駐避暑山莊。八月十六日，幸木蘭。九月初十日，駐蹕避暑山莊。十六日，回鑾。二十二日，還京師。

**三十三年（一七六八年）** 七月初八日，奉皇太后秋獮木蘭。十四日，駐避暑山莊。八月十二日，幸木蘭行圍。九月初十日，回駐避暑山莊。二十二日，還京師。

**三十四年（一七六九年）** 八月十六日，幸木蘭行圍。九月初十日，回駐避暑山莊。十六日，回鑾。二十二日，還京師。

**三十五年（一七七〇年）** 二月十八日，奉皇太后謁東陵。二十三日，回鑾，駐盤山。三月初二日，還京師。初五日，奉皇太后謁泰陵，巡幸天津。初九日，謁泰陵。十七日，駐蹕天津府。二十六日，還京師。八月十六日，奉皇太后幸熱河。二十二日，駐蹕避暑山莊。二十六日，幸木蘭。九月十五日，回駐避暑山莊。十月初一日，回鑾。初八日，還京師。

**三十六年（一七七一年）** 二月初三日，奉皇太后東巡。二十五日，登泰山。三月初四日，至曲阜謁先師孔子廟。初五日，釋奠先師孔子。初六日，謁孔林。十九日，回鑾。四月初七日，還京師。七月十九日，奉皇太后秋獮木蘭啓鑾。二十五日，駐避暑山莊。八月二十五日，幸木蘭行圍。十月初二日，回鑾。初八日，還京師。

**三十七年（一七七二年）** 二月初九日，幸盤山。二十一日，回鑾。五月二十五日，奉皇太后幸避暑山莊。六月初一日，駐避暑山莊。九月十六日，回鑾。二十二日，還京師。

**三十八年（一七七三年）** 三月初三日，詣泰陵，奉皇太后巡幸天津。初八日，謁泰陵。十六日，駐蹕天津。二十日，回鑾。二十七日，還京師。五月初八日，奉皇太后啓鑾，十四日，駐蹕避暑山莊。八月十六日，幸木蘭行圍。九月初八日，回駐避暑山莊。二十二日，還京師。

**三十九年（一七七四年）** 二月二十四日，詣東陵，並巡幸盤山。二十七日，謁昭西陵、孝陵、孝東陵、景陵。三月十一日，幸南苑行圍。五月十六日，奉皇太后秋獮木蘭。二十二日，駐蹕避暑山莊。八月十六日，幸木蘭行圍。九月初八日，回駐避暑山莊。十六日，回鑾。二十二日，還京師。

**四十年（一七七五年）** 三月初四日，幸盤山。初七日，駐蹕盤山。五月二十六日，幸木蘭秋獮。六月初二日，駐避暑山莊。八月十六日，幸木蘭行圍。九月初八日，回駐避暑山莊。二十二日，還京師。

**四十一年（一七七六年）** 二月初九日，謁東陵，並巡幸山東。十二日，謁昭西陵、孝陵、孝東陵、景陵。十五日，還京師。十六日，詣泰陵。二十日，謁泰陵。二十五日，奉皇太后巡幸山東。三月十六日，登泰山。二十四日，至曲阜，謁孔子廟。二十六日，謁孔林。四月二十七日，還京師。五月十三日，奉皇太后秋獮木蘭。十九日，駐避暑山莊。八月十六日，幸木蘭行圍。九月初八日，回駐避暑山莊。二十二日，還京師。

**四十二年（一七七七年）** 四月十八日，謁泰陵。二十三日，還京師。九月十四日，謁泰陵、泰東陵。二十日，還京師。

**四十三年（一七七八年）** 正月十八日，詣西陵。二十二日，謁泰陵、泰東陵。三月初四日，詣西陵。初八日，謁泰陵、泰東陵。七月二十日，詣盛京謁陵。八月十七日，謁永陵。二十二日，謁福陵。二十三日，謁昭陵。九月二十六日，還京師。

**四十四年（一七七九年）** 正月十八日，詣西陵。二十二日，謁泰陵、泰東陵。二十六日，還京師。五月十二日，秋獮木蘭，十八日，駐避暑山莊。八月十七日，幸木蘭行圍。九月十九日，還京師。

**四十五年（一七八〇年）** 正月初二日，巡幸江浙。三月初四日，幸杭州府。五月初九日，還京師。二十一日，啓程木蘭秋獮。二十七日，駐避暑山莊。八月二十八日，詣東西陵。九月初七日，謁昭西陵、孝陵、孝東陵、景陵。十六日，謁泰陵、泰東陵。二十日，還京師。

**四十六年（一七八一年）** 二月二十二日，西巡五臺山。三月初八日，駐蹕五臺山。二十七日，還京師。閏五月初八日，秋獮木蘭，十四日，駐蹕避暑山莊。八月十六日，幸木蘭行圍。九月初七日，駐蹕避暑山莊。十六日，回鑾。二十二日，還京師。

**四十七年（一七八二年）** 三月初三日，幸盤山。初五日，駐蹕盤山。十七日，還京師。五月十二日，幸木蘭。十八日，駐蹕避暑山莊。八月十九日，幸木蘭行圍。九月初八日，回駐避暑山莊。十六日，回鑾。二十二日，還京師。

**四十八年（一七八三年）** 二月初十日，詣西陵。十四日，詣泰陵、泰東陵。五月二十三日，幸木蘭，三十日，駐蹕避暑山莊。八月十六日，自避暑山莊詣盛京謁陵。九月初十日，謁永陵。十五日，謁福陵。十六日，謁昭陵。二十二日，回蹕。十月十四日，謁昭西陵、孝陵、孝東陵、景陵。十七日，還京師。

**四十九年（一七八四年）** 正月二十一日，南巡。三月十六日，幸杭州府。四月二十三日，還京師。八月十六日，幸木蘭行圍。九月初八日，駐蹕避暑山莊。二十二日，還京師。

**五十年（一七八五年）** 三月初三日，幸盤山。初八日，駐蹕盤山。十七日，還京師。五月十八日，秋獮木蘭，二十四日，駐蹕避暑山莊。八月十六日，幸木蘭行圍。九月初八日，回駐避暑山莊。二十二日，還京師。

**五十一年（一七八六年）** 二月十一日，幸南苑行圍。十八日，詣西陵，巡幸五臺山。二十二日，謁泰陵、泰東陵。三月初二日，駐蹕五臺山。二十六日，還京師。五月二十九日，秋獮木蘭。六月初五日，駐蹕避暑山莊。八月十六日，幸木蘭行圍。九月二十二日，還京師。

**五十二年（一七八七年）** 二月二十六日，詣東陵。二十九日，謁昭西陵、孝陵、孝東陵、景陵。三月初五日，回蹕。五月初八日，秋獮木蘭。十四日，駐蹕避暑山莊。八月十六日，幸木蘭行圍。九月初八日，回駐避暑山莊。十六日，回蹕。二十二日，還京師。

**五十三年（一七八八年）** 二月十八日，巡幸天津。五月十九日，秋獮木蘭。八月十七日，幸木蘭。二十九日，回駐避暑山莊。九月十三日，回鑾。十九日，還京師。

**五十四年（一七八九年）** 三月初十日，幸盤山。閏五月初五日，秋獮木蘭。八月十六日，幸木蘭行圍。九月初六日，回駐避暑山莊。十四日，回蹕。二十日，還京師。

**五十五年（一七九〇年）** 二月初八日，詣東陵、西陵，巡幸山東。十一日，謁昭西陵、孝陵、孝東陵。十九日，謁泰陵、泰東陵。三月初五日，登岱。十四日，至曲阜謁先師廟。十六日，謁孔林。四月初七日，幸天津府。十五日，還京師。五月初十日，幸避暑山莊。七月三十日，還京師。

**五十六年（一七九一年）** 三月初四日，幸盤山。五月二十一日，秋獮木蘭。二十七日，駐蹕避暑山莊。八月十六日，幸木蘭行圍。九月初四日，回駐避暑山莊。十四日，回蹕。二十日，還京師。

**五十七年（一七九二年）** 三月初八日，詣西陵，巡幸五臺山。十二日，謁泰陵、泰東陵。二十二日，駐蹕五臺山。四月十六日，還京師。五月初十日，幸避暑山莊。十六日，駐蹕避暑山莊。九月初一日，還京師。

**五十八年（一七九三年）** 三月初四日，幸盤山。初七日，駐蹕盤山。十四日，回蹕。五月十六日，幸避暑山莊。二十二日，駐蹕避暑山莊。八月二十六日，還京師。

**五十九年（一七九四年）** 三月十三日，巡幸天津。二十五日，駐蹕天津府。四月初七日，還京師。五月二十五日，幸避暑山莊。六月初二日，駐蹕避暑山莊。八月二十日，回蹕。二十六日，還京師。

**六十年（一七九五年）** 閏二月十三日，詣東陵。十六日，謁昭西陵、孝陵、孝東陵、景陵。二十五日，謁泰陵、泰東陵。五月初六日，幸避暑山莊。十二日，駐蹕避暑山莊。八月二十日，回鑾。二十七日，還京師。

**嘉慶元年（一七九六年）** 五月十八日，避暑木蘭。九月初三日，還京。

**二年（一七九七年）** 五月二十九日，避暑木蘭。八月三十日，還京。

**三年（一七九八年）** 五月十一日，避暑木蘭。九月初三日，還京。

# 主要參考資料

乾隆朝上諭檔，中國第一歷史檔案館編，一九九一年版。
宮中檔乾隆朝奏折，臺北故宮博物院編輯出版。
清高宗實錄，臺灣華文書局影印本。
欽定大清會典，欽定大清會典事例，光緒二十五年刊本。
吳晗輯：朝鮮李朝實錄中的中國史料，中華書局一九八〇年版。
高晋輯：南巡盛典，光緒壬午年上海點石齋印本。
清史稿，中華書局一九七七年版。
清高宗（乾隆）御製詩文全集，中國人民大學出版社一九九三年版。
和珅：欽定熱河志，乾隆四十六年刊本。

曾國荃等修：山西通志，光緒十八年刻本。
（嘉慶）大清一統志，上海書店一九八四年影印本。
于敏中等編纂：日下舊聞考，北京古籍出版社一九八一年版。
畿輔通志，河北人民出版社一九八五年版。
蕭奭：永憲錄，中華書局一九五九年版。
昭槤：嘯亭雜錄，中華書局一九八二年版。
趙翼：簷曝雜記，中華書局一九八二年版。
福格：聽雨叢談，中華書局一九八四年版。
祁韵士：皇朝藩部要略，道光二十八年刻本。
張穆：蒙古遊牧記，咸豐九年刻本。
戴逸：乾隆帝及其時代，中國人民大學出版社一九九二年版。
楊鴻勛、王貴祥：中國江南園林訪古，中國展望出版社一九八四年版。
鐵玉欽、王佩環：清帝東巡，遼寧大學出版社一九九〇年版。
王淑雲：清代北巡御道和塞外行宮，中國環境科學出版社一九八九年版。
高翔：乾隆下江南，中國人民大學出版社一九八九年版。
馬汝珩、馬大正：漂落異域的民族，中國社會科學出版社一九九一年版。

承德避暑山莊，文物出版社一九八〇年版。
姜相順、佟悅：盛京皇宮，紫禁城出版社一九九〇年版。
徐凱等：乾隆南巡與治河，北京大學學報一九九〇年第六期。
張華：乾隆南巡與浙西海塘，南京大學學報一九八九年第四期。
朱宗宙：乾隆南巡與揚州，揚州師院學報一九八九年第四期。

國家圖書館出版品預行編目資料

乾隆出巡記／趙雲田著. --初版. --臺北市
：萬卷樓發行, 民86
面；　公分
ISBN 957-739-162-1(平裝)

1. 中國-歷史-清高宗(1736-1795)

627.4　　86004138

# 乾隆出巡記

著　　著：趙雲田
發 行 人：許錟輝
總 編 輯：許錟輝
責任編輯：李冀燕
發 行 所：萬卷樓圖書有限公司
台北市和平東路一段67號14樓之1
電話(02)3216565・3952992
FAX(02)3944113
劃撥帳號 15624015
總 經 銷：三民書局股份有限公司
台北市復興北路386號
訂書專線(02)5006600(代表號)
FAX(02)5164000・5084000
承印廠商：漢大印刷股份有限公司
定　　價：320元
出版日期：民國86年5月初版
出版登記證：新聞局局版臺業字第伍陸伍伍號
網　　址：http://www.wwnet.com.tw



ISBN 957-739-162-1